少年矯正制度の再構築

藤田 尚
Hisa Fujita

Reconstruction of
Juvenile Corrections

日本評論社

はしがき

　本書は、2013年3月に中央大学大学院法学研究科に提出した博士学位論文に必要な加筆・修正を行い、新たな内容を加えたものである。

　少年矯正制度は、2000年以降の4度に渡る少年法改正、少年院法改正及び少年鑑別所法の制定により、目まぐるしい変化を遂げている。しかしながら、近年の少年法改正は、いずれも部分改正に止まっており、少年矯正全体の整合性が取れていないように思われる。そこで、本書では、少年矯正制度全体の整合性を図るため、再度、少年法の理念に立ち返り、司法と福祉のバランスという視点を交えながら、少年矯正全体の再構築を試みている。

　本書の構成は、7章から成り立っている。少年矯正全体を再構築する前提として、全章を通じて「司法」と「福祉」の対立を意識しながら、まずは歴史上、厳罰と保護がどのように変遷してきたかを概観した後（第1章）、「司法」と「福祉」のフィロソフィーについて論及し（第2章）、諸外国との比較（第3章）及び近年の少年非行の動向を分析することによって、非行少年の実態と特徴を把握し（第4章）、現在、「司法」≒「厳罰」へと傾きつつある我が国の制度上の問題点を明確にした上で（第5章）、近年の少年矯正をめぐる動向に言及しつつ（第6章）、少年矯正制度を担っている各機関に対する提言を行い（第7章）、少年の再犯防止及び犯罪予防に貢献する方策を講じている。本書のもとになった博士学位論文執筆当時は、新少年院法及び少年鑑別所法が法案段階であり、第5章における旧少年院法の解釈等は無意味なものに思われるかもしれないが、新しい法律が制定されようとも少年矯正全体にかかわる理念には変わりがなく、新法との対比の意味を込めて、必要最小限度の修正を加え、掲載している。まだまだ「司法」と「福祉」の理論や少年法の理念に関しても明確な見解というのは導き出せていないが、現在の少年矯正制度に一石を投じ、少年の再犯防止及び犯罪予防に寄与できれ

ば幸甚である。

　本書を公刊するに際しては、これまで多くの方々にご指導をいただいた。最初の指導教授である藤本哲也先生は、大学院進学当初、博士後期課程に進学するつもりのなかった私に研究者の道を進めて下さり、刑事政策の魅力に止まらず、学問を学ぶ楽しさ、研究者としてのあり方を教えていただいた。藤本先生のご退職後は、刑事政策の先生が着任されるまで、只木誠先生にご指導をいただき、現在に至るまで論文指導をはじめ、指導者としての素晴らしさを教わった。その後、故伊藤康一郎先生が着任され、犯罪学理論の奥深さをご教示いただき、博士論文のご指導を賜った。伊藤先生は、研究熱心で非常に温厚な方であり、学生の長所を伸ばしながら育てるという指導方法を実践されていたように思われる。昨年8月に逝去され、本書をお読みいただけないことが悔やまれて仕方がない。また、指導教授と変わらぬほど、大学院進学当初から博士後期課程修了まで懇切丁寧にご指導いただいた鴨下守孝先生には、矯正の世界に興味を持つきっかけを与えていただいた上に、刑務所等の現場を見ることの大切さを教えていただいた。鴨下先生に教えを請わなければ、理論と現場のバランスを考えることもなく、本書が完成することもなかったであろう。3人の指導教授がいるというのは稀であるが、いずれの恩師も自由に研究することを許して下さる寛大な先生方ばかりであり、複数の恩師に恵まれたからこそ、研究者として成長できたと考えている。これまでの学恩に報いるには、不十分な内容であるが、本書を恩師である藤本先生、只木先生、伊藤先生及び鴨下先生に捧げたいと思う。

　また、全ての方のお名前を挙げることは不可能ではあるが、非常に恵まれた環境で少年矯正に関する研究に従事することができたのは、諸先生方、中央大学大学院の先輩、同僚、後輩のおかげであり、この場を借りて感謝の意を表したい。

　最後に、出版事情が厳しい中、本書の出版を快くお引き受け下さり、出版に至るまで大変お世話になった日本評論社の岡博之氏に心より御礼申し上げる。

　　　平成30年8月

　　　　　　　　　　　　　　　　　　　　　　　　　　藤田　尚

●少年矯正制度の再構築──目次

はしがき　i

はじめに……………………………………………………………………1

第1章　少年矯正制度の沿革と現況……………………………7
第1節　懲治場から少年刑務所までの経緯……………………7
第2節　矯正院から少年院までの経緯……………………………23
第3節　感化院から児童自立支援施設・児童養護施設までの経緯……………………………………………………………27
第4節　少年矯正制度の現況………………………………………32

第2章　少年矯正における司法機能と福祉機能…………37
第1節　「司法」と「福祉」とは………………………………37
第2節　司法機能と福祉機能をめぐる論争……………………40

第3章　諸外国における少年矯正制度
（諸外国における少年法制の動向を中心に）……………57
第1節　英米型……………………………………………………58
　第1項　アメリカ　58
　第2項　イギリス　63
第2節　大陸型……………………………………………………65
　第1項　ドイツ　65
　第2項　フランス　68

第3節　北欧型 …………………………………………………………70
第1項　スウェーデン　70
第4節　アジア型 ………………………………………………………74
第1項　韓国　75
第2項　台湾　78
第5節　諸外国と日本との比較 ………………………………………80

第4章　少年矯正制度の現状と課題 ……………………………107
第1節　刑法犯における少年非行の現状と課題 …………………107
第2節　非行少年の処遇に関する現状及び課題 …………………124

第5章　少年矯正制度の概要及び問題点 ………………………129
第1節　少年法改正の概要及び問題点 ……………………………134
第1項　2000年少年法改正　134
第2項　2007年少年法改正　142
第3項　2008年少年法改正　148
第4項　2014年少年法改正　152
第5項　少年法改正後の運用状況　154
第6項　少年法改正における問題点　165
第2節　旧法令における少年鑑別所の概要及び問題点 …………169
第1項　旧法令における少年鑑別所の概要　169
第2項　少年鑑別所の問題点　175
第3項　少年鑑別所法への所見　179
第3節　少年院法改正前の少年院の概要及び問題点 ……………180
第1項　少年院の概要　180
第2項　少年院法改正前の少年院の問題点　190
第3項　新少年院法に関する所見　204
第4節　少年刑務所の概要及び問題点 ……………………………214
第1項　少年刑務所の概要　214

第2項　少年刑務所の問題点　216

第6章　少年矯正における近年の動向……………………………219
第1節　少年院法及び少年鑑別所法の制定……………………219
　　第1項　少年院法の概要及び問題点　219
　　第2項　少年鑑別所法の概要及び問題点　228
第2節　少年法適用年齢の引き下げ……………………………231
　　第1項　少年法適用年齢引き下げの経緯　232
　　第2項　少年法適用年齢引き下げの議論状況　233
　　第3項　少年法適用年齢引き下げの課題及び検討　243
第3節　少年法の理念と近年の動向……………………………247

第7章　少年矯正への提言─少年矯正制度の再構築を目指して─……253

おわりに……………………………………………………………257

参考文献　263

索引　273

はじめに

　2000年の少年法改正以降、事実認定手続の適正化を図るため、事実認定が困難な場合には3人の裁判官による合議体によって審理が進められる裁定合議制や、同じく非行事実の認定上問題がある場合には、審判協力者として検察官を審判に参加させる検察官関与、そして、検察官が審判に関与する場合は、少年側に弁護士である付添人を付ける国選付添人制度等、少年審判の刑事裁判化が進行しているように思われる。また、2017年には、国民投票法が改正されたことに伴い、少年法の年齢を現行の20歳から18歳へ引き下げるべきかが議論されている。このような状況下において、本著は、改めて、少年法の理念を再考し、司法と福祉のバランスという視点を交えながら、少年矯正制度全体を再構築することを試みるものである。

　少年矯正制度の背景には、常に、「司法」と「福祉」の対立があるように思われる。「司法」という側面を重視すれば「厳罰」へと傾き、「福祉」という側面を重視すれば「保護」へと傾くといった一般的な特徴を有するということである。日本を含め世界の少年矯正は、これまでのところ、「司法」と「福祉」、すなわち、「厳罰」から「保護」へ、「保護」から「厳罰」へという揺れ動きの中で、少年法を改正し、様々な施策を打ち出していると総括できるのではないだろうか。

　そこで、本著のグランドデザインとしては、著作全体を通して、「司法」と「福祉」の対立を意識しながら、まずは歴史上、厳罰と保護がどのように変遷してきたかを概観した後、「司法」と「福祉」のフィロソフィーについて論及し、諸外国との比較を通して、現在、「司法」≒「厳罰」へと傾きつつある我が国の制度上の問題点を明確にし、少年矯正制度を担っている各機関に対する提言を行い、少年の再犯防止及び犯罪予防に貢献する方策を考究

するものである。

　すなわち、再度、「司法」と「福祉」の調和的実現を図るべく、少年矯正の各段階において、少年矯正を担う各機関ごとに司法と福祉の比重を考え、それぞれの役割分担に配慮しつつ、整合性を図り、少年矯正の再構築へ向けて提言を行うというのが全体像である。

　本著は、以下のような構成で成り立っている。

　第1章では、少年矯正制度を形成した3つの流れ、すなわち、①少年刑務所の起源である懲治場、②少年院の起源である矯正院、③児童自立支援施設の起源である感化院創設について歴史的検討が行われている。これらのいずれの変遷過程においても、常に「司法」と「福祉」の間の揺れ動きによって施策の方針が変化していることが確認される。そして、どちらに比重を置くかでどのような問題が生じ、どのように整合性が取られてきたのかについて、その歴史的変遷を辿る中で見極め、現在生じている問題の共通項を発見し、その解決への糸口を模索するものである。

　第2章は、本著全体を貫く主題ともいえる「司法」と「福祉」の関係について論じている。まず、少年法における「司法」と「福祉」の定義を提示し、その定義に基づいて少年審判における司法機能と福祉機能、及び両機能を調和した印象を与える「司法福祉」の定義について論じている。少年審判における司法機能と福祉機能に関しては、適正手続に基づく人権保障機能と社会防衛機能の対立、あるいは犯罪的危険性の除去と健全育成に資するものの対立が、時には顕在化することになる。しかし、司法機能に関していえば、人権保障機能を重視する立場も少年を強制的に拘禁するという点からは社会防衛機能を暗に認めており、社会防衛機能を重視する立場も人権保障機能を無視するものではない。また、福祉機能においても、犯罪的危険性の除去を重視する司法機関も可能な限り健全育成に配慮しており、健全育成を司法機関に止まらず、地域社会内の教育に委ねる立場としても、司法機関との協働は考慮しているといえる。したがって、この「司法」と「福祉」は二項対立の関係にはなく、少年審判の段階ごとに比重が変わるだけであり、審判段階では司法に重点があり、処遇段階では福祉に比重が置かれるとの考えが示される。そして、両機能をうまく調和したように思える「司法福祉」という用語については、そもそも少年審判における司法機能と福祉機能を分けて考える

理論とは、次元の異なるものであり、実務上の概念としては評価に値するが、理論を構築するというものではないことも指摘される。いずれにせよ、少年の社会復帰を念頭に置き、段階別に両機能の比重を検討するのも1つの解決策であると論じている。ただし、いずれの段階においても最低限の法的安定性は守りつつ、実務との調和を図るべきであるという私見を展開している。

第3章では、日本の少年矯正制度が、諸外国の影響を受けており、さらに深く制度的考察を行うためには、諸外国の少年法制を研究する必要があるという視点から、諸外国における少年矯正制度について説明が試みられている。諸外国における少年法制は、①英米型、②大陸型、③北欧型に分けられるというのが一般的である。しかしながら、日本の少年法制は、いずれの型とも異なるといわれている。そこで、日本の法律を基にして少年法制を作り上げた韓国及び台湾に、日本の少年法制との類似性を見出し、日本、韓国及び台湾の制度を一括りにし、アジア型という分野を新たに設けることを提唱している。また、本章の最後には、現在、厳罰化傾向にある日本への指針となるであろうアメリカ少年司法の現状について紹介している。20世紀のアメリカ少年司法は、パレンス・パトリエを基本とする少年の保護を目的として出発したが、1980年代以降、重大犯罪を行った少年を成人の刑事司法で扱う等厳罰化への転換が図られた。しかし、2000年以降、成人の刑事司法制度で少年を扱うことの弊害が立証され、少年を成人として扱うことを回避するため、厳罰化からの転換が見られるようになった。この厳罰化からの転換、すなわち、少年を成人の刑事司法に移送するという手法を用いて厳罰化を体現する「移送法（Transfer Law）」の見直しを中心に保護への転換が図られているアメリカの施策は、今後の日本が歩むべき方向性を示していると考えられる。

第4章は、近年の少年非行の動向を分析し、現在の非行少年の特徴を把握して、少年矯正の再構築を提唱する際の対策を立てる指針を示すものである。少年非行の現状としては、罪名について見た場合、明らかに罪質が変化してきている状況にあるとはいえない。また、性別については、以前は女子の粗暴化が見られたが、現在は落ち着いており、男女共に減少傾向にある。しかしながら、少年非行全体の統計を見ると、唯一気になる点として、少年非行の急減が挙げられる。とりわけ、ここ10年は急速に少年非行が減少してお

り、少年非行のピーク時の約5分の1まで少年非行数が減少している。ただし、今現在、その要因を明確に記した文献はなく、犯罪統計と人口統計の推移等を照らし合わせて、少子化との関連、ネット空間での居場所の発見、犯罪から引きこもり等への転換等、様々な見識を基に研究中である。こうした現状に対応した法整備及び対策を講じる必要があると結論付けている。

第5章は、本著の中心となる章であり、少年鑑別所、少年院及び少年刑務所の各制度の概要と問題点について考察している。まず、第1節においては、2000年、2007年、2008年及び2014年に実施された少年法改正について検討している。この検討を踏まえて、少年法改正後の運用状況について家庭裁判所の統計を基に分析を行い、刑事処分可能年齢の引下げ、裁定合議制、保護者に対する措置、少年審判の傍聴等について問題点を指摘している。次に、第2節においては、すでに2014年に新たに少年院法及び少年鑑別所法が成立しているが、本章を執筆していた時点では、法律が未成立であり、法案段階であったため、法案段階における少年鑑別所の概要と問題点及び少年鑑別所法案について論じている。少年鑑別所には、独立した法律が存在せず、少年鑑別所処遇規則を主体に運営されていた。目的規定や役割も不明確なため、運営自体に問題が多く、少年院法から独立した少年鑑別所法案が国会に提出されたのである。この第2節では、まず、少年鑑別所の概要として、少年法における少年鑑別所の規定、沿革、設置目的、役割について述べ、次いで、少年法改正が少年鑑別所に直接影響を与えた問題として、①逆送のための判定基準の問題、②観護措置延長による収容少年に対する資質鑑別や観護処遇の内容の変化、③パートナーシップ論を主体とする国選付添人制度による資質鑑別や行動観察への影響等について論じている。さらに、法律として独立すること自体に意義がある少年鑑別所法案に関して、試行的な解釈を試みている。少年鑑別所法施行後の動向に関しては、第6章において論じている。第3節においては、少年院の概要を論述した後、全条文の解釈がなされた先行研究が皆無である旧少年院法の解釈を試みている。さらに第3節では、旧少年院法の解釈上問題とされている旧少年院法第2条の種類、第10条の移送、第11条の収容継続について検討し、また、これまで解釈がなされていない旧少年院法第4条における「矯正教育」の内容及び位置付け、旧少年院法第11条第5号における「公共の福祉のために」に関する解釈も行ってい

る。さらに、審議中であった少年院法案についても解釈を試みている。第4節においては、少年刑務所の概要について論じた後、少年法改正によって生じた問題や特別改善指導における問題点、さらには、今後、議論の対象となるであろう成人年齢の引き下げについても若干ながら検討している。

　第6章においては、少年矯正における近年の動向として、博士論文の内容に新たに加筆したものである。少年矯正においては、近年、注目を浴びているテーマとしては、少年院法及び少年鑑別所法の制定と、現在、法制審議会において議論がなされている少年法適用年齢の引き下げがある。そこで、第1節においては、第4章第3節と第4節で論じた少年院法案と少年鑑別所法案が実際にはどのような内容になり、法律施行後、どのような問題点があるのかについて、法律の概要をはじめ、法解釈を通して、今後問題になるであろう点について言及している。第2節においては、少年法適用年齢の引き下げに関する経緯及び昨今の議論状況に関して、法制審議会の議事録を中心に整理し、少年法適用年齢が引き下げられた場合の弊害及び弊害回避のための提案を行っている。第3節においては、本章第1節及び第2節で述べた近年の動向を踏まえ、少年矯正全体の整合性が取れていない点を指摘し、再度、少年法の理念及び位置付けを他の法律との比較を通して確認し、今後の少年矯正の在り方について論じている。

　第7章においては、前章までに展開してきた現状分析や問題点を踏まえ、今後の少年矯正がどうあるべきかについて、少年鑑別所、少年院、及び少年刑務所の各制度に対して提言が行われている。

　以上のような考察を通じて、本著は、近年の度重なる少年法の改正によって生じた法律の空洞化や厳罰化の流れに警鐘を鳴らし、再度、少年法の理念に基づいて法律を見直し、少年司法制度の段階に応じて各機関の役割を考え直すことで整合性の取れた少年矯正制度を再構築し、少年が更生するためには何が一番必要であるかを考え、少年矯正制度内の機関に止まらず、福祉との連携を通じて、少年の再犯防止及び犯罪予防に寄与することを目指すものである。

第1章
少年矯正制度の沿革と現況

第1節　懲治場から少年刑務所までの経緯

　我が国では、犯罪を犯した幼年者に対して、古くから刑罰の面で寛大な措置が取られていたが、制度上は特別な措置が取られていなかった。明治元年の仮刑律は、刑法官の仮定であり、一般には公布されてはいなかったが、老人、幼年者の犯罪について特別な規定が設けられており、成人の犯罪と区別されていた[1]。その例として、老小廃疾犯罪があり、70歳以上15歳以下及び廃疾の者が流罪以下を犯した場合は贖をもって許すというように、老小廃疾によって刑罰が減免されていた。

　明治5年11月に公布された監獄則は、監獄内を未決監、已決監、女監、病監から区画して懲治監を設け、懲治人らを成人囚から分離して収容した。監獄則は、「20歳以下のもので懲役満期になっても再犯のおそれのあるものは長くこの監に留めて営生の業を勉励せしめ、又平民がその子弟の不良を憂いて此監に入れることを願えればこれを許す」としており、刑期を終了した20歳未満の者及び不良行為がある幼年者等を収容し、教育を行ったことから、教育主義と不定期主義に立脚した我が国少年矯正の出発点といわれている[2]。

---

(1)　財団法人矯正協会『少年矯正の近代的展開』廣済堂（1984年）8頁。

懲治監では教育が実施されることになり、監獄則第 10 条は、懲治監では、「凡軽囚ヲシテ書籍ヲ習読シ工業ヲ練熟セシメ能ク艱苦ヲ忍ヒ改心シ以テ才芸ヲ成スモノハ抜擢シテ監獄ノ下吏トスルヲ聴ス」とし、懲治者の処遇、教育について規定している。この頃の懲治監と幼年監における教育は類似しており、幼年囚に関しては、明治 5 年頃、石川島徒場において、少年に対しては半日労役、半日就学をさせていたようである。就学の内容は、主に経書の講義を中心としたものであった。懲治場から懲治者を釈放する場合は、悔悟の情及び再び怠惰放蕩行為をしない旨の誓約書が必要とされた。

　その後、明治 13 年に刑法及び治罪法が公布され、これに応じて、明治 14 年 9 月に監獄則が改正された。その際、「懲治監」は「懲治場」と改称された。

　明治 14 年監獄則は、明治 13 年 7 月、刑法及び治罪法が公布されたことに応じて、明治 5 年の監獄則が廃止され、成立した。明治 14 年監獄則は、明治 5 年監獄則に在監人給与規則及び在監人雇工銭規則を合わせて制定されたものである。明治 13 年刑法における幼年及び懲治に関する条文は、第 79 条から第 84 条に規定があり、その主な内容は、①未成年の犯罪については罪を論じない（不論罪）、②弁別ある未成年者が犯罪を犯したときは、その罪を宥恕して減軽する（宥恕減刑）等である。

　明治 14 年監獄則第 1 条によると、監獄内は、留置場（裁判所及び警察署に属し、未決者を一時留置するところ）、監倉（未決者を拘禁するところ）、懲治場（懲治人すなわち刑法不論罪の幼者又は聾唖者及び不良の子弟で親の請願による者を収容懲治するところ）、拘留場、懲役場及び集治監に分けられている。監獄の名称に関し、明治 5 年監獄則で規定されていた「懲治監」は「懲治場」と改称され、12 歳以上 20 歳未満で懲役に処せられた者は、年齢や初犯再犯の別等によって、監房を別異にする制度が制定された。これは、いわゆる「幼年監」と称されるものである。しかしながら、懲治場は、明治 5 年の監獄則に初めて懲治監と規定されながら、実際には監獄則が取り消されたため、設置されておらず、その例として、明治 8 年 5 月に新築された市ヶ谷監獄にも

---

(2)　財団法人矯正協会・前掲書 10-11 頁。
　　法務省矯正局「矯正資料第 7 号 少年矯正教育の歴史的研究」法務省矯正局（1954 年）9 頁。
　　財団法人矯正協会『日本近世行刑史稿 下』鈴木製本株式会社（1978 年）101 頁以下に監獄則に関する詳細が記載されている。

設置されていなかったようである。しかし、明治14年の監獄則改正に伴い懲治場として現れて以来、徐々に設置の傾向が見られ、明治35年頃より、懲治場が特設されるようになり、明治40年の刑法改正による懲治場廃止まで続いたのである[3]。

管轄については、明治5年監獄則では、すべての行刑施設が内務省の直轄下に置かれていたが、明治14年監獄則では、集治監のみが内務省管轄であり、他の行刑施設は、「警視総監又ハ府知事県令之ヲ管理ス」とされ、経費もすべて地方税でまかなわれることになった。

懲治場への収容は、刑法に規定された不論罪による収容、及び、「放恣不良ノ者ヲ懲治場ニ入レ矯正帰善セシメント其尊属親ヨリ願出ルトキ（監獄則第18条）」に規定されている情願懲治の2種類が存在した。ただし、懲治場収容の際の年齢は、「満八歳以上二十歳以下ヲ下限トス」とされ、期間は、監獄則第20条「在場ノ時間ハ六箇月ヲ一期トシ二年ニ過ルヲ得ス」にあるように、6か月を1期として2年未満と定められた。

懲治場の教育に関しては、明治5年の監獄則には教育に関する具体的規定は存在しなかったが、明治14年の監獄則には、上述したように、監獄則第18条において、放恣不良の者を懲治場に入れて矯正帰善をすることを明記し、第94条では、「懲治人ニハ毎日三四時間読書習字算術度量図画等ノ科目中ニ就キ之ヲ教フヘキモノトス」と教育規定が定められた。これは、我が国における監獄教育史上初めてのことであった。また、教育制度確立の一環として、第94条における教育規定のほかに、第93条における教誨規定及び第47条における作業訓練も規定され、「懲治人の智識を開発し、悔過遷善の念を発起せしめんとするの趣旨に出づるものにして、当時既に欧米獄制等の影響を受けて、漸次少年犯罪者の教義に留意するに至りたることは注目に値する」と記されている。しかしながら、懲治人の教育指針が示されたにもかかわらず、各署が徹底するには時間を要したとのことである。けれども、明治14年の監獄則改正により、懲治人及び未丁年者の教育が重視され、教育内容が整備される傾向が見られたことは評価に値する[4]。

懲治人の仮出場に関しては、明治13年刑法第53条は、「重罪軽罪ノ刑ニ

---

(3) 財団法人矯正協会・前掲書・19頁。

処セラレタル者監獄ヲ謹守シ改悛ノ状アル時ハ其刑期四分ノ三ヲ経過スルノ後行政処分ヲ以テ仮ニ出獄ヲ許スコトヲ得」とし、仮出獄の規定を設けており、明治14年監獄則第27条にもその規定が置かれた。しかし、不論罪によって裁判官から懲治場に留置が決定された場合の仮出獄に関する規定がないため、明治19年4月26日、内務省と司法省が連名で閣議開催の請議書を提出し、これを受けて法制局が立案した指令案をもとに、明治19年5月2日付で不論罪に係る懲治人の仮出場が認められることになった。内務省では、これに基づき、明治19年11月に仮出場規則を制定し、全国の監獄に公布して統一を図った(5)。

　明治22年7月に監獄則が改正されると、監獄則第51条により、監獄則施行細則も公布され、明治14年の監獄則は廃止された。その代わり、懲治場が設置されることになった。この監獄則改正により、監獄の種類は、集治監、仮留監、地方監獄、拘置監、留置場及び懲治場となり、懲治場は、「不論罪ニ係ル幼者及瘖啞者ヲ懲治スル所トス」とされ、明治14年監獄則第18条から第20条に規定されていた情願懲治は削除され、懲治人の年齢によって監房を別にした点に特徴が見出せる(6)。すなわち、明治22年監獄則では、懲治監が懲治場と名称が変更となり、親が子どもの不良を憂いて懲治監に入れることを願えばこれを許すとしていた情願懲治の規定が削除されたため、不論罪を行った者のみが収容されることになり、加えて、幼年囚と成人囚及び初犯と再犯との雑居拘禁を定めている監獄則第12条に習い、初犯と再犯の区別はしないが、懲治人にも年齢による分房拘禁を採用した。これは、不良少年を入監させるのは刑法の規定に基づくものであるが、そうでない者を入監させるのは、悪風感染の弊害の方が大きいとして削除されたと考えられているようであり（小河滋次郎『日本監獄法講義』）、分房拘禁に関しても同様の理由であると考えられる。そもそも懲治場設置の目的は、小河滋次郎によると、「刑ノ執行ニハ非スシテ、唯タ懲治ヲ施シ教誨感化シテ、其行状ヲ改悛セシムルニアリ」とし、「不良少年ノ懲治事業ノ如キハ宜シク有志人民ノ設計ニ一任シ、政府ハ唯タ之ヲ保護監督スルニ止メ、其組織ハ監獄ノ規制トハ

---

(4)　財団法人矯正協会・前掲書・21-23頁。
(5)　財団法人矯正協会・前掲書・25-26頁。
(6)　財団法人矯正協会・前掲書・27頁。

全然其軌ヲ異ニシ、最モ適当ナル家族的生活法ヲ以テ之ヲ管理スルヲ要スヘキモノトス」にあるとする。つまり、懲治場とは、刑の執行を行う場ではなく、教誨によって感化し、行状を改悛させることであるとしている点は、現在の少年法にも通ずる理念であり、昨今、少年刑務所と少年院の境界線が曖昧になっていることに疑問を投げかける一文であるかのように思われる。また、事業については、一般人に設計を任せて政府は保護監督する程度にし、組織自体も監獄とは異なり、家族のような雰囲気の中で管理を行うとしており、この点でも、現在の少年院の理念に影響を与えていると思われる。

　その後、明治32年7月に明治22年監獄則及び監獄則施行細則も改正されたが、部分改正に止まり、同年8月には、内務省監獄局から在監人遵守事項が発せられた[7]。さらに、明治36年3月には、監獄官制が公布され、第12条において57か所にも及ぶ監獄の名称と位置が定められ、同条第2項によって、監獄の種類が指定された[8]。

　懲治人の教育については、明治14年監獄則と明治22年監獄則には大きな差異はなく、明治14年監獄則では、「七時ニ過キサル時間」農業若しくは工芸を教えるとされていたものが、明治22年監獄則では、「毎日五時以内」と改められた。これは、農業や工芸だけでなく、読書、習字及び算術等にも主眼を置くべきであるとされたためであり、毎日4時間の範囲内で教授することとなった。教科科目については、明治14年及び明治22年監獄則も読書、習字、算術は共通しているが、明治14年監獄則には、ほかにも「度量図画等ノ科目」も含まれていたため、明治22年監獄則では、若干、教科科目が減少したといえる。また、明治14年監獄則と異なる点は、明治22年監獄則では、第31条において、「囚人十六歳未満ノ者及懲治人」に対して読書等を教授するとしているため、懲治場教育の適用範囲が拡大した点にある。新たに16歳未満を加えたことは、学校教育との兼ね合いによるものである[9]。

　さらに、明治32年監獄則では、幼年囚及び懲治人教育に対する強い意気込みが見られ、明治22年監獄則第31条の「読書習字算術ヲ教フヘシ」という文言に「等」を加えて「読書習字算術等ヲ教フヘシ」として範囲を拡張し、

---

(7)　財団法人矯正協会・前掲書・34頁。
(8)　財団法人矯正協会・前掲書・37頁。
(9)　財団法人矯正協会・前掲書・38-39頁。

当局者の自由な判断に委ねる方針を取った。法律においてすべてを詳細に規定した場合、現場において柔軟な対応を取ることができなくなるため、この改正は妥当であると考えられる。また、監獄則施行細則では、第92条において、「幼年囚懲治人ノ教育ハ小学程度ニ依リ修身読書算術地理歴史習字体操其他必要ナル学科ヲ授クルモノトス」とし、懲治人教育は、学校教育と同様の方針を打ち出したとのことである。

そして、明治33年4月には、監獄の管轄が内務省から司法省に移され、国庫支弁が実現した。それにより、監獄改良の作業として、明治35年12月に埼玉県監獄署川越支署が「幼年監」に指定され、翌年からは、各地に幼年監が設置された。幼年監では、満16歳未満である幼年囚と懲治人、又は未丁年者（満16歳以上20歳未満）が収容され、特別の教育が施された。

他方、明治33年3月、内務省監獄局が起草立案した感化法が公布されたが、翌月、監獄局が司法省に移されたにもかかわらず、感化法は内務省地方局の主管に属し、感化院は内務省地方局によって運営されることになった。これにより、我が国の少年矯正は、司法省と内務省によって行われることになり、現在もその伝統が維持されているため、少年矯正を法務省と厚生労働省が担っているのである。この点に関しては、管轄が異なることにより、弊害があることから、以下の章で問題点及び解決策を論じることとする[10]。

上述したように、明治33年4月、監獄の管轄が内務省から司法省へ移管したことを受け、特別幼年監の設置が行われた。この背景には、整備改革以前から監獄改良の主眼として少年への教育が台頭、すなわち、感化法制定への激しい情熱及び幼年囚及び懲治人の教育施策のための幼年監の独立設置への動きがあり、学者や実務家による欧米の少年の分類拘禁に関する視察の所見や翻訳等の影響を受けたことと相まって、司法省は、明治35年12月に埼玉県監獄署川越支署を幼年監に指定し、近県の幼年囚及び懲治人の収容を開始した。この川越支署における幼年監は、我が国の特別幼年監の嚆矢であるといわれている。続いて、明治36年に金沢監獄七尾分監、佐賀監獄唐津分監、明治37年には浦和監獄熊谷分監、静岡監獄沼津分監、明治38年には新潟監獄長岡分監、福島監獄中村分監、明治39年には神戸監獄洲本分監、横

---

(10) 財団法人矯正協会・前掲書・42頁。

浜監獄小田原分監等が特別幼年監に指定された[11]。

　特別幼年監とは、形式上は監獄であるが、少年の特性を考慮し、特別処遇をなすこととされ、その内容は、学校的、家庭的、あるいは感化院的な教育であった。つまり、懲治は保護教育であり、少年犯罪者の訓育は、保護児童の教育であると捉えられていた。この幼年囚の教育主義の理念は、かの有名な司法省監獄事務次官であった小河滋次郎の指導に支えられ、現場では、浦和監獄典獄であった早崎春香によって支えられていた。

　しかし、明治40年代になると、この教育施策が司法当局の批判の的となり、新刑法が公布されたことから、新しい監獄法の誕生が待ち望まれたのである。監獄法誕生目前の典獄会同においては、「特別監なるを以て徒に処遇を寛大にしてはならない」「学校教育を主眼としてはならない」という訓示がなされ、翌年の典獄会同では、「監獄ハ紀律ノ府テアル」とし、幼年監も監獄であるから、感化院化又は学校化することは紀律を乱すものであるとする強い警告を含む訓示がなされた。これは、紀律がなければ監獄は単なる建物であり、刑罰の執行は厳正でなければならないという趣旨から導かれたものである。教育主義から子どもといえど罪を犯した以上は責任を自覚して刑に服すべきという紀律主義への転換が見られた。

　明治41年、監獄法施行によって懲治場は廃止されたが、監獄法の施行により、「従来十六歳未満ノ受刑者ヲ拘禁スヘキ監獄ハ爾今十八歳未満ノ受刑者ヲ拘禁ス可シ」と訓令され、同時に、司法省監獄局長から、「従来ノ訓令ニ依リテ十六歳未満ノ幼年男囚ヲ拘禁スヘキ特別監獄は爾今十八歳未満ノ男囚ヲ総テ拘禁スヘキ旨訓令相成従テ十六歳以上十八歳未満ノ者ヲ収容スル事ト相成候ニ付テハ双方ノ監獄協議ノ上漸次移監相成差支無之其押送ノ方法日時等ハ雙方御注意ノ上不都合無之様御取計相成度」と通牒され、新たな少年行刑が始まった。要するに、懲治場が廃止されたことにより、司法省所管の非行少年収容施設は存在しないことになり、感化院に入院せしめることとな

---

(11)　財団法人矯正協会・前掲書・43頁。
　　　法務省矯正局・前掲書・21頁。
　　　特別幼年監が教育を施すようになった背景としては、当時、欧米監獄制の影響による犯人個別処遇の要求、懲治場制度に対する非難、感化院の成立、感化法の制定に刺激され、懲治人、幼年囚の処遇が著しく教育主義に改められたことが挙げられる。

ったが、幼年囚の教育は継続され、明治41年の監獄法及び同施行規則においても幼年監特設の方針を取り、特設幼年監収容年齢を18歳未満とし、20歳まで継続収容ができると規定したのである[12]。

ここで、新たな少年行刑の始まりとして、先述した明治35年12月に初の幼年監に指定され、我が国の特別幼年監の嚆矢であるといわれている川越支署、後の浦和監獄川越分監における概要について触れたいと思う。それにより、具体的な幼年監の当時の現状が把握できると思う。

浦和監獄川越分監の起源は、明治35年7月14日に、埼玉県監獄署川越支署を幼年監とする議論が起こったことに遡る。同年12月22日に司法省の訓令によって、警視庁及び神奈川県に拘禁中の年齢16歳未満の幼年男囚及び懲治人（瘖唖者及び女を除く）で、警視庁は刑期・拘留期間2月以上、神奈川県は刑期・拘留期間6月以上の者を川越支署に収容することになった。そのため、同支署は、当時収容していた16歳以上の者をすべて本署に移送し、幼年及び懲治人を収容する特別監となり、明治36年1月11日から収容者に対して学校教育及び実業教育を開始した。そして、同年4月1日、官制改正によって川越支署は浦和監獄川越分監に改められ、100名の拘禁定員は、同年6月22日には定員に達した。同年10月8日には、同分監を懲治場とする議が起こり、12日に幼年囚を全員本監に移したため、同分監は純然たる懲治場となった。その後4年間、懲治人のみを収容して教育したが、明治41年8月の監獄法公布により、監獄の種類が定められ、懲治場は廃止された。しかし、移行期間が必要なため、当分の間、一部の監獄に懲治場が置かれ、川越分監には、東京、横浜、前橋、千葉、水戸、宇都宮、甲府の各監獄の男懲治人を収容することになった。明治41年10月には、幼年受刑者の年齢が16歳未満から18歳未満に引き上げられた。大正11年の官制改正により、浦和監獄川越分監は、「川越少年刑務所」と改称された[13]。

明治36年に浦和監獄が幼年監として発足した当初の処遇は、家族舎制による個別処遇であり、少年の処遇心得に沿って行われた[14]。

教育については、教科教育、実家教育及びその他の教育に分けられていた

---

(12) 財団法人矯正協会・前掲書・47-48頁。
　　　法務省矯正局・前掲書・22頁。
(13) 財団法人矯正協会・前掲書・49頁。

ようである。「保護児童ノ研究報告書」によれば、小学令に違い、尋常小学高等小学を併置して、二部教授に編成し、毎日、午前中の4時間を尋常科の時間とし、午後の3時間を高等科の時間に充てたとのことである。しかしながら、その教科課程の程度は、小学校に準じほぼ同一であるが、体操と音楽の2教科は、訓練上殊に必要と認識した場合は、その教授に重きを加えるので、時間配分も多少の差があるとのことである。教授については、国語科や算術科等特に説明することはないが、訓育の位置付けについては、少々、着目する必要がある。「保護児童ノ研究報告書」は、教授と訓育は相まって教育の目的を達するに必要であると記している。また、両者は「鳥ノ両翼ニ於ケル如シ」との比喩も用いていることから、両者は処遇にとって欠かせないものであることを意味しているが、それに続く言葉として、「殊ニ本校ニ於テハ訓育ニ重キヲ置カザルベカラズ」と書かれているため、訓育に重点を置いていたようである。その理由としては、多くの生徒は、家庭の保護を得られなかったため、他人の誘惑に迷った者であり、外界の境遇によって生じたものなので、これを教養して国家の良民にするのは吾人の大義務にあらずとある。したがって、生徒は教養をなくして非行に走ったのではなく、家庭の保護を十分に受けられず、他人に流されて犯罪を行ったものなので、教育をして国家の良民にするのではなく、訓育によって立ち直らせるということを意味している。しかしながら、このような処遇を困難にする問題があった。その問題とは、第1に生徒の出入期が異なる、第2に年齢が異なる、第3に入校時における教育程度の差異である。この3つの問題があるがゆえに、訓育上、ある一生徒のために特に適宜の方法を講ぜざるを得ず、普通小学校と同じく一律の教授法と訓育法とに拠ることができないとのことである。されども、その教授法と訓育法とを一律にすることができないところに、むしろ本校教育の興味が存在する。なぜならば、児童の個性を本位としたる教育は、本校において初めて実験するからである[15]。

　教育以外に、川越幼年監では、明治36年1月に、我が国行刑にとって初めての試みとして、典獄早崎春香、早川支署長と3人の懲治人で部外散策を

---

(14)　財団法人矯正協会・前掲書・50-51頁。
(15)　財団法人矯正協会・前掲書・55頁。

行っている。翌 37 年には、懲治人 45 人による遠足を実施している。この部外散策を実行した理由として、幽閉すべきなのにしないのは、部外散策を利用して心性の啓発を促す見込みがある以上は感化上最も有益なる手段の 1 つだからであるという理由を挙げている。この点は、現在の行刑には欠けている視点であり、近年、開放処遇といいながら、逆に、開放処遇の対象が厳格になり、構外作業あるいは構外学習の実施が減少傾向にある点に一石を投じるものである。確かに、近隣住民の安全は重要であり、幹部の保身も理解できるが、矯正職員である以上は、収容者をいかに立ち直らせるかを考え、リスクは承知で、様々なことにチャレンジする精神が大切だと思われる。

その後、川越幼年監における部外散策や遠足の試みは、後の少年行刑における集団散歩として成長し、さらには累進処遇による構外への進出に繋がっていったとのことである。

出監については、普通退校と特別退校がある。普通退校は、裁判で言い渡された期間が満了して出るもので、平均 1 年 2 か月であった。それに対して、特別退校は、保護者の見込みで出すもので、在学期間の平均は 1 年 9 か月であり、80％まで成績が良いとされた。前者は、現在の満期退院であるが、後者に関しては、この時代独特のものであり、親の請願によって入所させていた懲治場の名残りのように思われる。

ここで、川越幼年監に対する非難について言及する。川越幼年監は、我が国が最も希求してやまなかった欧米監獄制度の移入であった。イギリスのボースタル感化監獄やアメリカのエルマイラ感化監獄の制度は、早くから紹介され、その進歩的な文明学理の実現が唱導されており、代表人物は小河滋次郎であった。川越幼年監は、小河滋次郎の悲願と早崎春香らの現場人の熱情に支えられて、我が国の少年行刑に大きなエポックを作っていったとされている。そして、分監の名称も幼年監、懲治場であるにもかかわらず、「川越児童保護学校」と称し、教育内容も学校風に組織し、分監長を校長、職員を先生、懲治人及び幼年囚を生徒あるいは保護児童と呼んだ。教科教育、実家教育のほかに、ダンス、遊戯、遠足など新しい試みが行われた。これは、我が国固有の監獄制度からは考えられないことであり、これらの発想は、監獄学に最も精通し、司法省監獄局の獄務課長として、権力を一手に握っていた小河滋次郎によるものであった。このような試みは、当初は司法当局者の後

ろ盾によって続けられていたが、次第に一部の人々の目には、破天荒な処遇と映り始めたのである。感化院に貢献した留岡幸助によれば、懲治人に立派な衣服を与え、懲治人を「さん」で呼ぶこと等の川越幼年監の処遇が奇異に思われたとのことである。このことは、「それで幾ら良い事でも余り急劇の進歩は悪いことになって来る」とし、「幼年囚とは云へ犯罪者に向て（さん）付けにするのは、余り進歩と云ふ点を誤て居るのではないかと云ふ感じを持ったのである」との言葉に現れており、処遇に違和感を覚えたようである。これに対して、上田秋水が留岡幸助に反論を行ったり、坪井直彦が川越幼年監の教育に批判する等のやり取りが続くが、それらをまとめると、上記のような破天荒な処遇に対する批判の輪が広がり、明治40年5月の典獄会同において、松田司法大臣が、「特別監なるを以て徒に処遇を寛大にしてはならない」、「学校教育を主眼としてはならない」と批判し、翌年の典獄会同における監獄長の小山温は、「監獄は紀律の府である。幼年監も監獄である。幼年監を自己の説で感化院化し、あるいは学校化することは規律を乱すのである。国家の規律を破るものであり、自己が規律を破って他人に紀律を従わせることはできないのである」と訓示している。これは、司法当局が教育主義から紀律主義へ転じたことを意味する。このようにして、創設時の川越幼年監を運営していくには厳しい批判が飛び交い、川越幼年監は短期間で終局を迎えることとなったのである[16]。

　明治5年の監獄則は、監獄内に懲治監を設け、懲治人らを成人囚から分離して収容することにし、明治14年、明治22年及び明治32年の監獄則も同様の分離収容を行った。そして、明治35年12月以降は、懲治人及び幼年囚を収容する特別監が特設され、完全に成人囚から隔離して収容処遇することとなったが、明治41年の刑法施行と共に、懲治場は廃止された。これが契機となり、少年刑務所の原型ができたのである。

　明治41年10月には、「従来十六歳未満ノ受刑者ヲ拘禁スヘキ監獄ハ爾今十八歳未満ノ受刑者ヲ拘禁ス可シ」と訓令された[17]。

　監獄法は、第2条で「二月以上ノ懲役ニ処セラレタル十八歳未満ノ者ハ特ニ設ケタル監獄又ハ監獄内ニ於テ特ニ分界ヲ設ケタル場所ニ之ヲ拘禁スルコ

---

(16) 財団法人矯正協会・前掲書・67-70頁。

トヲ得」とした。すなわち、懲役2月以上の18歳未満の者は、特別に設けた監獄又は監獄内の分離した場所に拘禁するということを意味している。

このように、非行少年の教育は、明治40年以降監獄法によって幼年監においてのみ実施されることとなり、大正時代へ突入するのである。

大正11年6月27日には、「懲役囚中年齢十八歳以上二十歳未満ノ初犯者及二十三歳未満ノ初犯者ニシテ情状ニ因リ之ニ準シ処遇スル必要アル者ハ特設監又ハ監獄内ニ於テ特ニ分界ヲ設ケタル場所ニ拘禁シ十八歳未満ノ者ニ準シ処遇スヘシ」とされ、「前項十八歳以上ノ者ハ二十三歳ニ至マテハ継続シテ之ヲ拘禁スルコトヲ得、心身発育ノ情況ニ因リ必要ト認ムル者ハ前二項ノ適用ニ付年齢ニ拘ハラサルコトヲ得」と訓令がなされた。つまり、監獄則では、対象が懲役2月以上の18歳未満の者について、特設監又は監獄内に分界を設けて拘禁するとされていたのに対して、大正11年では、対象者に変更があり、18歳以上20歳未満の初犯者及び23歳未満の初犯者だが情状によって前者に準じて処遇する必要がある者とされている。

このような対象の変化の後、同年10月14日、特設監獄の名称と位置が定められ、小田原、川越、姫路、名古屋、岩国、福岡、盛岡に7つの少年刑務所が設置された。その後、続々と各地に少年刑務所が設置され、大正13年11月には、男懲役禁錮少年受刑者の移送集容区分が定められた。その区分としては、①18歳以上の初犯者にして18歳未満者に準ずる処遇をなすべきもの、②18歳未満の処遇をなすべきもの、③18歳未満の処遇をなすべきもの及び18歳以上の初犯者にして18歳未満者に準ずる処遇をなすべきもの、④18歳以上20歳未満の累犯者の4つであった。しかし、昭和2年7月1日に八王子少年刑務所が設置されたことにより、「18歳未満の処遇を為すべきもの及び18歳以上の初犯者にして18歳未満者に準ずる処遇を為すべきものの中心神耗弱者と認むるもの但し残期10月未満のものを除く」との区分が加えられた。その後も、少年受刑者の集容区分は改正され、少年刑務所自体が減少し、④が削除される等の変更がもたらされたが、昭和16年9月1日に懲役禁錮の男少年受刑者移送集容区分が改正され、その際の訓令によって「少年及準少年受刑者ニシテ刑法第三十九条ヲ適用セラレタル者ノ中現ニ心

---

(17) 財団法人矯正協会・前掲書・559頁。

神耗弱ト認メラルル者ハ勿論其ノ他仮令同法条ノ適用ナキ者ト雖モ事実上右症状ノ特ニ顕著ナル者ハ右改正収容区分ニ依ラズシテ八王子少年刑務所長ト協議ノ上直接移送相成差支無之候条御了知相成度候」とされ、八王子少年刑務所は、心神耗弱少年及び準少年並びに事実上心神耗弱と認められる者も収容する施設に指定されたのである[18]。

少年受刑者の教育と処遇に関しては、まず、少年行刑教育令制定の前後で大きな変化があった。少年行刑教育令制定以前の教育と処遇について、いくつかの少年刑務所を例示しつつ、説明したいと思う。

小田原少年刑務所の前身は、横浜監獄小田原分監であった。その当時の教育は、14歳以上の義務教育年限を経過した少年受刑者に対して、普通小学校程度の教科書を用いて教授し、1年かかる課程を半年で終了する形態を採っていたが、形式に流され、実用的ではなかったため、大正3年に教育課程を改正し、実用主義を採用して無学者より高等科卒業までの者を3組に分け、単級教授の方法によって個人の学力に重点を置き、進級を随時として変則的教育を施し、教科書も固定以外の適当なものを任意で選択できるようにした。なお、農工商業の一般概念を授けるため、実業補習学校及び徒弟学校用教科書も採用したとのことである。また、少年受刑者教育規程以外にも「低能者処遇方法」なるものを定め、大正時代にはすでに知的障害者対策を施していた点は、注目に値する。大正3年から10年までの教育方針としては、①規律訓練及び教育により個性の陶冶を主とすること、②体育に留意し身体の発育並びに増進を図ること、③勤労的精神を尚ぶ気風を養成することを掲げた。

処遇については、大正2年1月制定の幼年男受刑者階級処遇規程に基づいて行われた。この規程は、英国の受刑者分類及び階級処遇性を参考に作成されたものであり、入監当初に性格、犯状によって、3階級に分類するものである。最も厳正なる者は独居拘禁にして刑罰の苦痛を感知させ、自ら反省悔悟をし、国権の威力に屈服し国法に遵う念慮を起こさせるに至ったならば、雑居に移して規律を緩和し、漸次規律的生活と労働勤勉を躾けるために行刑の階段を数個の時期に分類し、各期間ごとに処遇を別にし、相互に連絡して一個の系統となる階級処遇を実施していた。これは、独居中に刑の苦痛を感

---

(18) 財団法人矯正協会・前掲書・564-566頁。

じ、威嚇効果も確実となり、作業の督励上もまた多大の利便があるとされた。

川越少年刑務所は、浦和監獄川越分監時代の明治42年8月から、少年受刑者を収容することになり、これに伴い、明治43年4月に18歳未満受刑者教育規程が制定され、18歳未満受刑者就学心得が制定された。

浦和監獄川越分監の教育方針は、「教育ハ専ラ特性ヲ涵養シ、品性ヲ陶冶シ、身体ノ発育ニ留意シ、処世上必須ノ知能ヲ啓発シ、意志ヲ強固ナラシメ、克ク独立独行ノ人タラシムルヲ本旨トシ、之レニ小学校程度ノ教育ヲ授ク。特ニ修身ニ重キヲ置キ、教科書ノミニ依ラス、日常ノ起居動作或ハ偶発事項ニヨリ良心ノ啓発ヲ計リ、卑近ノ事実ヲ引証シテ処世上ノ常識ヲ養フコトトス。而シテ入監ノ際ヨリ出監後ノ職業ヲ尋子、成ルヘク其業ニ適当ナル様実業方面ニ教育ノ方針ヲ取ルコトニ努ム」とされた[19]。

その後、この18歳未満受刑者教育規程は、大正3年6月には、部分改正され、川越分監少年受刑者教育及び処遇規程が制定された。

処遇については、階級処遇であり、大正5年1月制定の川越分監少年受刑者教育及び処遇規程によって、小田原少年刑務所同様、徹底した累進的階級処遇が実施されたとのことである[20]。

その他、姫路少年刑務所、奈良刑務所、岡崎少年刑務所、岩国少年刑務所、松江刑務所、盛岡少年刑務所、札幌少年刑務所の教育と処遇を概観したところ、小田原少年刑務所や川越少年刑務所とほぼ同様の教育や処遇が実施されていた。多くの施設に共通するものとして、教育に関しては、「少年受刑者教育規程」が設けられ、若干その目的は異なるものの、おおむねどの施設でも「教育は専ら徳義を涵養し、品性を陶冶し、身体の発育に留意し、処世上必須の知識技能を啓発する」ことを目的として掲げ、教育が授けられていたようである。処遇に関しては、「少年受刑者処遇規程」や「累進処遇規程」を制定し、累進的階級処遇が実施されていた。累進の階級処遇については、多くの施設が少年受刑者を3階級に分け、処遇を実施している。しかしながら、この時点では、多くの少年刑務所で教育や処遇の方向性は一致していたが、各施設ごとに独自の教育が実施されていたため、司法省行刑局は、少年

---

[19] 財団法人矯正協会・前掲書・580頁。
[20] 財団法人矯正協会・前掲書・590頁。

受刑者に対する統一的教育の必要性を感じ、昭和4年4月より少年受刑者用教科書の編纂作業を開始した。少年受刑者用教科書は、国語と算術を対象としており、同年10月から全国の少年刑務所に配布され、少年受刑者の教育が統一された[21]。

教育の統一後、少年行刑教育令が、昭和8年9月27日に公布され、同年10月1日に施行された。それ以前の教育は、明治14年の監獄則においては、懲治人に対して、毎日3、4時間の学科教育を施す旨の規定があり、明治20年及び32年の監獄則には、16歳未満の囚人及び懲治人に対して毎日4時間以内の読書、習字、算術を教育すべき旨の規定があった。また、明治41年の監獄則及び監獄法施行規則には、18歳未満の受刑者等に対する教育の規定が設けられていた。以上をまとめれば、毎日4時間の範囲内で教育程度に応じた教育を授け、小学校又は中学校を修了していない者には、その時間を超えて、小中学校の教科を教育することになっていたが、少年受刑者に対する統一的な教育制度は確立されていなかった。教育は、専ら典獄、刑務所長の自由裁量に委ねられ、各監獄、各刑務所が独自の教育を制定していたため、少年受刑者の処遇上の統一が図れず、規程の内容も完全とはいえなかった。それゆえに、処遇上の統一を図るために制定されたのが、少年行刑教育令であった[22]。

少年行刑教育令の公布により、少年受刑者を収容している刑務所は、従来の教育と処遇規程をすべて廃止し、少年行刑教育令に基づいた少年行刑が実施され、各刑務所では、同令に基づき、独自の施行細則あるいは内規を定めて実施した。少年行刑教育令は、少年行刑教育を全国的に統一し、整備した点で、少年矯正に画期的な意義をもたらしたといえる。

しかし、昭和8年の少年行刑教育令は、昭和16年9月27日に全面改正された。その理由は、少年行刑錬成規程が公布され、時局に対応するためであり、少年行刑は、少年行刑錬成規程と新しい少年行刑教育令の二本柱によって運営されることとなった。

ここではまず、少年行刑錬成規程について言及したい。少年行刑錬成規程

---

(21) 財団法人矯正協会・前掲書・600-637頁。
(22) 財団法人矯正協会・前掲書・657-658頁。

が公布される直前の昭和16年2月13日、少年受刑者に対する教育の適正を期するために、少年刑務所の教務課に教育主任が置かれ、少年考査官も設置された。また、同年9月、教師採用に関して、少年行刑教育の振作は、直接収容者の訓育に従事すべき教師の人格及び努力によるところが大きいため、教師採用基準を設けたとのことである。同年9月1日には、少年行刑の運営の円滑化を図るため、従来の集容区分を改正して、新たに少年受刑者、準少年受刑者及び少年、準少年受刑者中、心神耗弱者の集容区分を定めた。そして同年10月1日に少年行刑錬成規程が施行された[23]。

少年行刑錬成規程は、少年受刑者における小学校令による義務課程修了者が年々増加傾向にあったこと及び国民義務教育制度の水準を考え少年行刑教育令による教育外にも別途青年学校的教育制度を確立する必要があることを認め、青年学校令に準拠する新制度を加えることを理由として制定されたものである。その目的は、青年学校令に則る教育を施し、被教育者に対し専ら心身を鍛錬すると共に徳性を涵養し日本臣民として必須不可欠の資質を鍛錬することであった。運用については、青年学校教育の特質に鑑み、理論のみに偏ることなく、実際的素養の啓培は勿論のこと、少年行刑の特性に顧み、就学者の個性に留意してこの規程の効果を十分に挙げるようとした。ただし、本規程の適用がない尋常小学校又は国民学校初等科の未修了者については、従前通り少年行刑教育令によることとし、初等教育の課程を授け皇国民たる資質の基礎的錬成に力を入れることとされた[24]。

具体的には、各少年刑務所内に青年錬成所が設置され、少年刑務所は青年学校と同等の施設として文部省の認可を受けることとなった。その際、少年刑務所が青年学校であることの不合理を解消するため、少年刑務所の名称を変更し、一時は「少年刑務所」の呼称が消えたとのことである。例えば、小田原少年刑務所は「報徳青年錬成所」、川越少年刑務所は「初雁青年錬成所」に改称した。以上、少年行刑錬成規程の公布により、従来の少年刑務所の姿は大きく変わり、錬成の名の下に厳しい学習と錬成が続けられたのであった。ただし、その教育は、一般社会の影響を受けて国家主義的な表現に改

---

(23) 財団法人矯正協会・前掲書・661頁。
(24) 財団法人矯正協会・前掲書・663頁。

めた程度であり、本質的には変化はなかったようである。

　少年行刑教育令や少年行刑錬成規程によって、少年行刑は新たな道を歩み出したが、第二次大戦後は、教練規定、錬成規定は廃止され、少年行刑教育令も改正を前提として廃止され、今日に至る。それにより、現在の少年刑務所における矯正教育に関しては、統一的法規はなく、各所各様の教育が実施できるのである[25]。

第 2 節　矯正院から少年院までの経緯

　明治 40 年 4 月 24 日に刑法が公布され、明治 41 年 10 月 1 日に施行された。刑法は、「十四歳ニ満タサル者ノ行為ハ之ヲ罰セス」（第 41 条）、「瘖啞者ノ行為ハ之ヲ罰セス又ハ其ノ刑ヲ減軽ス」（第 40 条）と規定し、明治 13 年刑法に規定されていた「懲治場留置の言渡し」が削除された。それを受け、明治 41 年 4 月に感化法の改正が行われた。しかしながら、感化院の制度は全国に普及したが、その収容力が極めて少なく、明治 44 年 9 月においては、矯正教育を施すべき非行少年の 1 割弱しか収容しておらず、なかなか成果が上がらなかった。そこで、増加傾向にあった非行少年への対策として、起訴猶予処分が励行されるが、この対策は、逆に、非行少年が社会にはびこることを許す結果となり、大正 2 年頃には非行少年が蔓延するようになった。これにより、非行少年に関する特別法規定の機運が生じ、少年法制定へと繋がっていったのである[26]。

　少年の非行対策について、感化法とは別に、少年法の制定が法律取調委員会において、明治 44 年 9 月 19 日の法律取調委員会中の刑事訴訟法改正主査

---

(25)　財団法人矯正協会・前掲書・669 頁。
　　　法務省矯正局・前掲書・25 頁。
　　　少年刑務所の経緯に関しては、明治末期までは財団法人矯正協会『日本近世行刑史稿 下』鈴木製本株式会社（1978 年）、大正以降については、法務省矯正局『矯正年譜』法務省矯正局（1975 年）に詳細な記述がある。また、東京少年審判所編『東京少年審判所十年史』久山社（1998 年）、重松一義『少年懲戒教育史』信山社（2000 年）、小野義秀「日本行刑史拾遺(13)―「少年刑務所」と「少年行刑」（前）―」『刑政』第 114 巻第 12 号（2003 年）54-60 頁においても記載がある。

委員会の第91回会議の中で具体化し、刑事訴訟法改正の第5編第2章「監置及ヒ懲治ニ関スル手続」の審議の際、懲治の規定の削除に関連して、少年に関する法律の制定が重要問題として論議された。その結果、明治45年1月23日、主査委員会の中から特別委員が任命され、少年に関する法律の基本的問題について討議されることが決定し、谷田三郎委員らが作成した少年法案が審議された。少年法案は、刑法、刑事訴訟法、監獄法と関連した広範囲な立法になるため、刑事訴訟法案改正主査委員から切り離し、大正3年3月13日に「不良行為少年に関する法律案主査委員」が任命され、改めて少年に関する法案の審議に入った。大正8年には、法律案がまとまり、同年、7月7日、法律取調委員会会長長松室致が司法大臣原敬に報告し、少年法案及び矯正院法案が、大正9年の第42回、第43回、大正10年の第44回帝国議会に提出されたが審議未了となった。しかし、大正11年の第45回帝国議会に提出され、可決され、少年法及び矯正院法が公布となった[27]。

　少年法は、少年を保護して不良行為を防止し、それによって社会を保安しようとする趣旨を持ち、他面においては刑事処分を規定し、刑法、監獄法及び刑事訴訟法に関して特別な規定を設け、非行少年を教養、保護することを目的としたものである。少年を18歳以下とし、非行少年に対しては9種類の保護処分を規定し、その執行は23歳まで継続することができると定め、また、少年の審判をなすために少年審判所を設置した[28]。

　少年審判所には、少年審判官、少年保護司、書記を置き、審判官は単独で審判をなし、かつ、行政事務を掌り、保護司は、審判官を補佐し、審判の資料を提供し、あるいは少年の行動を観察し、書記は、書類の調整若しくは庶務を掌ることとした。すなわち、大正少年法においては、少年審判所等の行政機関に運用が委ねられており、対象者も犯罪少年以外は虞犯少年を認める

---

(26)　財団法人矯正協会・前掲書・12頁。
　　　法務省矯正局・前掲書・12頁。
　　　大正少年法の成立過程に関しては、森田明『少年法の歴史的展開―〈鬼面仏心〉の法構造』信山社（2005年）を参照されたい。
(27)　財団法人矯正協会・前掲書・272頁。
(28)　大正少年法第4条に規定がある保護処分とは、①訓戒、②学校長訓戒、③書面における改心の誓約、④保護者への条件付き引渡し、⑤寺院、教会、保護団体又は適当なる者への委託、⑥少年保護司による観察、⑦感化院送致、⑧矯正院送致、⑨病院への送致又は委託の9種類である。

に止まり、司法部の行政の一環として運用されてきたのである[29]。

　少年法と矯正院法は、大正12年1月1日に施行となったが、予算の関係上、東京少年審判所（東京府、神奈川県を管轄とする）と大阪少年審判所（大阪府、京都府及び兵庫県を管轄とする）のみしか設置されず、それに伴い、多摩少年院と浪速少年院が設置された。少年法と矯正院法の規定により、少年の審判、矯正に関する事項は、司法大臣が管轄することとなった。

　昭和9年1月1日、名古屋少年審判所が設置され、瀬戸少年院が新設されると、昭和11年11月1日には、東京少年審判所内に埼玉県と千葉県が加えられた[30]。

　少年審判所とは、保護処分を決定する官庁であり、民事又は刑事事件の裁判をする官庁ではないため、厳密な意味で司法官庁とはいえないが、「刑罰法令ニ触ルル行為ヲ為ス虞アル少年」に対して刑の代わりに行われる保護処分は、司法事務の範囲に属すると解され、「保護処分ヲ為ス」ことを目的とする少年審判所は、広義における司法官庁とされた[31]。

　矯正院の設置目的については、矯正院法第9条が「在院者ニハ其ノ性格ヲ矯正スル為厳格ナル規律ノ下ニ教養ヲ施シ其ノ生活ニ必要ナル実業ヲ練習セシム」と規定し、通牒では「厳格ナル規律ノ下ニ少年ヲ教養シ其ノ性格ヲ矯正スルコトヲ目的トスルモノニ有之従テ白痴低能其ノ他ノ事情ニ因リ教養ノ効ナク到底矯正ノ途ナシト認メラルル少年ヲ収容スルカ如キハ同院設立ノ目的ニ適ハサル儀ニ有之候ノミナラス殊ニ矯正院ノ目下ノ収容人員ハ一箇所五十人ノ見込ニ有之候ニ付保護処分ヲ加フルニ当リテ十分是等ノ点ヲ考慮シテ少年ノ性格ヲ精査シ矯正院ノ施設ニ依リ矯正ノ目的ヲ達シ得ル者ト認メラルル場合ニ限リ之ヲ矯正院ニ送致シ其ノ然ラサル者ハ病院又ハ適当ナル社会施設ニ収容セシメ若ハ保護者ニ引渡シテ釗切ナル保護ヲ受ケシムル等ノ措置ヲ執リ以テ矯正院ノ職能ヲ発揮セシムル様致度」とされた[32]。すなわち、矯正院は、感化院と少年監の中間に位置する性格を有し、処遇の内容において

---

(29)　池口尚夫『日本少年矯正保護史』新踏社（1973年）142頁。
(30)　財団法人矯正協会・前掲書・364-365頁。
(31)　財団法人矯正協会・前掲書・371頁。
(32)　財団法人矯正協会・前掲書・374頁。
　　　法務省矯正局・前掲書・26頁。

感化教育と性質を同じくし、収容少年の監督は少年監に近いものとされており、懲治場的性格を完全に克服したものではなかったが、刑事政策上の要請による教育目的を明示したところに大きな意義を見出すことができる。少年法が一方において保護処分を規定し、他方において刑事処分を規定し、「刑罰法令ニ触ルル行為ヲ為シ又ハ刑罰法令ニ触ルル行為ヲ為ス虞アル少年」に対して、人格調査に基づく個別的な処遇を多様な保護処分の中で実現すべく矯正教育の原型を成立させたのである。

矯正院法によれば、矯正院は司法大臣の管理に属し、少年審判所から送致された者及び民法旧第882条の規定により入院の許可があった者を収容する所とされ、その収容は14歳以上23歳までを限度とし、執行目的を達したときに退院若しくは6か月経過後は条件を指定して仮退院が許可されることとなっている。在院者の処遇は、矯正院処遇規程で詳細が定められ、処遇の個別化原則及び教育の具体化が明示された[33]。

矯正院法は、在院者に対する処遇において「教養」と「実業」を中核とし、16歳未満の者と16歳以上の者とを区分し、収容6か月を経過したものに仮退院を許すことができるとした。

学科教育については、入院時の知能・学力の検査に基づき、それぞれの学級に編入されたが、特に精神薄弱者が多かったこともあり、特殊学級の指導に意が用いられ、教材を豊富に整備した実物教育が行われた。実科教育は、園芸、木工、縫工、印刷などの種目が設置され、考査終了と同時に園芸課に編入、3か月の実習後、適性に合った科目に編入している。また、寮舎における生活指導は教育の中心と考えられており、生活指導の1つとして特記すべきものに家族寮の制度があった[34]。

矯正院の教育は、教護院の監護教育と親の愛を主旨とするのとは異なり、親の愛より厳格な規律の下の教養を主旨とし、それには抵抗力養成の鍛練が肝要であり、「矯正は性格の矯正陶冶すなはち性格教育」であり、「知育体育等はそれが性格教育に必要な限度にだけ容認される」もので、「矯正教育の最大特徴は実にその教育が教授を主とするものでなく訓育を本体とするもの

---

(33) 朝倉京一＝佐藤司＝佐藤晴夫＝森下忠＝八木国之『日本の矯正と保護 少年編 第2巻』有斐閣（1981年）23頁。
(34) 朝倉＝佐藤＝佐藤＝森下＝八木・前掲書・24-26頁。

である」としている。

その後、終戦と同時に、矯正院は短期錬成を廃止し、本来の処遇を復活することとなるが、戦後の混乱期に激増した浮浪少年を多数収容することになり、食糧等の不足、病気、逃走事故等の中で伝統的な教育的風土が再建されていった。しかし、占領下指導の1つとして、少年法制の改革が進められ、昭和23年、少年法の改正に伴い少年院法が制定され、犯罪者予防更生法の制定と相まって、少年保護制度が根本的に改定されたのである。

そして、①保護処分の決定は家庭裁判所が行う、②少年の年齢を20歳未満とした、③保護処分と刑事処分との関係において家庭裁判所に先議権を与えた、④保護処分の決定と執行を分離、⑤保護処分の内容を整理して3種類に限定、⑥保護処分に対して抗告を認めた、⑦科学的調査を重視し少年鑑別所を設けた、⑧少年の福祉を害する成人の刑事事件を認めた、⑨18歳未満の犯罪少年に死刑を廃止した、という9つの変更点を基に、教育的色彩の強い少年法が制定され、矯正院は廃止となり、現在の少年院の運営が始まり現在に至っている[35]。

第3節　感化院から児童自立支援施設・児童養護施設までの経緯

感化法は、明治33年3月10日に制定公布されたが、それ以前からすでに民間において感化制度の必要性が叫ばれており、欧米諸国の感化制度の紹介がなされ、感化院が設立されていた。本節では、感化院の起源である私立の感化院から法制定に至り、国立の感化院制定後も何度となく、少年法との関係から改正がなされ、感化法が少年教護法と名称を変更し、現在の児童自立支援施設に至るまでの経緯を概観したいと思う。

我が国では、少年を成人と区別して処遇すべきであるとする思想は古くか

---

(35)　朝倉＝佐藤＝佐藤＝森下＝八木・前掲書・28-32頁。
　　　柏木千秋『新少年法概説』立花書房（1947年）12-19頁。
　　　最高裁判所事務局刑事部『新少年法及び少年院法：提案理由と確定條文』最高裁判所事務局刑事部（1948年）37-45頁。
　　　9つの変更点に関しては、法曹会『司法研修所編　少年法概説（3訂）』大日本法令（1969年）には、⑨の代わりに、「児童福祉法との関連に留意したこと」が記載されている。

ら存在し、明治5年に制定された監獄法は、懲治監の制度を設け、20歳以下の刑余者のうち、「悪心未タ悛ラサル者」などを懲治監に収容することを規定した。また、明治13年に制定された旧刑法では、責任能力について段階的な規定を設け、12歳未満の者の罪は問わず、12歳以上16歳未満の者で是非の弁別なく罪を犯した者は、刑法上の罪を問わないとし、16歳以上20歳未満の者の刑は刑一等を減じる一方、上記のうち8歳以上の責任無能力者については、情状により懲治場に留置することとした。明治14年には監獄則が改正され、懲治場を監獄の一種として規定し、旧刑法による該当者のほか、満8歳以上20歳以下の「放免不良ノ者」にして「矯正帰善」のため尊属親から願い出た者を懲治場に収容することとした[36]。

　この懲治場の制度は、少年に対する教育主義の現れとして評価できるが、犯罪の増加により在監者が著しく増加したこともあって、刑罰主義が支配的であり、懲治人と成人の一般犯罪者との区別が不十分で、懲治場における処遇の効果が上がらなかった。そこで、少年犯罪者に対する矯正は、応報刑罰的な懲治ではなく、教化、教育によるべきであるとして、懲治場制度への批判から、欧米の感化事業の影響の下に民間の感化院創設の運動が生じた[37]。その先駆けとして、明治17年に大阪で池上雪枝が不良少年の保護に着手して日本最初の感化院を創設した。この感化院はわずか6年で閉鎖となったが、その後、翌18年には、高瀬真郷の私立予備感化院、19年には千葉感化院、21年には岡山感化院、30年には三重感化院と次々と創設された。そして、その後の感化院にも多大なる影響を与えた留岡幸助による「家庭学校」が明治32年に設立した。留岡幸助は、同志社卒業後に牧師となり、空知集治監の教誨師として3年間在職した際、教誨師の困難さを知り、少年期の感化の必要性を痛感し、渡米して感化事業等を研究の上、「感化事業之発達」という論文を公にした。そして、1つの寮に夫婦の指導員が収容児と寝食を共にしながら家庭的雰囲気の下に指導する夫婦舎制を採用した家庭学校という名

---

(36)　平場安治『少年法（新版）』有斐閣（1987年）42頁。
(37)　懲治場制度への批判から生じた感化院創設の動きであったが、その他、社会における乞食、放蕩の少年を含めた不良少年の急増への対策が切実に望まれたことも影響しているようである。したがって、感化法案提出の趣旨説明によれば、①犯罪予防上の必要、②不論罪による懲治処分言渡の幼年犯罪者収容上の必要が列挙されている。重松・前掲書・378頁。

称の私立の感化院を創設した。その後、留岡が採用した夫婦小舎制は、高く評価され、明治33年感化法により、感化事業の中に取り入れられると全国へ広まり、教護院（現在の児童自立支援施設）まで継承されている。このように篤志家が慈善心や宗教的博愛主義から私立の感化院を設立してきたことを背景として、明治33年に感化法が制定された。明治33年感化法は、「北海道及府県ニハ感化院ヲ設置」するとし、収容対象を①「地方長官ニ於テ満八歳以上満一六歳未満ノ者之ニ対スル適当ノ親権ヲ行フ者若ハ適当ノ後見ナクシテ遊蕩又ハ乞丐ヲ為シ若ハ悪交アリト認メタル者」、②「懲治場留置ノ言渡ヲ受ケタル幼者」、③「裁判所ノ許可ヲ経テ懲戒場ニ入ルベキ者」とし、③の対象者を除き、満20歳までの期間収容できることとした。また、内務省所属の地方長官がいつでも仮退院ないし退院させることができるものとした。この感化法は、年少者の犯罪対策として「懲治場留置ノ言渡ヲ受ケタ幼者」の部分をカバーするに過ぎず、懲治場留置の言渡しをする裁判所ないしその執行機関であった監獄局と地方長官の権限の調整も不明であったことに加え、懲治場制度そのものがあまり利用されていない状態であった。すなわち、懲治場留置の言渡しを受ける幼者はほとんどいないということになったため、結局はあまり感化院を利用する機会はなく、依然として刑罰主義の支配した時代であったということになる。それに加え、地方財政に公立の感化院の設立と維持を任せるため、「本法施行ノ期日ハ府県会ノ決議ヲ経地方長官ノ具申ニ依リ内務大臣之ヲ定ム」として施行の日を各地方公共団体に委ねた、つまり、感化院の設置は府県の任意とされたため、実際に感化院を設置し、明治41年の監獄法改正までに施行された感化院は、東京、大阪、神奈川、埼玉、秋田の2府3県に過ぎなかった[38]。このように感化法によって、全国への感化院設立の目途がついたにもかかわらず、感化院が果たした役割は目を見張るものではなかったが、感化院が果たした役割を評価できる箇所が1点だけある。それは、明治10年代後半から明治30年代までの感化院設立を中心とする教育主義的な動きは、その後の我が国における少年非行に対する処遇方法並びに行刑の改善の基礎を築くものであったと評価することが

---

(38) 平場・前掲書・42-43頁。
　　佐々木光郎＝藤原正範『戦前 感化・教護実践史』春風社（2000年）93頁。

できる点である。具体的には、それまでの懲治場では、一般の監獄と大差がなく、少年に対する処遇も成人と変わらないものであったが、感化院制度のおかげで、刑罰主義が主導で行われてきた処遇に対して、感化院的な処遇が懲治場の中でも行われるようになったのである。これらの教育主義的な運動を支えたのは、監獄教誨とキリスト教の結び付きを代表するキリスト教の信者である慈善家であり、自由民権運動等による投獄の経験者であり、一部の進歩的な監獄官僚であった。この人々の運動は、明治初期以来の未成年者に対する刑罰主義とその苛酷、非教育的な処遇が未成年の情操を傷付け、累犯者を頻出させている実態に対する批判から、民間の篤志家による感化院設立運動を実践することに向けられたのであるが、これらの主張は、条約改正を目指して監獄改良を推進しようとしていた政治家の後ろ盾を得て、監獄行政の主流となっていった。すなわち、感化院は、当時の刑罰主義と劣悪な処遇に代表される刑事政策に対する批判ないし反動形成によってできたものであり、その動機は、人道主義的又は宗教的な博愛心であったかもしれないが、同時に犯罪防止を企図する点で社会防衛に奉仕するものであり、刑事政策の担い手である当局側と利益が一致していたのである。その意味では、明治33年感化法は、社会福祉立法というよりはむしろ刑事政策立法として誕生したものと解されるとのことである[39]。

　新刑法は、明治40年に公布され、翌年に公布されたが、14歳未満の者の行為は罰せずとして責任年齢を14歳に引き上げると共に、懲治場留置制度を廃止した。また、新刑法を受けて制定された監獄法は、懲治場を廃止し、18歳未満の者と18歳以上の者とを分界処遇することとした。懲治場が廃止されたことに伴い、これに代わる収容施設が必要とされたことから、感化法が改正され、感化院への収容年齢の上限が16歳未満から18歳未満に引き上げられ、国庫補助の制度が規定された。また、運用上、司法大臣訓令により、14歳未満の者の犯罪に対する処遇としても感化院を利用することとした。感化法改正後、3年でほぼ全国の道府県に感化院が設立した[40]。

　感化院の全国的普及によって、不良少年に対する保護組織は一応確立され

---

[39]　守屋克彦『少年の非行と教育』勁草書房（1977年）31-35頁。
[40]　平場・前掲書・44頁。

たが、その収容実績は貧弱であり、また、感化法の定める保護方式にも欠陥があって、虞犯少年の保護の必要性に十分に答えるものではなかった。新刑法制度の当時から少年犯罪対策は特別法に留保されたが、第一次世界大戦後、少年犯罪が累積し、その必要性が痛感される状況の中、アメリカ諸外国の少年裁判に関する法制が紹介され、学者や実務家間で度重なる議論を経た後、大正 11 年に少年法が制定公布されたと共に矯正院法が制定された。大正少年法に関しては、詳細は省略することとするが、大正少年法は、従来の感化院制度の失敗の主たる原因は、比較的狭い場所への収容保護をもって唯一の保護の方法とした点にあるとし、収容能力の限界が保護の限界となり、また、収容施設内における分類教化の方法が取れなかった点を考慮し、保護観察制度の採用や個人の家庭への委託制度、施設内における分類収容等保護処分の多様化を図り、従来感化法下にあった少年の一部も保護処分を受けることとした。さらに、その対象者は、犯罪少年と虞犯少年だけに限られていたため、その他の保護を要する少年は、感化法によって処遇されていた。しかし、感化院の組織あるいは方法について根本的に修正する必要があったことから、昭和 8 年、少年教護法が制定され、感化法は廃止された。少年教護法は、少年法にならい、収容保護の外に観察保護及び委託保護の制度を設け、また、人格調査の目的で少年教護院内に少年鑑別所を設けることができる旨を規定した。このようにして、少年法の保護処分との間に本質的な差はなくなったが、その対象を 14 歳未満の不良行為者に限定することによって、年齢による取扱区分としての合理性を維持した。すなわち、少年教護法は、少年法との棲み分けを年齢によって図ったのである[41]。そして、この感化法廃止に伴い誕生した少年教護法に基づき、少年教護院の運営が始まった。

　少年教護院は第二次世界大戦後の混乱による浮浪児の出現が大きな社会問題となる中、政府は対策に苦慮したが、全面的に協力し、その収容に努めたりと世の中に貢献したが、昭和 22 年、児童福祉法によって「教護院」となり、先の改正法によって「児童自立支援施設」と改称され、現在に至る[42]。

---

(41)　平場・前掲書・44-47 頁。
　　　内務省社会局『感化事業回顧三十年』久山社（1998 年）33-34 頁。

第4節　少年矯正制度の現況

　本著は、「少年矯正制度の再構築」を目的として掲げている。そこで、再構築するためには、現在の少年矯正制度を概観する必要がある。本節では、少年矯正制度は3つの歴史的経緯を踏まえて完成したものであり、完成版としての少年矯正制度の現況を紹介し、以降の問題点を熟考しながら、再構築に必須な点を考えていくことにする。

(1) 少年矯正制度の全体像

　非行少年とは、①犯罪少年、②虞犯少年、③触法少年を意味している。まず、犯罪少年に関する少年司法制度の仕組みを紹介する。
　警察等は、犯罪少年を検挙した場合、交通反則通告制度に基づく反則金納付があった道路交通法違反事件を除き、罰金刑以下の刑に該当する被疑事件は家庭裁判所に送致し、それ以外の犯罪は検察官に送致する。検察官は、捜査後、犯罪の嫌疑があると認めるとき、又は家庭裁判所の審判に付すべき事由があると認めるときは、事件を家庭裁判所に送致する。
　少年が家庭裁判所に送致された場合、家庭裁判所は事件について調査しなければならず、家庭裁判所調査官に命じて必要な調査を行わせることができる。また、家庭裁判所は、審判を行う必要があるときは、観護措置決定により、少年を少年鑑別所に送致し、資質鑑別を求めることができる。この場合、少年鑑別所は、送致された少年を収容して家庭裁判所が行う審判等に資するため、医学、心理学、教育学、社会学その他の専門的知識に基づいて、資質の鑑別を行う。
　家庭裁判所は、調査結果に基づき、審判を開始しない旨の決定をし、又は審判開始の決定をする。家庭裁判所における審判は、通常、1人の裁判官が取り扱うが、決定により裁判官の合議体（裁定合議制）で取り扱うこともで

---

(42)　平尾靖＝土持三郎『矯正教育学入門』大成出版社（1981年）259-261頁。
　　　小林英義『児童自立支援施設の教育保障―教護院からの系譜―』ミネルヴァ書房（2006年）2頁。

きる。少年及び保護者は、付添人を選任できるが、弁護士以外の者を選任するには、家庭裁判所の許可を要する。審判は原則非公開であるが、一定の重大事件の被害者等から審判の傍聴の申出があった場合、少年の健全育成を妨げるおそれがなく相当と認めるときは、傍聴を許すことができる。

また、家庭裁判所は、犯罪少年の一定の重大事件にかかる事件において、その非行事実を認定するために必要があると認めるときは、決定をもって、審判に検察官関与を認めることができ、少年に弁護士である付添人がいないときは、家庭裁判所が弁護士である付添人を付さなければならない。

なお、家庭裁判所は、保護処分決定の必要があると認めるときは、相当の期間、少年を家庭裁判所調査官に直接観察させる試験観察に付することができる。

家庭裁判所は、審判の結果、保護処分に付することができず、又はその必要がないと認めるときは、不処分決定を下す。児童福祉法上の措置が相当と認めるときは、事件を都道府県知事又は児童相談所長に送致する。死刑、懲役又は禁錮に該当する事件について、刑事処分相当と認めるときは、事件を検察官に送致するが、犯行時16歳以上の少年による一定の重大事件については、原則、事件を検察官送致にしなければならない。これらの場合以外は、少年を保護処分に付さなければならず、保護観察、児童自立支援施設・児童養護施設送致、少年院送致のいずれかの決定を行う。

少年、その法定代理人又は付添人は、保護処分決定に対し、決定に影響を及ぼす法令の違反、重大な事実の誤認又は著しい不当を理由とする場合に限り、高等裁判所に抗告することができる。他方、検察官は、検察官関与決定があった事件について、非行事実の認定に関し、決定に影響を及ぼす法令の違反又は重大な事実の誤認があることを理由とする場合に限り、高等裁判所に抗告審として事件を受理すべきことを申し立てることができる。

保護処分決定後、少年は、①保護観察、②児童自立支援施設・児童養護施設送致、③少年院送致のいずれかに付される。

①の保護観察に付された少年は、原則、20歳に達するまで、又は保護観察が解除されるまで、保護観察官又は保護司から、改善更生に必要な指導監督及び補導援護を受ける。

②の児童自立支援施設・児童養護施設送致は、児童福祉法上の18歳未満

の要保護児童を入所させるための開放的施設に入所措置が取られる。児童自立支援施設は、不良行為をなし、又はなす恐れのある児童及び家庭環境その他の環境上の理由により生活指導を要する児童を入所させ、必要な自立への支援を行うことを目的とする施設である。他方、児童養護施設は、保護者がいない児童、虐待されている児童その他環境上養護を要する児童を入所させて、その養育保護を行う施設である。

③の少年院送致については、矯正教育を行う施設であり、収容期間は原則20歳に達するまでであるが、20歳に達した後も、送致決定の時から1年間に限って収容継続がなされる場合がある。在院者は、収容期間の満了により退院するが、家庭裁判所は一定の場合に少年院の長の申請により、23歳を超えない期間を定めて、収容継続の決定をする。さらに、少年院の長の申請により、26歳を超えない期間を定めて従来の医療少年院に該当する第3種での収容継続を決定することもある。在院者は、地方更生保護委員会の決定により、収容期間の満了前に仮退院を許されることがあるが、仮退院後は、収容期間の満了日又は退院の決定があるまで保護観察に付される[43]。

(2) 少年矯正制度における3つの潮流の崩壊

本章第3節までにおいて、懲治場から少年刑務所、矯正院から少年院及び感化院から児童自立支援施設・児童養護施設までの経緯を概観してきたわけであるが、懲治場制度は、犯罪少年や非行少年を刑罰制度下に置くことに対して批判的見解があり、成人と区別して教育を施しても監獄内で処遇することの弊害が指摘され、司法的な刑罰手続なしに福祉的な立場から保護する感化事業の必要性が説かれ、感化院が普及した。このように、明治期においては、刑罰制度下の教育的処遇と行政的福祉保護の感化教育に両極化されたが、非行少年の数が増加し、感化教育では対処しきれない状況と諸外国の少年法制が紹介されたことが契機となり、少年法及び矯正院法制定に繋がった[44]。

---

(43) 少年司法制度の仕組みについては、川出敏裕＝金光旭『刑事政策（第2版）』成文堂（2018年）361-374頁、田宮裕＝廣瀬健二『注釈少年法（第4版）』有斐閣（2017年）34-36頁、澤登俊雄『少年法入門（第6版）』有斐閣ブックス（2015年）45-60頁、法務総合研究所編『平成29年版 犯罪白書』昭和情報プロセス株式会社（2017年）103-106頁参照。

(44) 福岡矯正管区『矯正処遇読本』福岡矯正管区文化部（1982年）59頁。

このような経緯から、矯正院は、感化院と少年監の中間に位置する性格を有するようになり、現代の用語に置き換えるならば、少年院は、児童自立支援施設・児童養護施設と少年刑務所の中間に位置する性格を有するものと解される。懲治場は、少年受刑者を収容する特設監獄であり、懲治場制度の効果が功を奏しないことに対する批判から施設収容処分として普及したのが感化院であったが、感化院における非行少年の収容数が少なく、非行少年が増加したため、感化院と少年監の中間である矯正院が誕生したのである。矯正院は、中間の性格を帯びるということで、これらの関係性における境界線は曖昧なように思われるが、少年刑務所は少年受刑者を収容する場所であり、少年院は保護処分決定がなされた少年を収容する場所であり、児童自立支援施設・児童養護施設以前の少年教護法の時代の施設は少年法の保護処分と本質的な差はなくなったが、その対象を14歳未満の不良行為者に限定することによって、少年院との差異を図り、年齢による取扱い区分としての合理性を維持していた。しかしながら、2000年以降の度重なる少年法改正により、少年矯正制度における3つの潮流の棲み分けが崩壊したと考えられる。

　詳細に関しては、第5章で論じるが、少年院と少年刑務所の垣根が16歳未満の少年院受刑者の存在により、境界線が崩れたように思われる。また、すでに、児童自立支援施設・児童養護施設に改称以前に年齢区分の棲み分けは崩れつつあったが、2007年の少年法改正により、児童自立支援施設の役割に変化が生じ、さらに、少年院との境界線が曖昧になったといわざるを得ない。2007年以前は、少年院法の収容年齢が14歳以上とされており、児童相談所から事件を送致された家庭裁判所は、14歳未満の少年を施設に入れて処遇することが必要であると考えた場合には、保護処分として、少年院送致を言い渡すことはできなかったため、児童福祉法上の施設である児童自立支援施設への送致がなされてきた。けれども、2007年以降、家庭裁判所は、14歳未満の少年を施設に入れて処遇することが必要であると考えた場合には、少年院送致を言い渡すことができるようになった。そのため、感化法の理念を受け継ぐ児童自立支援施設の役割が変化したと考えられる。すなわち、重大事件を犯した14歳の少年については、少年院において矯正教育を行うよりも、児童福祉法の中で夫婦小舎制を採用する家庭的雰囲気の下、開放的な処遇を行う方が、少年の改善教育にとって望ましいとされてきた理念が崩

壊したことになる。それにより、児童自立支援施設は、重大事件を犯すような14歳未満を扱わないということは、単に少年を養護するだけの施設となり、児童養護施設との区別もなくなるのではないだろうか。この点に、再度、少年矯正制度の見直しを考える必要がある。

　第2節又は第3節で見たように、従来の少年法は、それぞれの機関の存在意義若しくは役割を維持するために年齢による棲み分けを行ってきたが、2007年の少年法改正により、この棲み分けが崩壊した。確かに、重大事件を犯すような少年の場合には、これまで培ってきた少年院のノウハウを活かした方が適切かもしれない。しかし、各機関の境界線を曖昧にすることは、なぜ、少年院送致を14歳以上に引き上げたかという過去の適用年齢の議論を無にしたような気がしてならない。

　上記の改正に止まらず、近年の少年法改正は、刑期の上限を引き上げる等、重罰化へ向かっているような様相を呈しているが、アメリカでは、少年の脳科学に関する研究が進んでおり、少年の脳は20代半ばまで成長するとの研究結果が報告され、厳罰化から保護への転換が見られる等、少年に対する刑罰から保護への回帰の兆しがある中、日本は少年法の理念からかけ離れ、成人の法律に近接し、少年法の存在意義が失われつつあるのではないだろうか。したがって、少年矯正制度の歴史を見直し、少年法の理念を再考することにより、各機関の役割分担を明確にした上で、解決策を打ち出す必要があるのではないだろうか。

第2章
少年矯正における司法機能と福祉機能

第1節 「司法」と「福祉」とは

　少年矯正を考える際、少年法における「司法」と「福祉」若しくは「司法機能」と「福祉機能」の概念を考えることは、少年法そのものを理解する上で非常に重要である。なぜならば、少年法の存在意義は勿論、司法と福祉のどちらに重点を置くかによって、審判における少年の取り扱いから処遇にまで影響が及ぶからである。しかしながら、「司法」と「福祉」の概念について、両者の調和が重要であるとの記述は多々あるが、明確に定義をした資料は少ない[1]。

　そのような中、近年、福祉系の著書や論文に「司法福祉」なるタイトルが付くものを目にする。この「司法福祉」という用語は、法律系の著書等にも頻繁に使用されるようになっている。「司法福祉」という用語は、司法と福

---

[1] 「司法」と「福祉」の概念が不明瞭なことは、瀬川晃「司法と福祉の今日的課題」『犯罪社会学研究』第22号（1997年）4頁の文献でも明らかである。瀬川によれば、「司法と福祉」の理解については議論が深まっていないと言及し、「①司法と福祉を対置する見解、②司法と福祉を融合する見解、③司法における福祉を論じる見解、④司法的手段による福祉の実現を指す見解などが唱えられてきたが、なお統一的な見解は見出せていない」としており、この4つの見解は、実務家、司法の研究者、福祉の研究者によって解釈の出発点が異なることを表した見解であると思われる。

祉を融合し、中間的な意味合いを持つ用語のように思える。しかし、実際には、「司法福祉」といえども、定義は異なり、司法よりの概念を持つものと福祉よりの概念を持つものが対立しているようである。「司法福祉」に関しては、司法と福祉の割合についてはもとより、福祉の意味に関しても、「保護」と混同し、「司法」対「保護」、「責任」対「保護」のような構造もあるため[2]、「司法福祉」とは一体何を意味しているのかについても検討してみたいと思う。

　まずは、少年法における「司法」と「福祉」の淵源について、団藤重光と森田宗一は、少年法の法理には大別して二つの潮流があるとしている。1つは、「犯罪者に対する人間的な理解、あるいは刑事学の進歩に伴う刑事思潮に由来するものである。それが実証主義的な社会防衛思想によるものであれ、道義的責任論の深化によるものであれ、とにかく犯罪を法律的に判断するだけでなく、行為者に着目してこれに適切な処遇を加えることにより、刑政の目的をよりよく達成しようとするのである」と記している。これは、刑事法における保安処分の考え方であり、犯罪を法的に判断するだけでなく、犯罪人の人格に着目して適切な処遇を加えることにより、犯罪防止という刑事政策の目的を達成するというものである。

　この思潮に対するもう1つの潮流は、「衡平法（エクイティ）」の思想に由来する後見的・福祉的なものだとする考え方である。「国家は、適当な親の保護を欠く児童とか福祉が損なわれている少年に対して、親に代わる監護教育の責任を果たさなければならない。司法を背景にして国が児童の親となり後見者となって、正当な親の与えるであろう世話と訓育を施し、社会に適応し自立するようにしてやらなければならない」というものである。この考え方は、福祉後見的な考え方であり、親の監護が欠けていたり、福祉が損なわれている少年に対して、親に代わって国が監護教育を行うという国親思想（パレンス・パトリエ）に立脚し、その後見的作用として、非行少年に対しても厳格な法律手続によらない審判手続で処分を決め、特別の処遇を行おうとするものである[3]。

---

(2) 所一彦「少年審判における司法と福祉」『刑法雑誌』第39巻第3・4号（1973年）191頁。
(3) 団藤重光＝森田宗一『新版少年法（第2版）』有斐閣（1984年）3-4頁。
　法務省矯正研修所編『研修教材 少年院法（第三訂）』財団法人矯正協会（2010年）3-4頁。

これらの少年法に関する法理は、相互に影響しあっているが、「結局刑事法的なものと後見的なものとの結合、司法的な機能と福祉的な機能との結合の中に見出される」とし、「少年と共同社会とをともども犯罪から防衛し、その福祉と安全を確保し、もって実質的に社会正義を実現しようとするものである」と結論付けている[4]。すなわち、少年法の法理は、刑事思潮に由来する司法的機能と衡平法の思想に由来する福祉的機能との結合の中に見出されるのであり、司法的機能と福祉的機能の調和にあることを意味している。

　したがって、伝統的理解によれば、少年法における「司法」とは、「実証主義的な社会防衛思想によるものであれ、道義的責任論の深化によるものであれ、とにかく犯罪を法律的に判断するだけでなく、行為者に着目してこれに適切な処遇を加える」とあることから、少年に対する司法は、成人の司法とは異なり、行為者個人に着目し、処遇を見据えた判断を下すものであると解釈できる。他方、少年法における「福祉」とは、「国家は、適当な親の保護を欠く児童とか福祉が損なわれている少年に対して、親に代わる監護教育の責任を果たさなければならない」とのことから、子どもの発達を保障していくための営みに加え、監護教育とあることから、教育的働きかけを積極的に行い、社会に適応し、自立できるようにすると解釈できるのではないだろうか。

　しかし、この2つの機能は、実務の世界では、結合・調和よりは分離拮抗の方向にあり、少年保護の名の下に福祉的機能のみが強調され、あるときは人権保障の名の下に司法的機能だけが重視される。少年保護における司法的機能と福祉的機能の関連の在り方、ひいては少年保護や人権に対する考え方の混乱がある[5]。そこで、次節では、具体的に「司法機能」と「福祉機能」をどのように解釈しているのかを見ていく。

---

(4)　団藤＝森田・前掲書・5-6頁。
(5)　兼頭吉市「少年保護における司法機関と福祉機関」『刑法雑誌』第19巻第3・4号（1973年）40頁。

第2節　司法機能と福祉機能をめぐる論争

第1項　少年審判における司法機能について

　本節では、少年法における「司法機能」と「福祉機能」の先行研究として、最も詳細な分析を行っている守屋克彦の研究を参照する。守屋は、「司法機能と福祉機能が、二つながら少年審判手続において追求されるべきであるという点については、少年法を論ずる人のなかに異論はないにしても、子細に見ると、司法機能、福祉機能というそれぞれの言葉にどのような内容を期待しているか、また、少年審判手続のどのような段階でどのような機能が発揮されることを期待しているか、という点については、論ずる立場によって相当な差があり、また歴史的な特色も見られる」とし、司法機能と福祉機能の内容及び審判手続と福祉機能との関係を整理している。すなわち、「少年審判における司法機能」と「少年審判における福祉機能」の観点から論じているのである。

　まず、「少年審判における司法機能」とは、おおむね、①公正中立な立場で非行事実の認定を行うことを核心とする人権保障機能に重点をおいて捉える立場、②社会公共の秩序の維持という社会防衛のための機能をも司法本来の機能としてこれに含ませる立場の2つに分類される[6]。①の立場は、少年審判の手続面に司法機能を期待する立場であり、②は、処遇の実体面に対する期待をも司法機能に含ませる立場である[7]。つまり、①は適正手続に基づく人権保障を念頭においており、②は社会防衛を目的としている。これらは、司法機能の捉え方に対して、司法機能の中に単なる手続面のみならず、社会防衛ないし公共の秩序の維持という実体的な側面を含めて論ずるか否かが対

---

(6)　少年審判における司法福祉機能については、武内謙治『少年法講義』日本評論社（2015年）89-94頁において、図解と共に概念整理がなされている。

(7)　守屋克彦「少年審判における司法機能と福祉機能」『刑法雑誌』第19巻第3・4号（1973年）76頁。

立しているのである。

　これらの対立をより詳細に分析すると、①の司法的機能を手続的な側面で捉えようとする議論は、少年法制定当時のアメリカにおける少年法理論の影響を受けている。例えば、内藤文質は、「対象少年に法定の非行事実ありや否やの判断の機能を司法的機能と呼ぶならば、処遇決定の本質的機能は行政的機能と呼ぶことができよう」と述べており、この表現から、少年審判における司法機能は、まず、非行事実の正確、公正な認定を確保し、ひいては少年の人権をも保護しようとする正当な法の手続、すなわち適正手続の履践の問題として登場する点に影響が見られる。また、この意味で具体的で体系的な問題提起をしたものとして、沼辺愛一は、少年審判の全過程にわたって司法機能とケースワーク機能とは交錯するが、非行少年の決定過程においては司法機能が前面に出て優位を占め、処遇決定過程ではケースワーク機能が前面に出て優位を占めると述べている。その後、適正手続の履践の要請は、当初は主として非行事実の認定手続の側面についていわれてきたものの、少年の自由の拘束を伴いかねない保護処分の決定過程としては非行事実の認定過程に劣らず重要な処遇決定過程についても、何らかの形で少年、保護者、付添人の権利の保障を考えるべきであるという主張に発展する。昭和30年11月に開催された全国少年係裁判官会同における最高裁判所長官は、「保護処分によって、その少年は、非行少年であることの烙印を押されると共に、多かれ少なかれ人身の自由は制約を受けるのであります。少年審判においては、少年の教育と人権保障という二つの要請が併立するのであります」として、人権保障の要請が単に非行事実に止まらず、処遇決定過程をも含む少年審判手続全体に及ぶものと解することになったのである。このことは、少年審判の教育的機能と人権保障の要請を併立させていることから、司法機能を手続的な側面において論じようとする立場が、少年審判の教育的性格を強調する立場と結び付いていることを端的に示す例ともいえる[8]。

　次に、②の社会防衛ないし公共の秩序の維持といういわゆる実体的な側面を含めて論ずる立場についてである。この考え方も、①と同様、源流は現行少年法の誕生期にまで遡る。この理論の代表者としては、森田宗一がいる。

---

(8)　守屋・前掲論文・77-80頁。

森田は、「少年事件の調査、審判は、対象とするところが、社会的法的概念たる非行というものに具体化された社会の規範生活への不適応状態である。問題の診断の結果は、裁判権を背景として強制力を伴い得る。必要があれば、個人の自由の拘束を伴う措置も取り、親の監護権を奪う内容をも持ち得るのである。また、少年個人の福祉の増進を目指すと共に社会の福祉をも護るべく、法と社会正義とにより託された使命があるのである。われわれは、調査審判の科学性、教育性、社会性、行為的性格等を強調するあまり、司法的機能を無視してはならない」と述べ、司法機能の中に社会防衛の要求ないし公共の秩序の維持の要請をも含ませている。このように、司法機能に人権保障機能のほか、社会公共の秩序の機能を含ませ、少年の健全育成に資するという意味の福祉機能と対立する意味を持たせた上で、具体的な事件処理の上で、両機能の調和を図るべきであるとする考え方は、今日の家庭裁判所の少年審判手続に対する公式的な見解となっている。

　少年審判における司法機能は、理論上は、上述した通り、2つに分けられる。しかし、守屋によれば、実際は、①の立場も、社会防衛の要求を全く無視することはできないとされる。その理由は、少年の健全な育成を図ることを目指すとはいっても、現実に自由の拘束を伴う強制力を科し得るとする制度的な基礎には、非行ないし犯罪方社会を防衛するという思想があることは否定できないからである。したがって、①の立場からは、社会防衛の目的は、少年の健全育成を果たすことで貫徹されるという位置を与えられていたというのである。確かに、拘禁という点では、社会防衛の要求を暗に含んでいるように思えるが、少年矯正上は、あくまで少年に害を及ぼす環境から少年を保護するというのが第一義的ではないだろうか。これに対して、家庭裁判所の通説的理解は、福祉機能に包摂されていた社会防衛の要求を独立の要求として取り出し、司法機能の中にその位置を与え、福祉機能と並立しながら具体的な事件処理の上で調和が図られるべき対等の地位を与えたことを意味していると分析している。その上で、双方の機能の調和は、理論的にも実践的にも極めて困難であり、この調和理論が安易に使用されると、保護処分の執行面について様々な欠陥や限界を糊塗してしまう結果になりかねず、福祉機能の捉え方次第では、社会防衛の要求のみが実質的に貫徹する結果になりかねないと危惧している。また、従来、福祉機能の中に閉じ込められていた社

会防衛の要求を福祉機能から解き放ち、福祉機能と対立する対等の地位を与えたことは、両機能が併立して調和しあうことに止まらず、従来とは逆に、社会防衛の要求が優位に立ち、健全育成の要求を実体的な意味での司法機能に従属させるという論理に道を開くこととなる。言い換えれば、保護処分が、少年の健全育成を内部に閉じ込めた社会防衛のための処分、いわゆる純粋の保安処分に転化する論理的な可能性を与え、現実化する恐れがあると危険性を示している[9]。この警鐘に関して、今日の少年矯正は、まさにこの警鐘を無視して進んでいるように思われる。保安処分に転化しているとまでは言い難いが、健全育成の名の下に社会防衛の要求が強まり、それが少年院における収容期間の長期化等に繋がっているように感じられる。

　しかしながら、この社会防衛の要求を含む見解は、少年審判が刑事裁判とは異なるものの、司法手続であることには変わりがなく、少年を処遇の際には社会から隔離することからも社会防衛的意味合いが含まれることは正論とも思えるが、社会防衛を理念に掲げて処遇を実施することには問題があると思われる。少年審判は、刑事裁判ではなく、あくまで審判であるため、少年に不利益にならないよう人権保障の機能が必要であり、審判である以上、社会防衛が要求されるのは当然である。しかし、社会防衛は、少年を隔離して保安処分的意味合いの下に達成されるのではなく、少年法の理念通り、健全育成を実現するため、教育を通して改善更生させ、その結果として、社会防衛になるという考え方の方が適切であると考える。したがって、手続面においてのみ司法機能を発揮し、それ以外は福祉の概念を取り入れやすくなるため、①の見解を採用した方が、司法機能と福祉機能の調和は図りやすくなる。この社会防衛思想に関連し、旧少年院法の箇所で後述するが、社会防衛を掲げた旧少年院法第11条「収容継続」についても、公共の秩序のため、少年の収容継続を実施するという規定は、少年法の理念に反すると考える。繰り返しになるが、社会防衛は、あくまで少年の健全育成を考え、処遇を行った結果、社会防衛が達成されると考えるべきであり、副次的な意味と解すべきではないだろうか。

---

(9)　守屋・前掲論文・80-82頁。
　　服部朗『少年司法における司法福祉の展開』成文堂（2006年）4-5頁。

この点について、守屋も「少年法が刑事司法の一環をになうものとして社会防衛の機能を期待されていることを否定することは困難である」と考えており、「実体的な意味における司法機能は、あくまでも福祉機能との関係においては、第二次的、補充的な地位を占めるに過ぎないと解したい」と主張している[10]。少年法の理念に則るならば、このような解釈が妥当であると考える。

第2項　少年審判における福祉機能について

次に、少年審判における福祉機能とは、①福祉機能を「犯罪的危険性の除去」と同義若しくはそれと大差のない内容と捉える立場と、②字義通り、少年の福祉と健全な育成に資するものと見る立場がある。①は、主に福祉機能を「矯正」ないし「更生保護」という用語に置き換える少年法関係者に多く、②は、児童福祉機関関係者に多い。①が意味するところは、再非行の防止ないし犯罪的危険性の除去と同一の内容を与えられるものであり、社会防衛のために科せられる刑罰ないし保護処分の反射的効果と考えられる。②は、福祉機能を広い意味での青少年教育に通ずる機能として捉え、健全な育成を字義通り教育的次元で捉えようとする。

また、①の立場は、非行を犯した少年に対する処遇を伝統的な刑事政策の枠内に置いて、警察・家庭裁判所・執行機関という司法機関が行い、それをもって足りるという見解に繋がる。他方、②の立場は、非行を犯した少年に対する処遇を司法機関が独占するものとせず、学校教育、家庭教育その他の社会教育等の分野においても行い得るとするものである[11]。

上記の対立に対する守屋の見解は、次のようなものである。少年非行は、大多数が未成熟さゆえに惹起されるものであり、非行による社会的な制裁に正常に反応して自力で社会復帰を遂げていくものが大半である。保護処分に付さなくても、学校や職場の文化的諸活動によって少年の非行性が解消されている事例は多く見られるため、福祉機能を単なる犯罪的危険性の除去とい

---

(10) 守屋・前掲論文・85頁。
(11) 守屋・前掲論文・86-87頁。

うに止まらず、文字通り健全な育成に貢献する機能と解したい、ただし、健全な育成を字義通り教育的意味合いによって捉えることは、司法機関が自らの手によって全人格的な教育に乗り出すことを意味するのではなく、非行を犯した少年も許容される限りは、一般少年同様、通常の学校教育や職業教育のほか、社会や家庭を含む地域社会内の教育作用に委ね、その教育効果によって、少年自らが成長し、非行性を解消するならば、少年に対して司法的な処遇面においても受容あるいは承認するということを意味しているに過ぎない。少年法が刑事司法の一環である限り、再非行防止のための教育を営むことは制度の前提であるが、様々な形態における地域社会内の教育との関連を保持しながら司法的処遇の形態を考えていくことが、民主主義的な諸価値の実現とそのための教育を少年法における健全育成に矛盾なく結び付けることのできる唯一の論理となり得る、と述べている。要するに、国家による教化は保安処分の概念と結び付きやすいため、国家に属する家庭裁判所が教化を実施しようとすれば、保安処分の危険性が生じるとの批判が生じかねない。そこで、家庭裁判所は、健全育成を謳いながらも、少年の教育を犯罪的危険性の除去のみに限定してきたが、本来の健全育成の意味通り、一般少年と同じように、非行少年も許容される限り、地域社会内で教育することが、司法的処遇と健全育成を結び付ける最適な方法であると主張しているのである。

　さらに、福祉機能の捉え方には、保護処分の内容として捉える立場と少年審判全体の機能として捉える立場がある。前者は、保護処分を多様化し、試験観察を制限しようとしている改正要綱等の考え方であり、後者は、家庭裁判所調査官の調査過程における現実の教育的な働きかけを知り、その結果を審判不開始、不処分決定等で確認している家庭裁判所の実務の立場である。少年審判手続は、司法的な処遇が必要な少年と社会的な教育のみで足りる少年がおり、なるべく後者を実現するという志向の下に選択していく過程である。保護処分という終局決定のみならず、少年審判手続全体が福祉機能を追求すると解するのが相当であると思われると締めくくられている[12]。

　少年法における福祉の概念は、少年審判に限らず、少年が処遇により社会復帰するまで継続するものと解するならば、少年審判手続全体まで及ぶのが

---

(12)　守屋・前掲論文・88-90頁。

当然であり、社会復帰ということは地域社会に戻ることを意味するため、福祉機能に関しても犯罪的危険性の除去だけに限らず、健全育成に資するものと考えるべきである。しかし、保安処分への誤った理解や被害者の権利を重視する現状では、福祉機能を最大限に発揮することは困難である。だが、諸外国では、地域社会内における処遇が盛んであり、これに習い日本でも福祉機能をより発揮できる体制を構築できればと思う。

第3項　実務上の司法機能と福祉機能について

　上述のように、「司法」と「福祉」に関する考え方は、適正手続に基づく人権保障機能と社会防衛機能、犯罪危険性の除去と健全育成に資するもののどちらを選択するかによって異なる。では、実務上の理解はどのようになっているのであろうか。初めて少年審判の運営に携わる裁判官のための手引として作成された司法研修所の『改訂少年審判運営の手引』に詳細が書かれている。この手引によれば、「少年審判の機能には、福祉的機能と社会的機能があり、家庭裁判所はこの両機能の調和を図ることが必要」であり、福祉的機能は、少年法第1条の「健全育成」という教育的目的を達成するためのものであり、その内容は、「非行を犯した少年を改善、更生させて、円滑に社会復帰させること」であると記載されている。また、健全育成と社会公共の安全との関係については、少年の改善、更生、社会復帰が「少年の再非行を防止し、ひいては、社会公共の安全にもつながる」との見方を示している。さらに、調査、審判段階における保護的措置の重要性を指摘し、事件受理から調査、審判を経て終局に至る家庭裁判所の手続の全過程が福祉的、教育的機能を担っているとしている。それに対して、司法的機能は、①事件受理における不告不理の原則、②審判における非行事実の認定、③審判手続における少年の権利保障、④処遇選択における社会防衛的視点からの考慮を列挙している[13]。

　実務上の理解は、第1項や第2項で説明した通りである。しかしながら、福祉的機能の説明に変わりはないが、司法的機能に関しては、さらに、社会

---

(13)　服部・前掲書・7頁。

防衛的機能と司法保障的機能について条文を交え、詳細分析しているものがある。

　司法的機能における社会防衛的機能とは、司法的機能を実体面から捉えたもので、少年審判によって、社会公共の福祉と安全の維持を図ろうとするものである。すなわち、少年法第3条は、審判の対象となる少年を、犯罪ないし犯罪的非行のある少年のみに限定しているため、放任された少年、遺棄された少年、扶養を要する少年、その他の不良少年など、福祉的措置を必要とする少年は、すべて児童福祉法に委ねられている。これに関しては、犯罪少年だけであれば、この理由に根拠があるといえるが、この文章にあるように「犯罪的非行のある少年」、おそらく虞犯少年のことを意味しているのであろうが、虞犯少年の場合は、犯罪のおそれがあるという段階で踏み止まっており、不良少年との違いが明確ではなく、必ずしも虞犯少年は少年審判に付されるということではないので、この点を根拠にするには不十分である。また、少年法第20条は、禁錮以上の罪に当たる事件について、「その罪質及び情状に照らして刑事処分相当と認めるとき」は、決定をもってこれを「検察官に送致しなければならない」と規定しており、犯罪少年に対しては、刑罰が科される場合のあることを予定している。このことは、少年審判も、国の司法制度の一環として刑事政策的役割を担っていることを示す。この点については、少年法第20条に該当した場合は、検察官送致をしなければならないとあるが、これもあくまで例外的であり、一定の重大犯罪のみ刑事処分相当と認められるため、この条文から刑罰が予定されており、社会防衛的機能が要請されているとするのは、根拠付けに乏しいと思われる。一方、少年審判における保護処分は、単に福祉的措置や司法上の監護と異なり、少年又は保護者の権利や自由の制限、剥奪を伴うものであるが、このような強制が許されるのも、少年保護のためばかりではなく、社会防衛の必要も認められるからであるとされている[14]。確かに、少年法も司法制度に組み込まれている以上、刑法同様、社会防衛という概念は必要かもしれないが、少年法の目的は、あくまで少年の「健全育成」にあるため、少年を取り巻く環境が悪く、改善更生による社会復帰が見込めない場合等、健全育成のために環境が適さない場

---

(14)　裁判所職員総合研修所監修『少年法実務講義案（三訂補訂版）』司法協会（2018年）21頁。

合は強制的に保護、すなわち、保護者の権利や自由の制限も仕方がなく、それにより、改善更生が果たされ、健全育成がなされれば、再非行を犯すリスクも減り、結果として、社会防衛的機能が果たされると考える方が、少年法の理念にも適っており、少年のためにもなるのではないかと考える。したがって、司法的機能における社会防衛的機能の考え方には賛同しかねる。また、この社会防衛的機能は、旧少年院法第11条の収容継続の条文において、「公共の福祉のために」少年の収容継続を認めるという項目と共通しているように思われる。詳細は、旧少年院法の解釈の際に言及したいと思うが、少年院法第11条も「公共の福祉のために」とある時点で「少年のための収容継続」ではなく、「社会防衛のための収容継続」と読むことができ、少年法及び少年院法の理念と矛盾が生じているように解釈できるため、改善の余地があると思われる。

　次は、司法的機能の司法保障的機能についてである。司法保障的機能とは、司法的機能を手続面から捉えたもので、①実体的要請として非行事実の存否に関して正確な認定を行うこと、②手続的要請として個々の手続において、少年の権利を保障することの2つがある。まず、①の非行事実の存否の確定に関しては、少年審判の目的は、少年の健全育成を期し、非行のある少年に対し、性格の矯正、環境の調整に関する保護処分を行うことにあるが、この保護処分は、国家の強制力を伴う以上、少年の人権を保障する上からも、少年法第3条第1項に定める非行事実の存在を要件としている。つまり、「非行のないところに保護処分はない」ということである。したがって、刑事訴訟における場合と同様に、非行事実の存否を確定することは、少年審判の重要な使命の一つであるというべきで、非行事実の存在を認定するためには、「合理的疑いを超える心証」、すなわち、「確信」の域まで達していることが必要とされている。この点、刑事訴訟法第1条において、その目的とされる「事案の真相を明らかに」すること、つまり、実体的真実を発見することは、少年審判においても重要な機能とされている。家庭裁判所としては、非行を犯していない少年に対し、誤って「非行あり」として保護処分に付すことがあってはならないのは当然であり、十分な証拠調べもせずに「非行なし」として正確な事実認定に対する努力を怠ることも許されないのである[15]。②の適正手続の保障とは、少年審判においても、事実認定の正確性が必要とさ

れるが、同時に、不利益処分の一面を持つ保護処分決定に至る個々の手続においても、少年の権利を保障する必要があることを意味している。少年の保護教育に携わっている者は、熱心の余り、手続面における少年の権利保護をおろそかにするおそれがある。特に、パレンス・パトリエの思想による手続の非形式性を強調すればするほど、その危険性は大きくなり、かえって、少年の健全育成の目的に反する結果となることがある。少年事件の調査、審判は非公開[16]で、非形式的な審問手続で行われることもあり、常に適正手続に配慮することが望まれる。アメリカでも、この点が問題とされ、1967年5月15日、アメリカ連邦最高裁判所は、いわゆるゴールト判決において、少年裁判所の手続においても、憲法で定められている正当な法の手続による保障が必要であるとして、従来の少年裁判所の手続及び運用に対して厳しい批判を加えた[17]。我が国においても、現行少年法制当初から、実務に携わる裁判官を中心として適正手続について議論され、観護措置手続や審判段階で非行事実を告知し、少年の弁解を聴取する運用が確立される等の努力がなされてきている。また、非行事実の認定に関する証拠調べの範囲、限度、方法の決定は、家庭裁判所の完全な自由裁量に属するものではなく、その合理的な裁量に委ねられているという趣旨の判例もある[18]。家庭裁判所における事件処理については、裁判官の広範な裁量に委ねられているため、かねてから裁判官により、又は庁によって合理的な説明のつかない著しい差異が生じかねず、合理的な事件処理という観点から問題であるという指摘がされていた。特に、適正手続の保障の基本的な部分についてそのような事態が生じるとすると、問題は深刻である。そこで、少年の健全育成を実現するために非形式的な審問構造が採用されている現行少年法制の基本的枠組みの中で、合理的な処理態勢を確立し、同時に、適正手続の保障の要請を満たすため、各庁で事件処理要領が策定されている。これは、少年事件を担当する裁判官が、その裁量権を適切に行使するための指針となる標準的な事件処理手続の通則

---

(15) 裁判所職員総合研修所監修・前掲書・21-22頁。
(16) 少年審判は、原則非公開であるが、昨今の改正により、少年審判が公開されるケースがある。
(17) ゴールト判決とは、少年手続においても、刑事裁判同様、被疑事実の告知、弁護人選任権、証人との対質権・反対尋問権、黙秘権等が保障されるべきであると判示されたものである。
(18) 最決昭58年10月26日　刑集第37巻第8号1260頁。

について検討したところを書面化したものである。この結果、全国的に合理的かつ安定した事件処理態勢の整備が図られつつある[19]。

次に、福祉的機能に関しては、少年法第1条が、少年審判の目的として、「少年の健全育成」という教育目的を掲げている。これは、少年審判の目的が、少年を処罰してその責任を追及することではなく、非行に陥った少年を改善更生させて、円滑に社会復帰をさせることにあること、すなわち、教育的、保護的、福祉的措置を図ることを示すものといえる。その意味で、刑事政策的に見れば、少年審判が主として目指すものは、刑事学にいう一般予防ではなく、特別予防にあるといってよい。このような福祉的目的を達成するためには、少年が非行に陥った原因を探求し、それを解消、除去するための方策を検討する必要があり、少年の資質及び環境の両面にわたる広範な資料収集等の調査を行う必要がある。このような調査を行うに当たっては、医学、心理学、社会学、教育学等の専門的知識を活用すべきものとされ、そのための専門的機関として、いわゆる社会調査を担当する家庭裁判所調査官制度が設けられ、医学的診断等を担当する医務室が家庭裁判所に置かれているほか、心身の鑑別を担当する少年鑑別所が法務省の機関として設置されている。少年審判においては、このような専門的調査によって明らかにされた少年の資質上及び環境上の問題点（要保護状態）に応じて、個別的にその少年の非行性を除去して、円滑な社会復帰を図るために、最も適した教育的、保護的、福祉的措置が講ぜられるわけである。そして、そのうち、家庭裁判所以外の保護、矯正機関（執行機関）による継続的な処遇を必要とする場合に、明確な法律上の形式により行われるものが保護処分である。しかし、少年審判における福祉的又は教育的機能は、決して保護処分のみに発揮されるわけではない。それ以外にも、家庭裁判所の事件の受理から終局に至るまでの調査、審判の全過程において、調査官や裁判官が行う少年の抱えている問題性に応じた少年や保護者に対する様々な働きかけにより行われている。ところで、保護処分は最も強力な教育的、保護的、福祉的な措置ではあるが、旧少年法では、保護処分とされていた訓戒、書面誓約及び条件付保護者引渡しといった措置のほか、助言や励まし、遵守事項を命じて履行させたり、適当な個人、

---

(19) 裁判所職員総合研修所監修・前掲書・22-23頁。

団体、施設に補導を委託したりする等事実上保護的な措置を講ずることによって、少年の要保護状態の解消、除去ができれば、保護処分に付する必要はなくなり、その結果、事件も審判不開始又は不処分で終局させることになる。しかも、審判不開始決定や不処分決定で終局した事件の占める割合は、事件全体の6割（道路交通事件を除く）を超えているが、その大部分は、家庭裁判所の保護的措置によって問題点が解消したと認められてなされた処分であるから、家庭裁判所の保護的措置の持つ教育的役割は極めて大きく、少年審判手続きの全過程がいわば福祉的、教育的、ケース・ワーク的機能を担っているといえる[20]。

以上が、司法的機能と福祉的機能の内容であるが、両者の関係は、密接不可分の関係に立つとされており、事件処理の場面では、この2つの機能を調和させることが必要であるといわれている。

例えば、少年審判の結果、少年が保護処分に付され、保護処分に基づく教育的、保護的、福祉的な処遇によって、少年の非行性が除去され、社会復帰が図られ、また、家庭裁判所の保護的措置によって、少年の再非行が防止され、少年が健全な社会人として育成されたとすれば、福祉的機能が図られたことになり、他方、社会公共の福祉と安全が維持され、社会防衛的機能が図られたことになる。したがって、少年審判は、その意味においては、少年の教育、保護、福祉の面だけを考慮すれば足りると考えられる。しかしながら、少年が社会的に重大な犯罪を犯したような場合には、福祉的な機能と社会防衛的な機能のいずれを優先すべきか、言い換えれば、保護処分に付すべきかあるいは刑事処分相当として検察官送致決定をすべきかが問題となる。このような場合、検察官送致決定は、少年の犯罪が保護処分によって矯正不可能な場合に限るとの考え方と、矯正可能性があったとしても、罪質、情状によっては、検察官送致決定をすべき場合とがあるとの考え方がある。前者は、保護を優先するもので、福祉の機能を重視し、後者は、事案に応じて福祉的機能と社会防衛的機能の秩序ある調和を図るものであり、後者の考え方が多数である。なお、少年法第20条第2項本文は、犯行時16歳以上の少年が故意の犯罪行為により被害者を死亡させた罪の事件について、原則として検察

---

(20) 裁判所職員総合研修所監修・前掲書・23-24頁。

官送致決定をすべきものと定めている。この点については、社会防衛的機能というよりも、少年の責任という面を重視して検察官送致決定がなされているようにも思われる。

　上記の通り、両者は調和されるべきものであり、決して矛盾するものではないというのが一般的である。社会防衛的機能あるいは福祉的機能を強調する場合であっても、非行事実の正確な認定や、適正手続の保障を図らなければならないことはいうまでもない。ただし、福祉的機能を重視し、保護意識が高い場合には、適正手続の配慮に欠ける場合がないわけではなく、少年審判に携わる者は自戒すべきであるとされている[21]。

　確かに、両者は調和されるべきであり、どちらに比重を置くかが問題となっているようであるが、この内容を見る限り、対比しているのが福祉的機能と社会防衛的機能となっている。この点には異議があり、本来ならば、福祉的機能と司法的機能となされるべきであるが、裁判所の見解として、司法的機能＝社会防衛機能が前提にあると思われる。また、社会防衛的機能を考えるのは、刑事司法上は当然であるが、あくまで少年は成人とは異なるため、少年法は福祉的機能を主眼とし、年齢が増すにつれて、司法的機能の比重が増すと考えるべきではないだろうか。このように考える場合には、やはり刑事責任年齢が問題となってくるのは必然的であり、現在、少年審判では、少年の刑事責任は問題とならないが、この点を併せて再度の検討が必要である。これは1つの案だが、やはり、少年院収容者の多くは18歳以上であることから、18歳未満には司法的福祉の割合を高くし、18歳以上の少年には、18歳未満の者より分別があることから、18歳未満の者よりは責任を考慮した結論が導き出されてもよいのではないだろうか。

第4項　「司法福祉」について

　前項までは、少年法の司法的機能と福祉的機能について検討してきたが、本項では、両機能を併せ持ったように見える「司法福祉」について検討したい。

---

[21]　裁判所職員総合研修所監修・前掲書・24-25頁。

「司法福祉」を最初に提起した人物は、長年、家裁調査官として実務を経験した山口幸男であるといわれている[22]。山口によれば、「司法福祉」とは、「全国司法部職員労働組合による司法制度研究運動（略称・司研）のなかで生まれた用語」であり、「司法が責任を負う福祉政策とその具体的展開を総称するもの」と定義付けている[23]。したがって、司法福祉は、非行少年に限らず、成人犯罪者、家事事件当事者等も対象とするのである。
　その後、服部によれば、山口の「司法福祉」の定義は、上記のように初期においては広い意味で定義されていたが、現在は、問題の「規範的な解決」と「実体的な解決・緩和」をキーワードとし、両者を統合的に実現するための実践として、また、それは「国民の裁判を受ける権利」ないし「司法活用の権利」の実質化という憲法的要請であることをより明確化して展開しているとのことである。すなわち、少年法における「司法」と「福祉」の連携・統合を「問題の規範的解決・緩和」という問題意識から構想する立場を展開している。
　山口は、「新しい司法システムは単に伝統的司法に福祉や教育を継ぎ足したものでも司法と福祉を混ぜ合わせたものでもなく、今日の社会問題を前にして国民の権利を実質的に実現するような、より高い次元での司法的実践＝司法福祉を求めるものでなければならない」との主張をはじめ、当初は、「司法ケースワーク」、すなわち、司法を補助する技術論ないしは司法と福祉の予定調和的な保護論に拮抗するものとして主張していたようである。しかし、少年院処遇等が充実するにつれ、「司法福祉」は、「保護」の現状に対峙するものではなく、実務の中にある司法福祉実践の姿を捉えながら、「問題の規範的解決と実体的解決・緩和」という課題に焦点化することによって、司法と福祉との連携・統合という普遍的な課題を考究するものとして発展してきた。
　ここでいう「規範的解決」とは、「「非行」に対して少年にふさわしい司法的な決着を付けること」であり、「実体的解決」とは、「少年が自ら過去の自

---

(22)　服部朗・前掲書・12頁。
(23)　山口幸男「少年刑事政策と司法福祉（二）」『日本福祉大学研究紀要』第15号（1969年）61-62頁。
　　　山口幸男『少年非行と社会福祉』ミネルヴァ書房（1971年）125頁。

己と対決し「非行をのりこえる」力を獲得すること」を意味する。つまり、少年保護事件に対して司法的決着が付けられただけでは不十分であり、実体的解決・緩和が図られなければ真の解決ではないのである。司法的な決着と少年が非行を乗り越える力を獲得するための援助との統合が必要なのであり、そこに司法福祉の意義と目的がある[24]。

また、司法福祉における「福祉」の意味合いは、「社会福祉」とは異なると解されている。司法福祉と社会福祉との差異は、福祉的・教育的活動の対象となる刑期が犯罪又は犯罪危険性のある状態であるとされ、司法福祉は家庭裁判所における司法福祉活動が法的強制力を背景にして展開しているのに対し、社会福祉は自発性と自己決定を原理としている点にある。

以上を踏まえると、「司法」と「福祉」は、調和的なものではあり得ず、少年事件に関していえば、司法的介入は、犯罪を理由に国家的強制力を背景として少年の意思に反して行われるものであり、少年の福祉だけを願って行われるものではない。ゆえに、両者の連携・統合は、具体的なケースへの取り組みを通してのみ可能であると服部は主張している[25]。

この点に関しては、前野育三も同様に「司法福祉とは、司法機関が非行についての規範的解決に止まらず、より実質的な解決のために関わるべき使命を持つのが少年刑事政策の特徴であり、そのような少年刑事政策の重要構成部分である少年処遇政策と、基本的にはそれに規定されて展開される補助機関の具体的実践を意味する」としている[26]。

したがって、「司法福祉」とは、本来、理念上相容れない「司法」と「福祉」を実践を通して調和するものと解することができる。よって、「司法福祉」は、「司法」と「福祉」の調和に関する問題を解決したのではなく、違う面で議論をしていることになり、少年審判における論争解決には貢献していないが、少年矯正は、理論と実務から成り立っているため、段階別に「司法」と「福祉」の比重を考え、ケースワークを通して、徐々に調和が図られることを期待したいと思う[27]。

---

(24) 服部・前掲書・14-15頁。
(25) 服部・前掲書・16-18頁。
(26) 前野育三「「司法福祉」の課題と展望―少年非行問題を中心に―」『犯罪社会学研究』第6号（1981年）4頁。

第5項 まとめ

　少年法における司法機能と福祉機能に関しては、適正手続に基づく人権保障機能と社会防衛機能の対立、犯罪的危険性の除去と健全育成に資するものが対立すると紹介してきた。その内容を検討すると、人権保障機能の立場も少年を強制的に拘禁する点からは社会防衛機能を暗に含んでおり、社会防衛機能を主張する立場も人権保障機能をないがしろにするとは考えていない。また、福祉機能においても、犯罪的危険性の除去を主張する司法機関も許される限り健全育成を念頭に置いており、健全育成を司法機関に止まらず、地域社会内の教育に委ねるとしても、司法機関との協働は考えている。したがって、両機能の中に対立が生じているというよりは、どちらの概念に比重を置くかだけの問題であるように思われる。また、これらの機能は、審判段階と処遇段階では比重が異なるのではないだろうか。例えば、刑法において、法律は行為主義であるが、実務では行為者主義を採るというような関係であり、審判段階では、司法機能と福祉機能の調和が困難であるのは、司法機能に重点を置かざるを得ないからであり、処遇段階では、人権保障機能は重要だが、福祉機能が重視される関係と同じではないだろうか。司法福祉については、家庭裁判所調査官の役割が中心に置かれていることから、両機能をうまく調和したように思える。しかし、これはそもそも少年審判における司法機能と福祉機能を分けて考える土俵とは異なり、理念は取っ払い、実践を通

---

(27)　司法福祉が「司法」と「福祉」の調和に関する問題を解決したわけではなく、異なる面で議論をしている根拠としては、桑原洋子「試論―司法福祉の概念と対象」『司法福祉学研究』第4号（2004年）1-2頁が参考となる。桑原は、「司法とは、形式的には司法機関である裁判所の権限とされている事項のことをいうが、実質的には法令を適用して特定の事項の適法・違法あるいはこれを規制する権利関係を確定することにより、具体的争訟を解決する国家作用をいう。こうした実質的役割を持つ「司法」を介在させた福祉活動は、司法福祉と称し得ると考える。そこで、司法福祉の概念について、ここでは、「司法の場を介在させた福祉活動」と定義したい」と主張し、司法の場を介在させなければならない福祉問題として、生活保護費の不正受給と詐欺罪、老人虐待と相続排除、児童虐待と親権の剥奪等を例示し、民事・刑事、児童・成人と広く社会の各分野で発生する問題が、司法福祉の対象領域となり得るという自論を展開している。したがって、やはり司法福祉とは、福祉活動上の問題に司法を介在した意味合いで使用されているため、本来の「司法」と「福祉」の定義とは異なる次元のものであると解される。

してのみ司法と福祉の調和が実現可能となると主張するものであると解する。したがって、実務上の概念としては評価に値するが、理論を構築するというものではない。

　様々な論議はあるが、少年の社会復帰を第一に考える点においては共通しているため、段階別に各機能の比重を考えていくのも1つの解決策ではないだろうか。ただし、どの段階においても最低限の法的安定性は守りつつ、実務との調和を図るべきである。昨今、少年法は、社会防衛機能と被害者の人権に比重が移行しているため、事件が起きる度に法改正がなされているが、少年法については、福祉機能を今一度考える必要がある。また、処遇について明確な基準がない少年鑑別所は、施設ごとに様々な処遇を行い、審判前の少年に影響を及ぼすような処遇を行っており、再度、司法機能を考慮する必要がある。段階ごとに今一度、司法機能と福祉機能を再検討し、各機関の役割を再認識することが、少年矯正を再構築する上で最も重要である。少年矯正を従来の役割に戻すと考えるのではなく、役割分担を認識しつつ、両機能を調和させようと考える点に本著の意義が見出せるのではないだろうか。

第3章
諸外国における少年矯正制度
（諸外国における少年法制の動向を中心に）

　諸外国における少年法制を見ると、おおむね、①英米型、②大陸型、③北欧型に分けられるというのが一般的である。①の英米型とは、国の保護を必要とする少年を広く対象とする少年裁判所が、犯罪少年についても管轄権を持つというシステムである。すなわち、非行少年のほか、放任少年、要扶助少年を統一して扱う。②の大陸型とは、少年裁判所は、少年の犯罪事件だけを管轄し、その他の要保護少年は、福祉法で取り扱うというシステムである。③の北欧型は、少年裁判所は設置せず、犯罪少年を主として福祉法に基づく行政機関の広範な活動の中で取り扱うというシステムである。したがって、英米型は、犯罪少年とその他の要保護少年を1つの裁判所で取り扱う、つまり、少年裁判所が司法機能と福祉機能を併せ持つという意味で一元的であるとされ、大陸型は、少年裁判所は刑事裁判所の特別部という性格を持つ、言い換えれば、少年裁判所は、司法機能に重点を置くことから二元的システムであるといわれる。それに対して、北欧型は、少年犯罪への「反作用」の責任が、年齢に応じて、社会福祉機関と刑事裁判所とに分けられている意味では二元的であるが、実際の処遇においては社会福祉機関が多くの役割を演じている点から、社会福祉機関による一元的システムであるといえる。
　では、日本の少年法制は、どの型に属するのであろうか。この問いに対しては、いずれの型とも異なるといわれている。なぜならば、日本の少年裁判所の管轄は、犯罪少年以外の要保護少年にまで及び、その上、家庭裁判所は保護手続に従って少年を取り扱う点は英米系に近いといえる。しかし、家庭

裁判所の管轄が及ぶ要保護少年は、犯罪と直接関係する行為を行った触法少年と虞犯少年に限られており、放任少年や要扶助少年を含まない点で異なっており、さらに、少年裁判所が犯罪少年を刑事手続で扱うこともないことから、日本の少年法制は、英米型と大陸型の中間にあると説明されている[1]。

日本の少年法制は、戦後のGHQの影響により、英米型をベースとしているが、戦前に参考としたドイツの少年法制等、日本独自の少年法制と諸外国の少年法制を所々採り入れて融合させているため、必ずしも英米型とは言い難い。そこで、元来、日本の法律を基にして少年法制を作り上げた韓国及び台湾の制度ならば、日本の少年法制と類似しており、日本、韓国及び台湾の制度を一括りにし、アジア型という分野を考えてもよいのではないだろうか。本章では、従来の分類について言及した後、アジア型の内容について紹介したいと思う[2]。

第1節　英米型

英米型の少年法制とは、少年裁判所の審判の対象として、非行少年のほか、放任少年（neglected child）、要扶助少年（dependent child）を統一して取り扱うことが特徴として挙げられている[3]。すなわち、衡平法に基づく「国親（parens patriae）」の観念、つまり、国家が親の代わりに親権を行うという思想に根拠を置き、犯罪少年、非行少年と放任少年、要保護少年の区別を設けず、少年裁判所の対象として取り扱う点が主な特徴といえる[4]。

第1項　アメリカ

アメリカの少年法制は、連邦と州では異なる制度を持っているため、比較法的研究は困難であるが、一般的な特徴を指摘したいと思う。

アメリカでは、非行や虞犯、不良行為を理由とした少年について、審判を

---

(1)　澤登・前掲書・276頁。
　　平場・前掲書・17・27・37頁。

行い、処分を決定をするのは、少年裁判所である。少年裁判所の形態は、普通裁判所の一部であるもの、独立の少年裁判所であるもの、扶養事件や離婚事件の管轄と結び付いて家庭裁判所の形態を採るものがあり、ほとんどの州で民事裁判所及び刑事裁判所とは区別されている。

少年裁判所の管轄が認められる少年の年齢の上限は、大半の州で 18 歳までである。この年齢は、多くの州では、行為時を基準に定められているが、逮捕若しくは審判時を基準とする州もある。

少年裁判所の管轄権は、①非行少年（delinquents）、②公的監督の必要な少年（children in need supervision）、③放任少年、虐待された少年（abused juveniles）若しくは要扶助少年に及ぶ州が多い。成人によってなされる行為を少年がした場合、非行少年となることは当然であるが、問題となるのは、

---

(2) 山口直也によれば、法制度が異なる国の少年法を比較する上では、分析の視角となる共通項が不可欠として、①少年犯罪率の増加の観点、②国連児童の権利条約を中心に各国で重視されている子どもの権利論あるいは責任論の観点、③世界的潮流である修復的司法の名における被害者の権利・利益論の観点の3つを中心軸に据えて分析した9か国の少年法を「英米法型少年法」「大陸型少年法」「北欧型少年法」「東洋型少年法」に分けて整理するとある。各類型の特色として、「英米法型少年法」においては、米国少年法の特色は、刑罰を科すための刑事手続及び保護処分を科すための保護手続の両手続を置く二元主義を採用した点にあるとし、英国少年法の特色は、刑事責任年齢が世界的にも極めて低い10歳に設定されている点、オーストラリア少年法の特色は、英国法の影響を受ける一方で大陸法系、米国法の知見も取り入れて独自の司法制度を発展させてきた点、カナダ少年法の特色は、従前の二元主義を廃止して、すべての少年事件を扱う「閉ざされた少年法制」へと純化された点にあるとしている。「大陸型少年法」においては、ドイツの少年法の特色は、少年裁判所法の制定及び改正が実務実践によって牽引されてきたこと、憲法上の社会的法治国家原則を拠り所として改革が推進されてきた点、フランスの特色は、犯罪行為時の弁識能力の有無を科刑要件の1つとしてきた刑法から発展してきた点にあるという。「北欧型少年法」に関しては、スウェーデン少年法の特徴は、刑法に基づいて少年犯罪を処理される制度的外観をとりながら、実質的処遇においては社会福祉機関が大きな役割を担っている点にあるとする。最後に「東洋型少年法」は英米法及び大陸法の影響を受けてアジア地域で誕生した近代法としての少年法を東洋型少年法と呼称することが許されるなら、該当する少年法制は韓国法及び日本法だと断り書きを入れつつ、韓国少年法の特徴は、検察官先議を採用した点と少年の再犯率の高さにあると主張し、日本少年法の特徴は、司法的保護がかなりの程度純化されており、刑事司法が例外的な選択肢となっている点にあると記している（山口直也『新時代の比較少年法』成文堂（2017年）3-10頁）。山口による分類は理解ができ、日本と韓国を併せて東洋型少年法としている点は、共感できるが、山口による上記の観点から分類した場合、各国の共通項が複雑化するおそれがあるため、本著においては、従前通り、本文中にある平場安治や澤登俊雄のような形式的な体系によって、各類型を4つに分類する。
(3) 平場・前掲書・17頁。
(4) 平場・前掲書・4頁。

喫煙、両親への常習的な反抗、深夜徘徊、飲酒、怠学、シンナー類吸入等、成人では犯罪とならず、少年についてのみ違法とされるステイタス・オフェンス（虞犯）である。

　また、多くの州では、少年裁判所の管轄権以外に、少年の犯罪について刑事裁判所の管轄権を認めている。その方式としては、①少年裁判所に送致するか、刑事裁判所に起訴するかを検察官の裁量に委ねるもの、②刑事裁判所が一定の事件について専属的な管轄権を有するとするもの、③少年事件は一旦は刑事裁判所に係属し、その後、少年裁判所に必要的に移送されるが、一定の事件については、刑事裁判所が管轄権を留保し得るとするもの、④少年事件は、すべて少年裁判所に一旦係属し、一定の事件については、必要的に刑事裁判所へ移送されるとするもの、⑤少年事件は少年裁判所に係属するが、少年裁判所の裁量によって刑事裁判所への移送が認められているもの等がある。この方式のうち、⑤の方式を採用する州が最も多いとのことである。刑事裁判所への移送は、おおむね、事件の重大性や年齢若しくはその両方を基準として決定されている。1970年代における少年の凶悪化を受け、少年裁判所の管轄が及ぶ少年の年齢の上限を引き上げ、刑事裁判所への移送年齢の下限を引き下げる法改正がなされたが、現在は、それらの傾向に歯止めがかかり、従来の年齢に戻そうとする動きがある[5]。刑事裁判所への移送は、少年裁判手続による保護を否定する点で少年の不利益になる面が多く、ケント判決において、連邦最高裁判所は少年裁判所による管轄権放棄の決定における適正手続の重要性を強調している。

　少年裁判所は、保護事件のほかに、少年の非行、要扶助性を助長した両親その他の成人事件の管轄を認められている。成人事件としては、少年を要扶助状態や放任状態に置いたことへの親等の責任が問われる事件、児童虐待事件、非行原因供与罪の事件、非嫡出子の認知請求事件、扶養請求事件等がある。

　少年裁判所は、専任有給のプロベーション・オフィサーを有し、対象少年の調査と評価を行わせ、社会内での監督を行わせている。さらに、多くの州

---

(5)　拙稿「アメリカ少年司法制度における改革―過渡期にある日本の少年司法制度との比較―」『罪と罰』第51巻第3号（2014年）110-124頁において、アメリカ少年司法制度の変遷と共に、連邦及び州レベルにおいても厳罰化に歯止めがかかったことを論じている。

では、裁判官不足を補うため、レフェリー（又はコミッショナー）の制度を置き、裁判官の仕事を補佐させている。レフェリーの任務は、少年に関する審問を行い、事実認定に関して証言を引き出し、処遇意見を書くことであり、裁判官に代わって終局決定を下すことは認められておらず、裁判官の権限を部分的に代行するものである。また、少年裁判所を助けるものとして、少年についての精神医学的診断を少年裁判所に提示するクリニックがある。

受理した事件の非公式処理をめぐって、いわゆるインテイク（intake）が行われている。すなわち、上席プロベーション・オフィサーの統括するインテイク部で事件が選別され、公式の審問のために少年裁判所に付託されるものと、それ以外のものとに振り分けられる。インテイクの結果、少年手続から解放される者、各種のサービスを与えることのできる公的又は私的な機関に送致される者あるいはプロベーション・オフィサーの非公式の監督に置かれる者等多様である。全米の少年裁判所が受理した全事件の約半数が、インテイクで非公式な処理を受けているといわれており、大半の州で、個々の少年に関するインテイク段階の設定が義務付けられている。いくつかの州では、非司法的処理の形式として、ダイバージョンが導入されている。ダイバージョンは、少年を少年裁判所の手続それ自体から除き、非刑事的若しくは非司法的な処理に委ねるものであり、多くの場合、インテイク段階でダイバージョンが行われる。

アメリカの少年司法制度は、1950年代後半から近年まで強い批判にさらされており、法制度の改変が進められてきた。その批判は、大別して、適正手続と非司法的処遇を重視するリベラルなもの及び「法と秩序」を重視し、刑罰主義を採る保守的方向からのものがある。リベラル派による批判とは、国親思想に基づいて国家が恩恵的に介入することが、少年に対する行き過ぎた干渉をもたらし、「保護」は現実には人的・物的資源不足から実現されず、国家の介入による自由の制限と社会的に不利益な烙印のみが残されるというものである。その際、自由の制限は、成人ならば与えられる適正手続の保障もなしに行われるということである。これらの批判を受け、1967年の法の執行と司法の運営に関する大統領諮問委員会報告書『自由社会における犯罪の挑戦』及びタスク・フォース・レポートにおいて改革を打ち出した。

他方、1967年の連邦裁判所のゴールト判決は、わいせつな電話をかけた

とされるゴールト少年が、非行事実の告知もなく、弁護人も付かない審判の結果、少年院送致処分を受けたことについて、デュー・プロセス違反を宣言し、少年審判にデュー・プロセスの適用がある旨を強調し、少年にも非行事実の告知、弁護権・黙秘権の告知、対質権及び反対尋問権が保障されるべきと判示した。次いで、1970年のウィンシップ判決は、犯罪事実の認定に当たっては、少年審判でも刑事事件と同じように「合理的な疑いを超える」心証が必要だと判示した。しかし、少年審判において陪審裁判を受ける権利が争われた1971年のマッキーバ事件では、少年事件のデュー・プロセスは、「基本的公正」の要求の限度で保障されるべきであり、陪審制を採るならば、少年裁判の特性が失われてしまうとした。その後、1975年のブリード事件では、同一の行為について、少年審判手続において非行事実を認定した後、これに引き続いて刑事訴追を行うことは二重の危険禁止に反すると判示している。

　このような適正手続化は、少年の人権保障の強化を図ることを直接、意図したものである。しかし、このことが対審構造化、検察官関与をもたらし、少年裁判所の刑事裁判化を生じさせるとの声もある。しかしながら、刑事裁判化ないし少年裁判所の廃止は、ゴールト判決や連邦レベルの大統領委員会の意図したところを超えるものといえる。しかし、1970年代に入ると、犯罪の危険が増大し、犯罪鎮圧を求める要求が高まり、より懲罰的なアプローチが台頭した。こうした保守的な声は、①少年の施設収容処分を必要的なものとしたり、定期化すること、②少年審判の管轄権について、上限となる年齢を引き下げること、③少年を成人の刑事裁判所に起訴するために、少年裁判所による管轄権の放棄をより容易に行うようにすること、④少年の記録に対するアクセスを拡大するといった立法措置をもたらすものである[6]。

　この適正手続化以降の状況に関しては、2000年の少年法改正以降の日本の状況と同様であり、注視していく必要がある。

---

(6) 平場・前掲書・17頁-22頁。
　　田宮＝廣瀬・前掲書・6-8頁。

第2項　イギリス

　イギリスは、イングランド・ウェールズ、スコットランド、北アイルランドに分かれており、それぞれ少年法制も異なるため、イングランド・ウェールズを中心に論じる。イングランド・ウェールズにおいては、1908年に児童法が制定されて、それ以来少年裁判所制度が取られ、児童に対する刑罰が禁止されてきたが、1960年代には、少年非行問題を司法の領域から地域社会での福祉の領域に移し替えるという少年裁判所を廃止し、家庭裁判所を設置すべきであるという福祉主義の純化政策が提案された結果、1969年に新しい児童少年法が制定され、少年裁判所を維持しながら、その権限を縮小し、地方当局に処遇権限を委ねるほか、少年裁判所からのダイバージョンとして、警察官の警告処分や中間処遇を採用した。この1969年の児童少年法を経て、イギリスの少年法は、①保護主義の強化、②警察官先議、③少年裁判所の手続として、保護手続と刑事手続の二本立てを認めている点に特色がある[7]。1969年児童少年法は、保護主義及び福祉主義を根幹とした少年法改革を担っただけに刑罰主義からの批判が多く、司法は完全実施されるに至らなかった。しかし、1980年代、保守党のサッチャー政権の下で、①短期収容所の再評価と適用の拡大[8]、②青年拘禁制（youth custody）の新設[9]、③少年に対する居住保護命令の新設、④青年に対する拘禁制の制限規定の廃止等、厳格な処遇を図る動きが顕在化した[10]。この点に関しては、アメリカよりは遅いものの、イギリスでも厳罰化の傾向が窺える。

　しかし、1982年の「刑事裁判法」制定により、地方に委譲した少年裁判所の権限が回復され、犯罪の重大性を考慮して保護命令を出す権限を付与する等福祉思想が後退し、少年裁判所は、ボースタル制に代わる青年拘禁制へ

---

(7)　保護主義の強化とは、少年裁判所における保護手続の新設と地方当局による処遇の充実と地域内での非司法的解決の重視を意味し、警察官先議とは、警告という警察限りの保護手続と刑事手続の選択のことをいう。
(8)　短期収容所は、3S主義（Sharp, Short, shock）で知られ、1969年法では、将来の廃止を予定している。
(9)　青年拘禁制は、ボースタルと拘禁制に代わるものである。
(10)　平場・前掲書・23-26頁。

の収容を命じる権限を与えられた結果、刑事裁判法の施設収容少年の数が増加した。1988年の刑事裁判法では、少年に対する施設収容処分の言渡しを慎重にする意図で変更を加えたが、それにより少年に対する施設収容処分の性格が成人の拘禁刑の言渡しと差がなくなり、1989年の児童法では、保護事件を少年裁判所の管轄から外した。1991年の刑事裁判法は、少年年齢を17歳に拡大し、少年裁判所を「青少年裁判所」に改めたため、少年裁判所は、民事手続により児童の保護事件を管轄する家庭裁判所と、刑事手続により少年の刑事事件を管轄する青少年裁判所の2つに分かれた。したがって、現在は、10～17歳の犯罪少年が少年裁判手続の対象とされ、要保護少年は、家事手続裁判所で別途に扱われている。少年に対する審理は非公開で親等の出頭義務があるほか、刑事手続と同様に事実認定が行われ、処遇決定は有罪認定後にソーシャル・ワーカー等の調査報告に基づいて行われる。統一的な法典はないが、少年犯罪者も成人同様に扱うという考え方が強く、少年の保護・教育・公共の安全保護を軸に大きな変遷を経てきたこと、非行事実認定の側面では、訴訟手続の維持・少年の権利尊重を貫いている点が特徴的である。民間人の治安判事3名による青少年裁判所の審判が原則であるが、罪が重く、年齢が上がるほど、成人と類似の手続となる。1998年の「犯罪及び反秩序行為法」により、少年犯罪者対策の基本構造が固められた結果、多様な手段が開発され、現在、裁判所が言い渡せる処分には、①社会内処遇、②それに付随する処分、③拘禁処分の3種類がある。2008年には、「刑事司法及び移民法」が制定され、社会内処遇の改革の一環である「少年社会復帰命令」が創設された点が注目を浴びている[11]。

---

(11) 澤登・前掲書・284-286頁。
　　 田宮＝廣瀬・前掲書・8-10頁。
　　 イギリス少年法制の詳細については、宇田川公輔「諸外国の少年法制・少年事件処理の状況(4) イギリスの少年司法の動向と少年司法手続の運用状況について」『家庭裁判月報』第61巻第10号（2009年）1-70頁を参照。

第2節　大陸型

　ヨーロッパ大陸にある諸国は、英米とは類似している点もあるが、全体的には異なる共通性を持っている。第1に、特別裁判所である少年裁判所を持っていること、第2に、少年裁判所は、保護処分と刑罰を選択的に科し得ること、第3に、多くの国では、犯罪少年を取り扱う少年裁判所法とそれ以外の放任少年、要扶助少年、虞犯少年を対象とする児童福祉法の二元的なシステムが採られていることが共通している。これに関して、第1の点については、英米にも共通する点であり、第2の点は、イギリスの制度にもあるものであるが、第3の点は、少年裁判所が対象とするのは犯罪少年のみであり、それ以外の少年は児童福祉法によって対処されるということが英米とは異なる点であるといえるだろう。

　上記の通り、大陸型の少年裁判所は、犯罪少年のみを対象とするため、審判手続は、「小さな大人」に対する「刑事手続」としての基本的性格を有し、これに保護主義を加味したものとなっており、新派刑法学の影響が現れている。ただし、大陸型の少年法制を採る国では、刑事法的な枠を越えて、少年の福祉、保護を充実する方向での努力が立法上も運用上も明白である。大陸型の少年法に属する国としては、フランス、ドイツ、イタリア、オーストリア、スイス等があるが、代表的なものとして、ドイツとフランスを取り上げることとする。

第1項　ドイツ

　ドイツ少年法制は、少年裁判所法（Jugendgerichtgesetz）と少年福祉法（Jugendwhohlfahrtsgesetz）から成る。第一次世界大戦後の少年の放任状態と非行の激増の中で、1922年に少年福祉法が制定され、次いで、1923年に少年裁判所法が成立した。少年福祉法は、我が国の児童福祉法に相当するものであり、少年の健全育成の担い手としての少年局・少年福祉委員会について規定すると共に、後見裁判所が非行性ある未成年者に対して保護観察ないし

救護の措置を科し得るとしている。他方、少年裁判所法は、犯罪少年の審判と処遇を定めている。少年裁判所法は、ナチ政権下の1943年に全面改正が行われ、敗戦を経て、1953年に現行の少年裁判所法が制定されている。少年裁判所法は、刑事司法の枠内に位置付けられており、その実体部分は、少年刑法であり、その手続は、少年刑事手続法である。以下は、現行法の特徴である。

少年裁判所法の適用対象は、犯行時に14歳以上18歳未満であった少年（Jugendlicher）及び18歳以上21歳未満の青年（Heranwachsender）である。要保護・要扶助少年は、少年局や後見裁判官が扱う。

行為時に14歳未満の者は刑事責任能力がなく（絶対的責任無能力）、14歳以上18歳未満の者（すなわち、少年）は、行為の違法性を洞察し、かつ、それに従って行為する知的及び倫理的成熟に達していた場合にのみ、刑事責任能力がある（相対的責任能力）。責任能力のない者に対し、裁判官は、少年の教育のために、後見裁判官と同じ措置を命ずることができる。成人刑法における責任能力は刑罰の前提とされるのに対し、少年裁判所法における責任能力では、刑罰のみならず、少年裁判所の定める特別処遇の前提となる。

犯罪少年が少年裁判所法で定める特別の処遇を受けることはいうまでもないが、青年については、①環境的諸条件を考慮して、行為者の人格を全体的に評価すると、行為時における倫理的、精神的発育から見てまだ少年と同等であることが明らかなとき、又は②行為の態様、状況又は動機から少年非行と認められるときに限って、少年と同じ処遇を受ける。

少年及び少年と同一に取り扱われる青年に対しては、教育処分、懲戒処分及び少年刑という3種類の処分が認められている。まず、教育処分については、その名の通り、少年の教育を目的として科され、①指示の賦課、②教育援助、③救護の措置がある。①の指示は、少年の教育のために、生活する上で守るべき命令及び禁止をいう[12]。次に、教育援助及び救護の措置の要件、実施、終結は、少年福祉に関する法令の定めるところによるのであるが、性質上、年長少年に対しては適用がない。これに対して、懲戒処分は、少年刑

---

(12) 具体例として、居住に関する指示、学業若しくは就業に関する指示、交友関係や飲食店・盛り場への出入りについての禁止、飲酒・喫煙の禁止などがある。

は必要ではないが、少年に対し自己の不法行為についての責任を明確に自覚させるために科されるものであり、①戒告、②遵守事項の賦課、③少年拘禁の3種類がある。②の遵守事項の賦課については、少年の能力に応じた損害の賠償、被害者に対する個人的な謝罪及び公共施設に対する寄付金の支払い等がある。少年拘禁は、ナチス時代の1940年代に導入され、戦後も存続してきた施設収容処分である。少年刑は、少年刑務所における自由剥奪を内容とする刑罰であり、裁判官は、①犯行の中に表れた少年の有害な性向から見て、教育処分若しくは懲戒処分では教育上十分でない場合、又は②責任が重大であるため刑罰が必要である場合に少年刑を科すものとされている。原則、6月以上5年以下の期間で定めるが、法定刑が10年を超える罪を犯したときは、10年以下の期間で定める。

　すなわち、少年の犯罪行為に対しては、少年が行為時責任能力を欠くときは保護的措置、責任能力があるときは、教育処分、懲戒処分、少年刑のいずれかを課すという教育処分が優先する。青年の犯罪行為に対しては、成熟度が少年と同等のとき、行為の種類・事情・動機から見て少年として扱うべきときは、少年に適用すべき規定を適用し、その他の場合は、一般刑法を適用する。手続は刑事手続であるが、審判手続の非公開性、教育権利者の召喚、保佐人の選任、少年裁判所補助者などの点に特殊性がある。比較的軽い犯罪には処分を回避して教育を優先する一方、少年拘禁・少年刑など責任の自覚・贖罪等の観点が定められ、一般予防・社会防衛への配慮もなされた少年法制である[13]。

　近年の動向としては、厳罰化要求を反映して、①少年裁判所の目的規定の創設、②少年行刑法に関する規定に関して、憲法改正により連邦と州との所轄事項が整理され、新しい整備は州法で行うこととなった、③保安監置の導

---

(13)　澤登・前掲書・290頁。
　　　法務省HP「法制審議会少年法・刑事法（少年年齢・犯罪者処遇関係）部会第6回会議配布資料16　諸外国の制度概要」10-11頁。（http://www.moj.go.jp/content/001242704.pdf）。
　　　武内謙治「新時代におけるドイツ少年司法の課題」『比較法研究』第76号（2014年）164頁。大嵜康弘「我が国における少年司法制度の現状少年適用年齢引き下げに関する課題」『レファレンス』第801号（2017年）19-21頁、川出敏裕「ドイツにおける少年法制の動向」『ジュリスト』第1087号（1996年）86-93頁、橋本三保子「ドイツの非行少年処遇」『罪と罰』第37巻第1号（1999年）42-49頁参照。

入がなされている(14)。

第2項　フランス

　1810年のCode Pénal以降、少年の取り扱いの特則を定めた一連の法律が制定されたが、1912年の「青少年裁判所ならびに監視付自由に関する法律」によって、少年裁判所の設立及び保護観察制度を採用して、独立の少年法の分野を開拓した。ついで、1945年の「犯罪少年に関するオルドナンス」において現行法の根幹が作られ、1951年と1958年に修正された後、1958年には「少年事件の裁判所の構成に関するオルドナンス」が制定された。さらに、1974年の法律631号によって、民事上の成人年齢と刑事上の年齢を一致させ、18歳に統一した(15)。

　刑事責任年齢は法定されておらず、是非弁別能力の有無は個別に判断され、行為時18歳未満が少年とされる。少年手続は刑事手続の特則とされ、18歳に達すると、刑事手続において少年として扱われなくなる。

　少年犯罪について、少年係判事、少年裁判所及び少年重罪法院という3種類の裁判所があり、犯罪類型（軽罪、重罪）及び犯罪行為時の年齢の区分（16歳）に従って管轄が定められる。すなわち、フランスの裁判所は、軽い罪を扱う場合には、非定型的で簡易迅速な少年係判事による単独審判、軽罪及び行為時16歳未満の重罪を扱う少年裁判所、行為時16歳以上の重罪を扱う少年重罪法院というように、年齢や犯罪区分によって管轄する裁判所が分かれている。

　少年裁判所と少年重罪法院は、地方裁判所（軽罪裁判所）と重罪法院に対応する少年司法機関であるが、フランス少年司法の特色をなすのは、少年係判事である。少年係判事は、予備取調べにより、少年の人格・環境に関する社会的調査及び資質鑑別を行い、予備判事的機能を営むと共に、自ら裁判所として事件を審判することが認められている。少年係判事は、少年事件を単独で審理することができるが、少年係判事が言い渡すことができるのは、教

---

(14)　詳細については、澤登・前掲書・292-293頁参照。
(15)　平場・前掲書・33頁。

育的処分のみであり、刑罰や教育的制裁を言い渡すことはできない。専門の少年係判事は、予審・審判・事後の教育処分の変更等、捜査から処分執行まで関与し、犯罪少年の大半を扱う。また、要保護少年の場合には、教育・福祉的な措置等の対象として行政機関が対応し、少年・保護者の同意が得られないときには、専門の少年係検事の請求により少年係判事が施設収容等の処分決定を行っている。次に、少年裁判所とは、裁判長である少年係判事と2名の参審員から構成され、18歳未満の軽罪事件及び16歳未満の重罪事件について管轄権を有する。最後に、少年重罪法院とは、職業裁判官3名と9名の陪審員から成り、その管轄は、16歳以上18歳未満の未成年者が犯した重罪である[16]。

少年司法手続に関する基本原則としては、①少年に対しては、保護、援助、監督、教育を目的とした保護的処分が刑事的処分に優先する、②13歳未満の少年に対しては、刑罰を科すことはできず、保護的処分又は教育的監督処分しか言い渡すことができない、③13歳以上の少年については、刑事責任の減少及び刑罰の緩和の対象となる、④少年は、その年齢や行為の態様に応じて、観護的留置等の特別な手続が適用される、⑤少年に対する審問や審判は非公開が挙げられる[17]。

少年裁判所及び少年重罪法院は、原則、教育的処分を言い渡すが、必要と認めるときは、教育的制裁、刑罰（13歳以上）を言い渡すことができる。教育的処分は、対象者が18歳に達するまでの間で年数を定めて言い渡される。その種類は、①両親等への引き渡し、②教育的収容、③日中活動措置、④司法的保護処分等がある。②は、教育・職業訓練施設、医療・医療教育施設、教護院（13歳未満）・少年院（13歳以上）等へ収容することである。③は、職業又は学業に関する社会復帰活動へ参加することである。④は、少年に対し、保護、援護、監視及び教育の各種処分を命ずるものであり、当該処分を執行するために、教育・職業訓練施設、医療・医療教育施設へ収容する旨を

---

(16)　平場・前掲書・34頁。
　　　法務省HP「法制審議会少年法・刑事法部会第6回会議配布資料 統計資料16」7-8頁（http://www.moj.go.jp/content/001234286.pdf）。
(17)　渡邊真也「フランスの少年司法制度に関する一考察（二）」『刑政』第119巻第12号（2008年）66-67頁。

決定することができるものである。5年を超えない期間を定めて命じることができ、他の教育的処分と異なり、一定の場合には18歳を超えても継続できるが、施設への収容の場合のみ、本人が希望しない限り、18歳までしか行えない。次に、教育的制裁とは、特定の場所への立入禁止や被害者・共犯者との接触禁止、市民意識啓発研修の受講義務等を課すものである。最後の刑罰に関しては、行為時13歳から17歳の者に対して科すことができ、拘禁刑、罰金刑、公益奉仕労働（判決時16歳以上）等がある。少年に対して言い渡す刑は、原則として刑を減刑することとされ、拘禁刑については、法定刑の2分の1を超えて言い渡すことはできない。ただし、16歳以上の者に対しては、情状及び人格を考慮し、特別な理由を付した上で、刑を減刑しない決定を行うことができる[18]。

第3節　北欧型

北欧型では、アメリカで少年裁判所が設立した時期と同じくして、英米型や大陸型とは別種の保護処分決定機関が現れた。この保護処分決定機関とは、行政機関の児童福祉委員会である。この委員会は、1896年に初めてノルウェーが採用し、次いで、1902年にスウェーデン、1905年にデンマーク、1936年にフィンランド、1947年にアイスランドというようにスカンディナヴィア諸国で採り入れられた。本節では、社会福祉の進んでいるスウェーデンの制度を概観する。

第1項　スウェーデン

スウェーデンにおける少年事件の取り扱いは、15歳未満、15歳以上18歳未満、18歳を超える者に区分される。スウェーデンの刑事責任年齢は15歳である。したがって、この年齢に達しない15歳未満の犯罪行為者は、刑罰

---

(18) 法務省HP「法制審議会少年法・刑事法部会第6回会議配布資料 統計資料16」8-10頁（http://www.moj.go.jp/content/001234286.pdf）。

を科されない。この年齢層の児童は、証拠を確保し、証明に関する事柄を検討するため、刑事裁判所に出頭を求められるケースがあるが、これは例外的である。15歳未満の児童は、原則、地域ごとに設置された「社会福祉委員会」によって取り扱われる。そして、15歳から18歳未満は、通常、罰金を科されるか、社会的サービスによるケアのために裁判所に引き渡される。18歳未満の者は、めったに拘禁刑を言い渡されることはない。犯罪が重大であれば、刑罰が、特別なユース・ホームで施設内の若者ケアがあるかもしれない。施設内ケアに関する国家委員会 (National Board of Institutional Care) は、これらの刑の執行に責任を持っている。刑罰は、定期刑であり、ケアと治療に焦点が当てられている[19]。

かつて、少年事件を扱うのは児童福祉委員会であったが、1975年に児童福祉委員会とアルコール禁絶委員会及び生活保護委員会を統合して、中央社会福祉委員会の設置を定めた法律が成立し、1982年の社会サービス法によって社会福祉委員会を全国に広げると同時に、その権限を拡大した。各コミューンごとに社会福祉委員会があり、家庭的アプローチが制度全体の原理となっている。これらの委員会は、専門的なソーシャル・ワーカー達のスタッフを有すると共に、当該コミューンによって選任された任期3年の素人9人から構成されている。そして、この委員会は、実行可能であるならば、十分なスタッフを有する地区社会福祉委員会を通じてより分権化された仕方で活動している。地区社会福祉委員会の構成員は、最低5名が必要とされており、そのうち最低1名は、中央社会福祉委員会のメンバーでなければならない。委員会では、可能であるなら、専門の法律的・医学的知識が提供されるべきであるとされており、大きなコミューンでは、委員会の書記として弁護士が任命されている。

次に、15歳以上18歳未満の犯罪者については、いくつかの理由から、他の年齢層と区別することは正当であるとされている。また、この年齢層は、義務教育終了年齢に相当する15歳の少年達が、他の年齢層と比較して、極めて高い犯罪率を示している。これらの犯罪者に関しては、社会福祉制度と

---

(19) Ministry of Justice Sweden, "The Swedish judicial system", Davidsons tryckeri AB, Växjö, 2012.

刑事司法制度の間で管轄権の重複がある。社会福祉委員会の聴聞後、少年犯罪者の処理決定は、それぞれのカウンティの主席検察官の裁量による。スウェーデンは、一般的には起訴強制主義を採っているにもかかわらず、少年事件の大多数は、公訴の放棄という方法で、社会福祉委員会に委ねられている。もし、検察官が公訴権を放棄し得ないと判断する場合、事件は、刑事事件の管轄権を有する裁判所に送致される。これは、必ずしもその犯罪者が社会福祉委員会の行う措置から切断されるわけではなく、裁判所は、公訴事実についての肯定的な心証を得た後、公的保護を求めて、事件を社会福祉委員会へ送致するという処分をなし得る[20]。

　最後に、18歳を超える犯罪者、すなわち、若年成人犯罪者に関しては、原則として、裁判所によって扱われる。しかし、21歳未満の犯罪者の事件では、社会福祉委員会が事件を処理する権限を有する。その場合、公訴の放棄によるのではなく、裁判所へ公訴が提起され、裁判所が犯罪事実を認定した後、公的な保護のために社会福祉機関に移送するという決定がなされる。しかしながら、これは稀であり、大多数の若年犯罪者は、成人と同様に扱われている。

　少年の保護と社会福祉委員会の権限については、1980年の少年の保護に関する特別規定によって、少年の保護要件として、18歳未満の少年が、依存性の薬物乱用、犯罪行為若しくは他のこれに類する行動によって自己の健康及び成長を重大な危険にさらしている場合に、監護権者又は少年（15歳以上の場合に限る）から必要な保護の同意が得られないと考えられるときに、この規定による保護が準備されると規定されている。さらに、社会内サービスによる保護が、少年の必要性と個人的な条件に照らして、明らかに他の保護より適切である場合には、18歳以上20歳未満の者にも準備される。この保護は、同意によらない措置、すなわち、強制的措置である。上記の要件に該当する場合、社会福祉委員会は、州裁判所に対して保護の決定の申請を行い、州裁判所は、申請を審理した後、保護の決定をする。かつての児童福祉法は、児童福祉委員会が公的保護のための措置決定を下し、これに保護者が同意しない場合は、州裁判所が事件を再審理していたので、1980年の特別

---

(20)　平場・前掲書・39頁。

規定により、司法的コントロールが強化されたといえる。

児童福祉法では、忠告、警告等の援助措置、生活状況に関する指示、監督が規定されていたが、社会サービス法は、これらの保護措置は強制的要素を含むという理由で廃止し、相談、助言、コンタクト・パーソン（カウンセラーの役割を果たす者）の制度を設けた。

州裁判所が保護の決定をした場合、社会福祉委員会が保護を実施する。実施の際には、社会サービス法が適用される。社会福祉委員会は、6か月ごとに保護の必要性を審査すべきことになっている、保護は、少年の家庭外の場所で始められるが、後に家庭に帰して実施することができる。社会サービス法は、サービスの大枠を定めたものに過ぎず、達成目的を抽象的に掲げるだけで、社会サービスの内容やその実現についての細かい条件は定めず、個人のニードに柔軟に対応できるようにした結果、コミューンの責任と権限が拡大している。

施設収容は、全体的に減少傾向にあり、刑事施設だけでなく、少年福祉学校についても、収容者の減少、収容施設の廃止が進んでおり、処遇の重点は、施設から在宅へと変化してきた。そこで、社会サービス法及び少年の保護に関する特別規定は、施設の種別を対象者の外的特徴で分けるのをやめ、施設処遇を要する者は、多数の問題徴候を同時に示すという考えから、住所との近接性、家族との自然な接触を可能とする家族関係の資源を重視している。

したがって、スウェーデンの少年法制は、①児童福祉委員会に代わって、より総合的な福祉行政機関である社会福祉委員会が少年保護をも担当するようになっていること、②福祉の領域においても、少年側の自己決定を重視する反面、強制的措置については司法的抑制を強化する方向にあること等に特徴があるといえる[21]。

---

(21) 平場・前掲書・37-41頁。
田宮＝廣瀬・前掲書・14-15頁。
スウェーデンに関する文献として、廣瀬健二「ヨーロッパ諸国の概観と北欧(1)」『家庭の法と裁判』第7号（2016年）95-99頁、廣瀬健二「ヨーロッパ諸国の概観と北欧(2)」『家庭の法と裁判』第8号（2017年）147-150頁、前田忠弘「スウェーデンの少年司法」『比較法研究』第76号（2014年）177-185頁がある。

第 4 節　アジア型

　世界諸国の少年法制に関して、様々な文献を調査したが、いずれの文献も英米系、大陸法系、北欧系の 3 つに大別し、日本の少年法制は、どの類型にも属さず、英米系、大陸系の中間に属すると言及する文献が多いように思われる。それならば、日本の法制度を参考に少年法制を制定した韓国と台湾を統合し、アジア型と称すべきではないかというのが本節の趣旨である。

　日本は、少年裁判所の管轄が犯罪少年以外の要保護少年にも及ぶ点は英米系に近いが、要保護少年が触法少年と虞犯少年に限定されており、放任少年や要扶助少年が含まれない点は一元的とはいえず、英米系と異なる。大陸型に分類されるかといえば、少年裁判所がすべての犯罪少年を刑事手続で扱うということはないため、厳密にいえば、大陸型ともいえない。韓国に関しては、検察官先議を採っているため、一見、大陸型に属するように見えるが、少年裁判所における対象少年が日本同様、犯罪少年以外の触法少年と虞犯少年を含む点で大陸型とはいえず、放任少年や要扶助少年を含まない点では英米系ともいえない。また、台湾においては、日本同様、裁判官先議を採っており、かつ、対象少年も同じであるため、英米型と大陸型の中間といえる。

　韓国においては、検察官先議主義を採用している点が日本と大きく異なるが、形式的には、犯罪少年に対して、少年裁判所による保護手続と刑事裁判所による刑事手続という二元的手段を採用している点では共通しており、実質面でも、少年法の理念は一致し、刑事処分よりは保護処分を優先させている点からも日本と同様の形態に属すると考える。また、台湾に関しても、戦後すぐの少年法草案においては、日本の少年法を翻訳したものであったが、「少年事件処理法」との名称変更と共に、保護主義を放棄しようとしたにもかかわらず、1997 年の法改正により、少年法の理念及び内容も保護処分優先となったため、台湾の少年法制も日本と同じ体系に属すといえるのではないだろうか。そこで、本著では、日本、韓国及び台湾の三国を併せてアジア型という新たな体系を設けることとした。

第1項　韓国

　韓国の少年司法は、日本の植民地下において、日本の旧少年法を基に少年法を制定したため、家庭裁判所における審判手続や処分内容等の点で日本との共通点が多く見られる。けれども、最大の相違点は、検察官先議主義を採用している点である[22]。日本は、裁判所先議主義を採用しているため、少年法の構造上は、同じ類型とはいえないかもしれないが、形式面でなく、実質面を比較すると、少年法の理念、保護処分優先等共通項が多く、検察官先議主義という1点を除外すれば、同じ体系に属するといえるのではないだろうか。以下、韓国の少年司法について、詳細に論じる。

　1942年、日本の植民地下において、日本の旧少年法を基本として、朝鮮少年令と朝鮮矯正院令が施行された。これが、韓国における少年司法制度の始まりである。

　その後、1958年に少年法が制定されると朝鮮少年令は廃止された。この少年法の特徴は、①その目的として少年の健全育成を掲げていること、②対象年齢を20歳未満とし、犯罪少年、12歳以上14歳未満の触法少年、12歳以上の虞犯少年に関して規定したこと、③事件の調査・審理に必要な場合は、少年観護に関する臨時措置を命じることができ、この条項によって少年院に仮委託院生を収容し、現在の分類審査院の機能を遂行するようにしたこと、④保護処分の種類を5つに規定したことが列挙されている[23]。

　この少年法は、1948年に制定された日本の少年法を大幅に受容したが、日本の少年法が全件送致主義を採用したことや少年保護関係法に違反した成

---

(22)　検察官先議主義とは、検察官が先議権を行使して少年事件を刑事裁判所に起訴することもできるし、少年裁判所に送致することもできることをいう。それに対して、裁判所先議主義とは、検察官がすべての少年事件を少年裁判所に送致しなければならず、少年裁判所が先議権を行使することをいう。

(23)　崔鍾植「韓国少年法改正の動向と課題」『季刊 社会安全』第74号（2009年）14-15頁。
船所寛生＝二本柳朋子「韓国における少年保護事件の実情(上)—2007年改正少年法の運用状況を中心に—」『家庭裁判月報』第64巻第11号（2012年）5頁。
崔鍾植「保護処分に関する韓・日比較」『犯罪社会学研究』第23号（1998年）174-175頁。
保護処分の種類は、①保護者又は適当な者への監護委託、②寺院、教会、その他少年保護団体への監護委託、③病院その他療養所への委託、④感化院送致、⑤少年院送致の5つである。

人の刑事事件も家庭裁判所の管轄としたこと[24]、終局処分決定前の試験観察を規定したこと等は、韓国少年法と異なる点である。また、日本は、戦後アメリカの影響で英米型の少年法を採択したのに対して、韓国は検察官先議主義を採択するなど大陸型に近い少年法を採っている。その理由は、日本における旧少年法を踏襲しているからである[25]。

　1958年の少年法制定以降、6度に渡り、少年法が改正されている。まず、第1次改正は、1963年である。第1次改正の主な内容は、①家庭法院が設立され、少年保護事件を家庭法院少年部又は地方法院少年部で管轄するようになったこと、②保護対象少年を犯罪少年、触法少年、虞犯少年に区分し、虞犯事由を具体化し、通告手続の拡大と整備を行ったこと、③科学調査、鑑別のための専門家による診断強化、④保護処分としての保護観察の新設、⑤大法院に対する少年審判規則制定権の付与等である。

　1977年の第2次改正では、少年鑑別所が新設されることによって、調査・審判時に専門家の診断及び少年鑑別所の鑑別結果を斟酌し、少年鑑別所に委託できるようになった。

　1988年の第3次改正では、保護処分の多様化と適正手続の保障に重点が置かれた。保護処分については、感化院送致を廃止し、保護観察を短期と長期に分け、少年院送致も短期と長期に区分すると共に、短期保護観察と長期保護観察に付加して社会奉仕命令と受講命令を命じられるようにする等、保護処分を7種とした。適正手続の保障に関しては、調査を受ける少年に対する陳述拒否権を認め、審判に付す事由の要旨及び補助人（付添人）を選任することができる旨を告知することができることになった。

　最後に大きな改正として、2007年の第6次改正がある。その内容は、①少年年齢の上限が19歳から18歳になり、下限も12歳から10歳へと引き下げられたこと、②国選補助人制度の新設、③被害者配慮規定の新設、④保護処分の多様化・充実化、⑤保護者に対する特別教育等が主要なものである。①の対象年齢の引き下げについては、選挙権が19歳以上の国民に認められていること、青少年を有害環境から保護するための青少年保護法において

---

(24)　現在は、少年法改正により、少年に関連した成人の刑事事件は、家庭裁判所では扱わない。
(25)　崔鍾植「韓国における少年司法の歴史」『法政研究』第71巻第3号（2005年）535-542頁。

19歳未満の者を青少年と定めていること、大学入学年齢や青少年の成熟度などを考慮した結果とされている[26]。現在、日本においても少年法適用年齢に関する引き下げが議論されており、今後の参考になるのではないだろうか。

以上、韓国少年法の改正の動向を見てきたが、次に、韓国における現行少年法の概要と現状について述べる。

まず、少年法の概要として、対象者は、14歳以上19歳未満の犯罪少年、10歳以上14歳未満の触法少年及び10歳以上19歳未満の虞犯少年である。上限・下限共に日本より低い点が特徴的である。検察官先議主義を採っており、検察官は、警察から送致され、あるいは直接的に認知した犯罪事件を捜査した結果、保護処分に該当する事由があると認められるときは、事件を少年部に送致して保護事件として処理するが、それ以外は、刑事事件として処理する。少年保護事件の第1審は、家庭法院又は地方法院の少年部である。少年に刑事処分を言い渡す際の特例として、①死刑及び無期刑の緩和、②不定期刑の言渡し、③仮釈放条件の緩和がある。また、少年審判は非公開で行われ、実名報道は禁止されている。少年法の目的としては、少年法第1条で「健全な成長」とあり、健全育成の理念が含まれている[27]。

次に、少年事件の現状に関しては、2015年の統計によると、検察の処理人員は、2008年以降漸減している。少年刑法犯の中では、18歳の少年が最も多く、重大犯罪は、全体的に減少傾向にあるが、性暴力犯罪は増加傾向にある[28]。2004年から2013年までの検察による少年犯罪者の処理現況を見ると、2013年は不起訴率が約54％と半数近くを占め、次いで、少年部送致が約34％となっており、近年増加傾向にある。起訴人員については、約10％となっており、検察官先議主義を採用しているにもかかわらず、終局決定と

---

(26) 船所＝二本柳・前掲論文・4-9頁、23-31頁。
澤登・前掲書・302-304頁。
成雨済「韓国における非行少年の処遇―施設内処遇と社会内処遇」『龍谷大学 矯正・保護研究センター 研究年報』第4号（2007年）34頁。
(27) 山口（直）・前掲書・204-207頁。
(28) 崔鍾植「韓国の青少年問題の実情」『青少年問題』第668号（2017年）45頁。
山口（直）・前掲書・212頁。
崔鍾植「韓・日少年司法における先議制の比較」『犯罪と非行』第115号（1999年）195頁。

しては、起訴が少なく、少年部送致である保護処分が増加傾向にあるというのは、やはり実質的には、刑事処分よりも保護処分を課す方向にシフトしているといえるのではないだろうか。実際、少年法改正の際にも裁判所先議主義を主張する議論が沸き起こっていることや少年法の理念に「健全育成」を掲げていることに鑑みると、処遇の上では保護主義が重視されているように思われ、英米型や大陸型よりも日本との共通点が多いため、あえてアジア型に属すると主張したい。

第2項　台湾

　台湾の少年司法と矯正制度は、戦後になって初めて本格的に発足した。1954年、行政府の司法行政部は、厳罰化に代わって教育と保護が国際的潮流になっていたことを受けて、法制定研究グループを発足させた。このグループは、日本少年法をそのまま翻訳したものを草案として国会に提出したが、通過せず、「少年法」というタイトルから「少年事件処理法」[29]に変えて国会に再提出したが、少年裁判所の設置も退けられ、刑法廷の裁判官が少年裁判官を兼任することとなった。そして、「保護処分」の名称は「管訓処分」に変更させられた。少年事件処理法は、実際には10年間も実施されず、その間に保安処分の法制度制定に力を入れるようになったとのことである。
　このような状況下で、1971年に最初の少年法が施行されたが、少年事件処理法は、保護主義を完全に放棄し、厳罰化路線をひた走った[30]。この点においては、日本の少年法とは異なっている。
　その後、1993年に保護主義を復元する上で少年法を目指した活動が起き、少年刑務所と輔育院が廃止され、非行少年は受刑少年や処分を受ける少年という区別なしに、新しく設置される矯正学校に収容されるようになる。
　そして、1997年12月、新少年事件処理法が施行された。この法律は、健全育成を謳い、全件移送と全件調査の原則を守り、矯正学校という制度を通

---

(29)　台湾の少年事件処理法及び少年法についての詳細は、劉作揖『少年事件処理法』三民書局（2010年）、蔡德輝＝楊士隆『少年犯罪―理論與實務』五南（2005年）参照。
(30)　李茂生「台湾における少年司法と矯正制度に関する試み」『矯正講座』第29巻（2009年）92-93頁。

して、収容を伴う保護処分と自由刑との間の差をなくすことを目指していた。また、新制度は審判非公開の原則を固持した。

　台湾は、「少年」を12歳以上18歳未満としているが、7歳以上12歳未満の「児童」も少年保護事件の対象となる。対象少年としては、14歳以上18歳未満で罪を犯した犯罪少年、12歳以上18歳未満の刑罰法令に触れる行為をした少年と7歳以上12歳未満の刑罰法令に触れる行為をした児童を対象とする触法少年、12歳以上18歳未満で虞犯事由があり、その性格又は環境に照らして犯罪・触法行為をする虞がある虞犯少年の3つに大別できる。

　少年事件は、少年裁判所が担当し、受理した少年事件について、少年調査官と調査をし、調査の結果、審判に付す必要がない場合には転向送致決定として、①少年福祉機関・教育機関送致（補導委託）、②少年の法定代理人・保護者に引き渡しその訓育に付す、③訓戒の処分を少年調査官が執行する。審判開始後は、少年裁判所先議主義が採用されているため、少年裁判所への移送が義務付けられ、少年犯罪に対する訴追・処罰は検察官送致された事件に限定されている。検察官送致は、犯行時14歳以上の少年が、重罪若しくは犯罪の情状が重大で少年の品行、性格、経歴等を考慮し刑事処分相当な場合になされる。少年審判は原則非公開だが、少年の刑事公判も非公開とすることができる。終局決定としては、保護処分、不審理決定、不処分決定等がある。少年に対する処遇等には、①収容処分、②保護処分、③感化教育、④刑事処分、⑤児童の処分等がある。

　台湾の少年司法は、少年裁判所への全件移送や少年裁判所先議、逆送事件の刑事裁判も少年裁判所が扱い、保護から刑罰まで一貫して少年専門の調査官・裁判官が関与し、少年刑務所でも少年院同様の教育重視の処遇が行われている等保護教育主義が徹底されている。この点では、日本よりも保護主義よりの制度であるといえるが、上述の全件移送、少年裁判所先議、少年法の理念、審判非公開の原則、虞犯少年にも法律を適用する等、韓国の制度よりも日本の制度に近い印象を受ける[31]。

　したがって、韓国同様、台湾も日本との共通点が多いとして、三国を併せてアジア型を確立すべきだと考える。形式的には、検察官先議を採用している韓国のみ、日本と台湾とは異なるように思われるかもしれないが、韓国では、実際に起訴されるケースは少なく、不起訴若しくは少年部送致が多いた

め、実際は、保護処分寄りの制度であるとするならば、検察官先議を採る韓国がやや刑事処分寄りで、保護教育主義が徹底されている台湾が保護処分寄りであり、日本はその中間に位置する構図が浮かび上がる。以上のことから、改めてアジア型を提唱したいと思う。

第5節　諸外国と日本との比較

　以上、4つの形態を説明してきたが、これ以外にも、オーストラリア、ニュージーランド、カナダ等では、少年司法や刑事司法制度に代わり、修復的司法の実践が行われているため、もはや英米型に属するとはいえず、形態の分類も困難である。
　上記では、諸外国の少年矯正制度を概観してきたが、現在、日本の少年矯正は厳罰化傾向にある[32]。それは、1970年代のアメリカが厳罰化への一途を辿っていた状況に類似している。しかし、現在、アメリカは厳罰化からの転換を図っている。今後、日本が進むべき道を示しているような内容のため、最後にアメリカの現状を紹介し、日本との比較を試みたいと思う。

第1項　近年のアメリカの動向について（移送法（Transfer Law）を中心に）

　2000年以降、日本では、4度に渡り少年法改正が行われ、近年、少年院法及び少年鑑別所法も新たに制定された。しかしながら、議員立法による少年

---

(31)　廣瀬健二「台湾の刑事・少年法制について」『司法法制部季報』第136号（2014年）15-31頁。
　　　廣瀬健二「海外少年司法制度(2)―台湾の刑事・少年法制について―」『立教法務研究』第8号（2015年）17-59頁。
　　　李・前掲論文・91-97頁。
(32)　「厳罰化」という用語に関して、わが国の状況は、厳密にいえば、少年を刑事手続に乗せる検察官送致件数は増加していないため、「厳罰化」よりは「重罰化」という用語が適切かと思うが、少年審判の刑事裁判化あるいは刑事処分年齢の引き下げや有期刑の上限引き上げ等による重罰化という点では、1980年代から90年代にかけて、少年司法の刑事裁判化や審判手続の公開が盛んに議論され、厳罰主義が顕著になったアメリカの状況と類似しているように思われる。

法改正は、現場の意見が反映されておらず、制度が成立したにもかかわらず、適用事例が全くないというような状況を生み出している。そこで、本著は、1980年代から90年代にかけて厳罰化政策の一環としてアメリカで急速に普及した移送法（Transfer Law）と呼ばれる制度に着目し、少年を成人として扱う移送法が再犯防止に有益であるか否かを検証した上で、過渡期にある日本の少年矯正と比較検討し、今後、日本の少年矯正がどのように進むべきかという指針について論じるものである。

　近年、日本では、度重なる低年齢の少年による重大犯罪の発生を契機として、少年法が議員立法によって幾度となく改正されてきた。現在、日本の少年司法制度では、事件発生後、すべてを家庭裁判所へ送致する全件送致主義が採られており、14歳以上で重大犯罪を犯した者は、家庭裁判所から検察官へ送致し、刑事事件に付すことができるとされている。少年法改正により、刑事処分年齢が16歳から14歳へ引き下げられ、14歳の少年に刑事処分を科すことができるようになったというのは、ある意味、厳罰化傾向にあるといえる。また、刑事処分年齢が引き下げられた結果、14歳で刑事処分が確定した場合、義務教育と作業との観点から、16歳に達するまでは少年院に収容されるのだが、これは、刑事処分と保護処分の区別が不明瞭になっているのではないだろうか。さらに、2007年の少年院法改正では、14歳未満の少年、すなわち「おおむね12歳」以上の少年を少年院に収容できることとなったが、未だ適用事例はなく、法律の空洞化を招いているといえる。少年法改正の影響は、少年院だけではなく、少年刑務所と少年院との境界線、さらには、観護措置の延長によって少年鑑別所が少年院と重複した内容の処遇を実施するという点で、少年鑑別所と少年院との境界線までをも曖昧にし、少年矯正全体の整合性が取れていないという状況を生み出しているといえる。昨今の改正は、凶悪重大事件が発生するとすぐに世論に同調し、実務の現状を考えずに法律の制定がなされるため、現場を混乱させているのではないだろうか。

　このような混乱の最中、法務省が有識者会議で少年院法の見直しを進めていた。繰り返しになるが、少年法の改正により、少年院と少年刑務所、少年院と少年鑑別所の業務が重複し、境界線が曖昧になりつつある日本の現状は、厳罰化の流れから、少年裁判所と刑事裁判所の管轄権が曖昧になり、少年を

成人として扱う移送法と共通している点があったと考えられる。
　したがって、厳罰化傾向にあり、それぞれの機関の役割が重複している日本が、今後、どのような少年矯正を実施していくべきかを考える上で、アメリカが実施してきた厳罰化政策の1つであり、少年を成人として扱う移送法を検証することは有益であると思う。

(1)　移送法の概要

　以下、OJJDP（Office of Juvenile Justice and Delinquency Prevention）の『National Report Series』を中心に説明したいと思う[33]。
　アメリカは、1980年頃から、少年裁判所制度に対して、現行の制度は少年の保護が強調され過ぎて治安維持が軽視されているため、少年の保護よりも制裁の強化を重視すべきであるという批判がなされるようになった。これを受け、各州において、重大犯罪の統制に主眼を置く強圧政策（get tough policy）への転換が起こり、1980年代になると連邦政府もこの政策に呼応し、各州議会は、少年に対する制裁の強化を目的とする法改正を進めることとなった[34]。その少年に対する制裁強化の一環として制定されたのが、移送法である。
　アメリカには、我が国における単一の少年司法制度は存在せず、50の州とコロンビア特別区の51の法域から成り立っており、それぞれの法域において、別個の制度が確立している。但し、いずれの法域においても、少年裁判所を設置し、成人に対する司法制度とは異なる少年司法制度を設けている。
　少年裁判所が管轄する事件には、成人が行えば犯罪となる非行事件のほかに、少年固有の家出等の不良行為事件が含まれる。本来、少年裁判所に管轄権がある非行事件における非行少年の年齢の上限は、2016年現在、法域を15歳とするのが2州、16歳とするのが7州、17歳とするのが42州である[35]。また、非行少年の年齢の下限について定める州は16州あり、その内訳は、

---

(33) Patrick Griffin, Sean Addie, Benjamin Adams, and Kathy Firestine, "Trying Juveniles as adults: An Analysis of State Transfer Laws and Reporting", *Juvenile Offenders and Victims: National Report Series*, NCJ232434, 2011, p. 1-28.
(34) 安藤美和子＝松田美智子＝立谷隆司「アメリカにおける少年非行の動向と少年司法制度」『法務総合研究所研究部報告―諸外国における少年非行の動向と少年法制に関する研究』第5号（1999年）11頁。

法域を 6 歳とするのが 1 州、7 歳とするのが 3 州、8 歳とするのが 1 州、10 歳とするのが 11 州である[36]。

しかしながら、上述したように少年に対する制裁の強化が進み、非行少年に対する少年裁判所の管轄を縮小し、刑事裁判所において刑罰を科す範囲を拡大する制度が、すべての州において制定された[37]。これが、移送法である。すなわち、表 -1 のような少年裁判所の法域があるにもかかわらず、**表 -2** を見ると、州によっては、10 歳から刑事裁判手続の対象としており、少年を成人として処理する制度が存在しているのである[38]。

移送法は、大別すると、3 つのカテゴリーに分類される。まず第 1 に、少年裁判所裁判官がその管轄権を放棄して、刑事裁判所への移送を行うか否かを決定する管轄権放棄（judicial waiver）がある。この管轄権放棄は、刑事訴追に始まり、少年裁判所が管轄権を放棄することを許すものであり、聴聞を経た上で、少年裁判所裁判官の承認を得て行われる。たとえ、すべての州が最小限の基準を設定していても、通常、管轄権放棄の決定は、少年裁判所裁判官の裁量でなされる。この管轄権放棄については、さらに①裁量によって実施されるもの（Discretionary）、②推定により実施されるもの（Presumptive）[39]、③強制的に実施されるもの（Mandatory）がある。

---

(35) OJJDP "Upper age of original juvenile court jurisdiction, 2016: jurisdictional boundaries" (https://www.ojjdp.gov/ojstatbb/structure_process/qa04101.asp) 参照。
2011 年と比較すると、法域を 16 歳とする州が 4 州減少し、17 歳とする州が 4 州増え、42 州となった。このことからも厳罰化からの転換が見て取れる。
(36) 法務省法務総合研究所編『平成 17 年犯罪白書』国立印刷局（2005 年）399 頁。
OJJDP, "Upper and lower age of juvenile court delinquency and status offense jurisdiction, 2016" (http://www.ojjdp.gov/ojstatbb/structure_process/qa04102.asp) によると、下限の内訳は、6 歳とする州はノースカロライナ、7 歳とする州はメリーランド、マサチューセッツ、ニューヨーク、コネチカット、8 歳とする州はアリゾナ、10 歳とする州はアーカンソー、コロラド、カンザス、ルイジアナ、ミネソタ、ミシシッピ、ペンシルヴェニア、サウスダコタ、テキサス、バーモント、ウィスコンシンである。
(37) Benjamin Adams, Sean Addie, "Delinquency Cases Waived to Criminal Court, 2005", *OJJDP FACT SHEET*, NCJ224539, 2009, p. 1.
(38) 2009 年度と 2016 年度の移送可能年齢と比較すると、2016 年度の方が移送可能年齢と定める州と、年齢を引き上げた州が増加している。2009 年度に関しては、Jeff Slowikowski, "Trying Juveniles as adults: An Analysis of State Transfer Laws and Reporting", *Juvenile Offenders and Victims: National Report Series*, NCJ232432, 2011. p. 4. 参照。
(39) 推定に基づく管轄権放棄の立証責任を少年に課す方向へシフトしているようである。

表-1　それぞれの州における少年裁判所の法域（年齢の上限）

年齢	州
15歳	ニューヨーク、ノース・カロライナ
16歳	ジョージア、ルイジアナ、ミシガン、ミズーリ、サウス・カロライナ、テキサス、ウィスコンシン
17歳	アラバマ、アラスカ、アリゾナ、アーカンソー、カリフォルニア、コロラド、デラウェア、コロンビア特別区、フロリダ、ハワイ、アイダホ、インディアナ、アイオワ、カンザス、ケンタッキー、メーン、メリーランド、ミネソタ、ミシシッピ、モンタナ、ネブラスカ、ネヴァダ、ニュー・ジャージー、ニュー・メキシコ、ノース・ダコタ、オハイオ、オクラホマ、オレゴン、ペンシルヴェニア、ロード・アイランド、サウス・ダコタ、テネシー、ユタ、バーモント、ヴァージニア、ワシントン、ウェスト・ヴァージニア、ワイオミング、コネチカット、イリノイ、マサチューセッツ、ニュー・ハンプシャー

資料源：OJJDP "Upper age of original juvenile court jurisdiction, 2016"
（http://www.ojjdp.gov/ojstatbb/structure_process/qa04101.asp）を基に筆者改変。

　次に、第2の分類として、一定の種類の事件につき、少年裁判所と刑事裁判所との競合管轄権を認めて、検察官がいずれの裁判所に訴追するかを決定する検察官裁量（prosecutorial discretion）[40]、又は競合管轄（concurrent jurisdiction）と呼ばれるものがある。これは、少年裁判所あるいは刑事裁判所のいずれかに訴追することを決定するものであり、第1の管轄権放棄とは異なり、聴聞は開かれず、検察官にその決定が委ねられている。

　第3の分類は、一定の種類の少年や犯罪を少年裁判所の管轄から除外し、成人と同様に刑事裁判所の管轄とする立法による少年裁判所管轄権からの排除、すなわち、制定法上の排除（statutory exclusion）と呼ばれるものである。制定法上の排除とは、刑事裁判所に一定の種類（年齢を含む）の少年や犯罪を超えた専属的管轄権を与えることである。したがって、もし、事件が、制定法上の排除の範囲内にあるならば、刑事裁判所へ移送されなければならないのである。

　すべての州が、3つの分類のうち、少なくとも1つを採用しており、3つの形態を組み合わせて採用している州もある。また、多くの州は、3つの移

---

(40) 法務総合研究所編・前掲書・399頁によると、prosecutorial discretion を検察官先議（direct file）と翻訳している。

表-2 管轄権放棄における刑事裁判所への移送可能年齢

州	あらゆる刑事犯罪	一定の重罪	死刑に値する重罪	殺人	一定の対人犯罪	一定の財産犯罪	一定の薬物犯罪	一定の武器に関する犯罪
アラバマ	14歳							
アラスカ	NS	NS			NS			
アリゾナ		NS						
アーカンソー		14歳	14歳	14歳	14歳			14歳
カリフォルニア	14歳	14歳		14歳	14歳	14歳	14歳	14歳
コロラド		12歳		12歳	12歳	12歳		
デラウェア	NS	14歳						
コロンビア特別区	15歳	15歳		15歳	15歳	15歳		NS
フロリダ	14歳							
ジョージア		15歳	13歳		13歳			
ハワイ		14歳		NS				
アイダホ	14歳	NS		NS	NS	NS	NS	
イリノイ	13歳	15歳						
インディアナ		NS		12歳			16歳	
アイオワ	12歳	10歳						
カンザス	14歳							
ケンタッキー		14歳	14歳					
ルイジアナ				14歳	14歳			
メーン		NS		NS	NS	NS		
メリーランド	15歳		NS					
ミシガン		14歳						
ミネソタ		14歳						
ミシシッピ	13歳							
ミズーリ		12歳						
ネブラスカ	16歳	14歳						
ネヴァダ	16歳	14歳		13歳	16歳			
ニュー・ハンプシャー	15歳	15歳		13歳	13歳			
ニュー・ジャージー	15歳	15歳		15歳	15歳	15歳	15歳	15歳
ノース・カロライナ		13歳	13歳					
ノース・ダコタ	14歳	14歳		14歳	14歳	14歳		
オハイオ		14歳		14歳	16歳	16歳		
オクラホマ		NS						
オレゴン	15歳	15歳		NS	NS	15歳		

州							
ペンシルヴェニア		14歳					
ロード・アイランド	NS	16歳	NS				
サウス・カリフォルニア	16歳	14歳		NS	NS		14歳	14歳
サウス・ダコタ		NS					
テネシー		16歳		NS	NS		
テキサス		14歳	14歳			14歳	
ユタ		14歳					
バーモント				10歳	10歳	10歳	
ヴァージニア		14歳					
ワシントン	NS						
ウェスト・ヴァージニア		NS		NS	NS	NS	NS	NS
ウィスコンシン	15歳	14歳		14歳		14歳	14歳
ワイオミング	13歳						

資料源：OJJDP "Judicial waiver offense and minimum age criteria, 2016" (https://www.ojjdp.gov/ojstatbb/structure_process/qa04110.asp?qaDate=2016&text=yes&maplink=link1).
注：「NS」とは、そのカテゴリー内の犯罪に対しては、年齢制限がないことを意味している。

送法以外にも①刑事裁判所から少年裁判所に少年を移送する制度（reverse waiver）、②少年裁判所が少年に刑罰を科すことができる（juvenile blended sentencing）、あるいは、刑事裁判所が少年にしか科することのできない処分を科すことができる制度（criminal blended sentencing）、③今回の犯罪の重大性は関係なく、過去において起訴された少年の刑事訴追の要求を排除する制度（once adult/always adult）がある[41]。

このように、少年裁判所が少年を刑事裁判所へ移送する制度が成立して以来、徐々にその内容が多様化し、刑事裁判所が刑罰ではなく、保護処分を科す等の境界線が曖昧な制度へと変わりつつあった。そのため、少年司法制度の刑事司法化の動きは、少年裁判所の廃止の可能性に関する議論を巻き起こしたのである。この点に関しては、現在の日本における、少年院と少年刑務所及び少年院と少年鑑別所の関係において、いずれ同じような議論がなされるのではないかと考える。

---

(41) Patrick Griffin, Sean Addie, Benjamin Adams, and Kathy Firestine, ibid., p. 2.
　　法務総合研究所編・前掲書・399頁。
　　安藤＝松田＝立谷・前掲書・11頁。

(2) 移送法の現状及び効果

① 移送法の現状

移送法の現状について言及するが、移送法が少年司法全体でどれぐらい適用されているのかという全体像を捉えるために、まずは、少年の逮捕率について少しだけ触れたいと思う。2008年の統計によると、アメリカでは、約211万人にも及ぶ18歳未満の少年が逮捕されている。最近の傾向としては、逮捕率は全体的に減少傾向にあるが、依然として高い数値を示している。罪名別にみると、殺人、強姦、加重暴行、自動車窃盗、放火は減少傾向にあるが、強盗、住居侵入窃盗、窃盗等の財産犯は、2004年から2006年頃から緩やかに上昇しているため、不況のあおりを受けていると考えられる[42]。

移送法は、1970年以前に誕生し、多くの州が1980年代から90年代にかけて採用した制度である。最も多くの州が採用している形態は、管轄権放棄の制度であり、適用件数が13,100と1994年にピークを迎えた後、2007年には8,500と減少傾向にある。先述した逮捕率は211万人であり、2007年の管轄権放棄の適用ケースは8,500ということから、1％にも満たない適用事例しかないと結論付けることができる。しかしながら、日本の数値からすれば、成人として扱われる少年が8,500人も存在するというのは、考えられない状況である。管轄権放棄の適用が減少している要因は、暴力犯罪の減少による放棄の必要性が減少したこと及び管轄権放棄に代わる検察官裁量等の新しいメカニズムの台頭にあるとされている[43]。

その他、検察官裁量あるいは競合管轄に関しては、15州が採用しており、制定法上の排除を採用しているのは29州、刑事裁判所から少年裁判所に少年を移送する制度に関しては24州、少年裁判所が少年に刑罰を科すことができる制度の採用が14州、刑事裁判所が保護処分を科すことができる制度を採用しているのが18州、過去において起訴された少年の刑事訴追の要求を排除する制度を採用しているのが34州となっている[44]。

---

(42) Charles Puzzanchera, "Juvenile Arrests 2008", *OJJDP JUVENILE JUSTICE BULLETIN*, NCJ228479, 2009, pp. 6-7. 2016年のOJJDPの統計では、18歳未満の少年の逮捕者数は、約85万6千人である。罪名に関しては、自動車窃盗、横領が増加傾向にある。
(43) Patrick Griffin, Sean Addie, Benjamin Adams, and Kathy Firestine, ibid., p. 10.
(44) Patrick Griffin, Sean Addie, Benjamin Adams, and Kathy Firestine, ibid., p. 3.

移送法の特徴としては、2008年の統計によると、61％が対人犯罪であり、23％が財産犯罪、9％が薬物犯罪、5％が公共の秩序に関する犯罪となっている。これは、少々古いものであるが、より詳細なデータが記載されている2005年の統計と同じであり、以下では、この2005年のデータに基づいて考察することとする。対人犯罪に関しては、1985年からピークであった1994年の間に129％増加し、その後、2005年までに36％減少した。次に、薬物犯罪については、ピークが1991年にあり、1985年と比較すると413％も増加しているとのことである。そして、ピーク時と2005年を比較すると、54％と激減している。財産犯罪と公共の秩序に関する犯罪は、1994年から減少傾向にあり、2005年と比較すると、前者は61％、後者は40％も減少している。性別については、1985年から2005年までの間に特に変化はなく、男性の割合が90％〜95％を推移している。移送の年齢に関しては、15歳未満が1985年には7％であったものが、1994年のピーク時には13％、2005年では15％と緩やかに割合が増加している。逆に、16歳以上は、1985年に93％であったものが、1994年には87％、2005年には85％とこちらは減少しており、両者を合わせて考えると、移送法適用の低年齢化が見られるといえる。人種については、さほど変化はなく、白人が55〜59％を推移し、黒人は40％前後、他の人種が5％未満となっている[45]。刑期に関しては、暴力犯罪で有罪判決を受けて移送された少年は、少年裁判所で同様の犯罪により有罪判決を言い渡された少年より刑期が長く、刑務所に収容された少年の78％が21歳の誕生日前に刑務所から釈放され、25歳の誕生日までには95％が釈放される。刑期の平均は、約2年である[46]。

次に、最新の情報として、全州からの報告はないが、報告がなされた13州を中心に言及したいと思う。まず、2003年から2008年における年間の平均移送の割合は、少年10万人につき、フロリダが最も高く、約165人、次いで、オレゴンが約96人、アリゾナが約84人、テネシーが約43人、モンタナが約42人、カンザスが約25人、ワシントン、ミズーリ及びカリフォルニアが約21人、オハイオが約20人、ミシガンが約12人、テキサスが約9

---

(45) Benjamin Adams, Sean Addie, ibid., p. 2.
(46) Richard E. Redding, "Juvenile Transfer Laws: An Effective Deterrent to Delinquency?", *OJJDP JUVENILE JUSTICE BULLETIN*, NCJ220595, 2010, p. 1.

人、ノース・カロライナが約7人の順となっている。罪名別では、対人犯罪が最も高い割合を占めており、カリフォルニアでは65％、アリゾナは60％、フロリダは44％、財産犯罪に関しては、フロリダの31％が最も高く、アリゾナの25％、カリフォルニアの15％と続き、薬物犯罪では、フロリダが11％、アリゾナが6％、カリフォルニアが4％となっている。人口統計的には、移送の大部分が17歳であり、その割合はフロリダで65％、カリフォルニアでは56％、アリゾナでは55％であった。人種に関しては、フロリダでは、黒人が54％、白人が29％、ヒスパニックが12％であったが、アリゾナやカリフォルニアではヒスパニックが大部分を占めており、アリゾナでは57％、カリフォルニアでは56％と、人種については地域差が激しいようである[47]。

以上から、移送法の適用は全体として減少傾向にあり、その特徴として、対人犯罪と財産犯罪で8割前後を占めており、年齢に関しては、低年齢化が進んでいることが窺え、人種については、法域ごとに異なり、刑期に関しては、少年裁判所で有罪判決を言い渡された少年よりも長期化傾向にあるということが挙げられる。

② 移送法の効果

移送法の効果を検証するに当たっては、少年非行にどれほどの抑止効果があるかということが目安とされるが、これでは基準が不明確なため、多くの研究は、再逮捕率や再犯率を基準としているようである。

少年犯罪者を刑事裁判所へ移送するという国家政策は、成人の刑罰が少年犯罪の抑止として作用するという仮定に基づいたものである。特別予防の観点、言い換えれば、少年犯罪者を成人として扱い刑に処すことは、彼らの再犯の可能性を減少させるであろうか否かという観点であるが、6つの大規模研究において、少年裁判所の少年と比較したところ、刑事裁判所において暴力犯罪で有罪判決を下された少年の再犯率がより高いことが判明し、移送法に特別予防的効果はないと結論付けられている。その主たる根拠となった研究として、刑事裁判で強盗として審理された少年の再逮捕率は91％であったのに対して、少年裁判所で強盗とされた者の再逮捕率は73％であったという研究や、OJJDPの研究がある。OJJDPの研究とは、①少年裁判所で審

---

(47) Patrick Griffin, Sean Addie, Benjamin Adams, and Kathy Firestine, ibid., pp. 18-19.

理された少年による再犯率は35％であったのに対し、移送された犯罪者の49％が再犯を犯していた、②暴力犯罪に関して、移送された者の24％が再犯を犯したのに対し、少年裁判所の者は16％であった、③薬物犯罪については、移送された者の再犯率は11％、少年裁判所の者は9％、④財産犯罪に関しては、移送された犯罪者の再犯率は14％、少年裁判所の犯罪者は10％という結果が導き出されており、これらから移送法における特別予防の効果はないという結論に至ったというものである[48]。

　他方、一般予防の観点、すなわち、移送法は少年犯罪者になるつもりの人を防止できたか否かという観点からは、検証結果が明らかではない。なぜならば、6つの研究のうち、一般予防の効果があるという結論を導き出した研究が存在したからである。しかしながら、実証的研究の大部分が、移送法には一般予防効果はほとんどない、若しくは全くないと主張している[49]。

　では、なぜ、成人として審理された少年の再犯率が高くなるのかということに関して、4つの理由が考えられるとしている。すなわち、①重罪として有罪判決が下った少年としてのスティグマとラベル付けによる他のネガティブな影響があること、②少年が、成人として審理され、刑罰を科されたことについて感じる憤慨と不公平感の増大、③成人の犯罪者と一緒に収容されている間により多くの犯罪行為を学ぶこと、④成人のシステムにおける社会復帰支援と家族のサポートの減少が主な要因として列挙されている。ほかにも、重罪の言渡しを受けたことは、市民権や特権の損失に繋がり、さらに、雇用の機会を減少させたり、コミュニティへの再統合を妨げることが、高い再犯率へと繋がる理由であると記されている[50]。

(3) 日本の少年司法制度との比較

　移送法は、厳罰化の要請により需要が高まった法律であり、少年を成人として審理する制度であった。しかし、移送法は、犯罪者というレッテル貼り、

---

(48) Richard E. Redding, ibid., pp. 4-5.
　　　Jodi. K. Olson, "Waiver of Juveniles to CriminalCourt: Judicial Discretion and Racial Disparity", *Justice Policy Journal*, vol. 2, No. 1, 2005, pp. 17-18.
(49) Richard E. Redding, ibid., p. 2.
(50) Richard E. Redding, ibid., p. 7.

刑事裁判所に付されたという不公平感の増大、悪風感染、社会復帰のためのサポートの形骸化、家族関係の希薄化、雇用の機会の喪失及びコミュニティへの再統合が困難という理由から、抑止効果がなかったと結論付けられている。必ずしも日本と全く同じであるとはいえないが、厳罰化の流れという点では共通しており、さらに、少年を成人として扱うという点は、日本から見れば行き過ぎではあるが、日本でも小学生を少年院へ収容できることになり、中学生の少年を刑事処分に付すことが可能になったという点では、類似しているように思われる。以下、少年法及び少年院法を通して、移送法との比較を試みたいと思う。

まず、日本の少年法は、第1条において、少年法の目的と少年審判の基本的性格を規定しており、この点から、少年審判と刑事裁判は異なるとの解釈が導き出される。しかし、2000年の少年法改正以降、裁定合議制や検察官関与、国選付添人制度等、少年法の理念を忘れて少年審判の刑事裁判化が進んでいるように感じる。他にも、被害者を尊重するという観点から実施されている少年審判の公開についても出発点は異なるが、少年側から見れば、刑事裁判化しているといえ、移送法に類似点を見出すことができる。

また、少年院法改正の方向性として、①被収容少年の権利義務や職員の権限に関する規定を設けること、②矯正教育、資質鑑別等の内容・方法に関する規定の明確化、③社会情勢や行政需要の変化に対応した規定の必要性が打ち出されていたが[51]、監獄法改正と同様の動きが見られ、移送法から少年を成人として扱うことの弊害を学習した筆者としては、矯正教育を行う場所である少年院において、成人と類似の条文が設けられることには、少々、抵抗がある。その理由は、受刑者がなぜ刑務所に収容されているのかを忘れ、義務を果たさず不服申立制度を使用して権利ばかりを主張するという事態が起きていると聞いているため、少年院で権利義務の規定を設けて不服申立てを行った場合、不服申立ての効力が矯正教育にまで及ぶとなると、矯正教育が進まなければ、収容継続となる恐れがあり、これでは少年の出院が遅れるため、権利を主張することによって少年法の理念である健全育成・社会復帰

---

(51) 大口康郎「矯正局における少年院法勉強会の活動について」『刑政』第120巻第12号（2009年）16-20頁。

を妨げるというジレンマに陥る可能性があるからである。したがって、収容期間が短く、成人とは異なり、矯正教育を受ける必要がある少年に対しては、成人の不服申立制度とは異なる制度を設ける必要があると考える。これに類似した問題としては、少年鑑別所における弁護士の問題がある。刑事事件と少年審判は性格が異なるが、国選付添人制度が制定されて以来、少年鑑別所に赴いた弁護士が少年に黙秘を指示するケースがあり、このような場合、少年に対する鑑別が進まなくなるため、少年法改正による観護措置の延長がネックとなり、本来必要がない少年に対しても最長 8 週間まで鑑別期間が延長される危険性があるのである。これらも少年に対する早期の社会復帰を妨げることになり得るので、刑事裁判化している弊害といえるのではないだろうか。

次に、移送法で少年を成人として扱うという点においては、日本における検察官送致と刑事処分年齢が問題になってくると考える。最近の少年事件は、犯行自体は凶悪であるように思えるが、事件を犯した理由を聞くと「死刑にしてほしいから他人を殺害する」、「悪口を言われたから殺害する」等、短絡的犯行が多く、これは逆に精神面が未熟であるが故に引き起こされた事件ではないかと考える。それならば、移送法から、少年を成人として扱うことが必ずしも犯罪予防や再犯防止に有効ではないということを学んだ今、触法少年を少年院に収容することや 16 歳未満を刑事処分に付すことは、移送法の枠組みとは少々異なるが、少年の教育にはマイナスとなるように思われる。それゆえ、触法少年を少年院に入れて矯正教育を実施するよりも、家庭的雰囲気のある児童自立支援施設で教育し、法律上は刑事処分に付すべき 16 歳未満の者はなるべく少年院に送致した方が、移送法の弊害を回避できるのではないかと考える。

以上、移送法や近年の少年法改正から学ぶべきことは、小手先だけの改正や厳罰化の方向へ進むのではなく、社会復帰を見据えた処遇の充実と帰住先の確保こそが最も効果的な再犯防止策ではないかということである。

少年法や少年院法改正による弊害について詳細を説明するまでには至らなかったが、少年鑑別所、少年院、少年刑務所の役割を再考し、それぞれの業務が重複しないように協働し、これからは施設間だけではなく、少年鑑別所は今までに蓄えたノウハウを近隣の学校へ教授し、少年院は管轄が異なる児

童自立支援施設との連携を深め、少年刑務所は保護観察所との連携は勿論のこと、雇用の機会をいかに確保するか等を考え、再犯予防だけではなく、地域との連携により犯罪防止へ資するような政策を打ち出すことが、社会全体の犯罪減少へ貢献することになるのではないだろうか。そのためには、今後も我が国の参考になるような諸外国の法制度を調査し、我が国の少年矯正がどのような方向へ進んでいくのかについて研究すべきである。

第2項　移送法のさらなる進展について

　我が国の少年法は、度々改正がなされているが、その内容を見る限り、少年の立場からなされたものというよりは、犯罪被害者や世論を受けて改正がなされているように思われる。その結果、少年法の理念からかけ離れ、徐々に厳罰化へ進んでいるような感が否めない。1980年代後半から、アメリカでは現在の日本と同様の動きが見られ、今もその動向は続いていると信じられているが、実際には、現在のアメリカでは、少年司法における厳罰主義に歯止めがかかり、その厳罰化からの転換の動向は、特に諸州における州法の改正という形を取って顕著に現れている。

　そこで、アメリカ少年司法制度の経緯を概観し、この新動向について主に各州の傾向を詳細に検討した上で、今後の日本の少年司法制度の在り方について論じる。

　近年、我が国では、少年法が頻繁に改正され、国会に少年院法案及び少年鑑別所法案が提出され、2014年に成立、公布された。我が国の少年法は、第1条において、少年法の目的と少年審判の基本的性格を規定しており、少年審判と刑事裁判は異なるとの解釈が導き出される。しかし、2000年の少年法改正以降、裁定合議制、検察官関与及び国選付添人制度等、少年法の理念を忘れて少年審判の刑事裁判化が進んでいるように思われる。また、被害者感情を尊重した少年審判の公開についても、運用状況を見る限り、傍聴の申出があった事件に対して約9割の事件に許可がなされており、「少年の健全育成を妨げるおそれがなく相当と認めるとき」という文言にかからない場合に許可されるとしても、少年法は審判に関して原則非公開としていることなどからしても、その理念に反していると解すことができ、少年側から見れ

ば、刑事裁判化しているといえる[52]。

　この状況は、1980年代から90年代にかけて、少年司法の刑事裁判化や審判手続の公開が盛んに議論され、厳罰主義が顕著になったアメリカの状況と類似している。しかしながら、現在のアメリカでは、少年司法における厳罰主義に歯止めがかかり、その厳罰化からの転換は、特に諸州における州法の改正という形で現れている。そこで、アメリカが実施してきた厳罰化政策の1つであり、少年を成人として扱う移送法の検証、及び2005年より活発化している成人として少年を扱う移送法への反対運動、すなわち、1980年代より盛んであった"get tough"又は"tough on crime"から"smart on crime"への転換[53]について検証することは、今後の日本の少年矯正にとって有益であると考えられる。

(1) アメリカにおける少年司法制度の厳罰化（4つの転換期）

　アメリカの少年司法制度は、1899年に設置されたイリノイ少年裁判所を起源とし、4つの転換期に分けられるというのが最近の見解である[**図-1**][54]。

　すなわち、第1波は、1899年から1960年代のパレンス・パトリエを理念とする時代、第2波は、1960年代から1980年代における少年に対して憲法上の保障が与えられた時代、第3波は、1980年代から1990年代における厳罰主義の時代、第4波は、2000年以降における厳罰化からの転換の時代である。

　第1波における少年司法制度は、国家が親の代わりに保護・教育をするという国親思想（パレンス・パトリエ）を基礎理念とし、少年の犯罪に対しては、処罰ではなく、少年の保護と更生を目的とする処遇が重視され、犯罪少年だ

---

(52)　最高裁判所事務総局家庭局『平成20年改正少年法の運用の概況（平成20年12月15日から平成23年12月31日）』2頁（http://www.courts.go.jp/vcms_lf/240326gaikyou.pdf）。

(53)　2005年以降、州法の改革が促進され、5年間で15州が何らかの改革を実行し、現在、9州が改革を進行中とのことである。

(54)　Giudi Weiss, *The Fourth Wave: Juvenile Justice Reforms for the Twenty-First Century*. 2013., p. 3, pp. 11-13.（http://www.publicinterestprojects.org/wp-content/uploads/2013/09/The-Fourth-Wave-Long.pdf）参照。
Donna M. Bishop and Barry C. Feld, "Trends in Juvenile Justice Policy and Practice", *The Oxford Handbook of Juvenile Crime and Juvenile Justice*, New York: Oxford University Press, 2012., pp. 899-907.

図-1 少年司法改革における4つの波

① 1899年から20世紀初期：個別化された処遇と社会復帰
② 1960年代：適正手続の保障
③ 1990年代：厳罰主義の巻き返し
④ 2000年以降：公共の安全、アカウンタビリティ、
　　　　　　　少年にとってプラスの結果（positive outcomes for youths）

資料源：Giudi Weiss, *The Fourth Wave: A Brief Look at Juvenile Justice Reforms for the Twenty-First Century*, 2013. p. 3.〈http://www.publicinterestprojects.org/wp-content/uploads/2013/09/The-Fourth-Wave-Short.pdf〉

けでなく、虞犯少年及び要保護少年に対して管轄権を持ち、少年審判の手続は、非形式的で柔軟な手続によって行われ、刑事裁判における対審構造、証拠法則などの厳格な手続は重視されないという職権主義的な少年審判手続が行われた[55]。

しかし、第2波の始まりである1960年代に入ると、少年犯罪の増加や少年に対する適正手続に関する批判がなされ始め、連邦最高裁判所において、少年司法手続に関する憲法判断が判示された後、少年司法制度の改正が実施された。その契機となった事件として、1966年の「ケント事件判決」がある。この事件は、連邦最高裁判所が、少年裁判所は少年事件の管轄権を放棄し、事件を通常の刑事事件として刑事裁判所で審判させるためには、少年に弁護人選任権を保障し、弁護人に当該少年の社会記録やプロベーション記録などを閲覧する機会を与え、終局判決の理由を明らかにしなければならないとし、この手続は、刑事事件の審理や通常の行政聴聞と全く同様である必要はないが、適正手続と公正な処遇の本質に適合するものでなくてはならないと判示したものである。そして、1967年の「ゴールト事件判決」では、少年手続においても、刑事裁判同様、被疑事実の告知、弁護人選任権、証人との対質権・反対尋問権、黙秘権等が保障されるべきであると判示し、1970年の「ウィンシップ事件判決」では、少年の非行事実認定に関しても、成人の刑事事件同様、「合理的な疑いを超える証明」が必要であると判示した。そのため、少年裁判所の犯罪少年、虞犯少年及び要保護少年に対する管轄権の点は維持

---

(55) G. Larry Mays and Rick Ruddell, *Do the Crime, Do the Time*. California:Praeger, 2012, p. 24, pp. 117-122.

されつつも、その後、各州で、少年司法の非形式性が廃止されて、少年事件に適正手続の保障が認められることとなった[56]。

他方、第3波の1980年代後半から1990年代初期においては、少年の重大犯罪が増加し、少年裁判所制度に対して、現行の制度は少年の保護が強調され過ぎて治安維持が軽視されているため、少年の保護よりも制裁の強化を重視すべきであるという批判がなされるようになった。これを受け、各州において、重大犯罪の統制に主眼を置く強圧政策（get tough policy）への転換が起こり、連邦政府も呼応し、各州議会は少年に対する制裁の強化を目的とする法改正を進めることとなった[57]。その少年に対する制裁強化の一環として制定されたのが、移送法である。

繰り返しになるが、移送法は、大別すると、3つのカテゴリーに分類される。まず第1に、少年裁判所裁判官がその管轄権を放棄して、刑事裁判所への移送を行うか否かを決定する管轄権放棄（judicial waiver）がある[58]。第2の分類としては、一定の種類の事件につき、少年裁判所と刑事裁判所との競合管轄権を認めて、検察官がいずれの裁判所に訴追するかを決定する検察官裁量（prosecutorial discretion）又は競合管轄（concurrent jurisdiction）と呼ばれているものである[59]。第3の分類とは、一定の種類の少年や犯罪を少年裁判所の管轄から除外し、成人と同様に刑事裁判所の管轄とする立法による少年裁判所管轄権からの排除、すなわち、制定法上の排除（statutory exclusion）と呼ばれるものである[60]。すべての州が、3つの分類のうち、少

---

(56) 法務省法務総合研究所編『平成2年版 犯罪白書 第3編／第6章／第6節／2』（http://hakusyo1.moj.go.jp/jp/31/nfm/n_31_2_3_6_6_2.html）参照。

(57) Neelum Arya, "State Trends: Legislative Victories from 2005 to 2010 Removing Youth from the Adult Criminal Justice System", *Campaign for Youth Justice*, 2011, p. 3.
安藤＝松田＝立谷・前掲書・11頁。

(58) この管轄権放棄は、刑事訴追に始まり、少年裁判所が管轄権を放棄することを許すものであり、聴聞を経た上で、少年裁判所裁判官の承認を得て行われる。たとえ、すべての州が最小限の基準を設定していても、通常、管轄権放棄の決定は、少年裁判所裁判官の裁量でなされる。この管轄権放棄については、さらに①裁量によって実施されるもの（Discretionary）、②推定により実施されるもの（Presumptive）、③強制的に実施するもの（Mandatory）がある。
Patrick Griffin, Sean Addie, Benjamin Adams, and Kathy Firestine, ibid., p. 2.
安藤＝松田＝立谷・前掲書・11頁。

(59) これは、少年裁判所あるいは刑事裁判所のいずれに訴追するかを決定するものであり、第1の管轄権放棄とは異なり、聴聞は開かれず、検察官にその決定が委ねられている。

なくとも1つは採用しており、3つの形態を組み合わせて採用している州もある[61]。

このように、少年裁判所が少年を刑事裁判所へ移送する制度が成立して以来、少年を成人として扱う半面、徐々にその内容が多様化し、刑事裁判所が刑罰ではなく、保護処分を課す等の境界線が曖昧な制度へと変貌したのである。

その後、移送法に関する効果の検証が全米中で実施された結果、成人裁判所に少年を起訴する州法は、犯罪防止と再犯減少に効果がないとの結論に至った[62]。移送法は、厳罰化の要請により需要が高まった法律であり、少年を成人として審理する制度であった。しかし、移送法は、犯罪者というレッテル貼り、刑事裁判所に付されたという不公平感の増大、悪風感染、社会復帰のためのサポートの形骸化、家族関係の希薄化、雇用の機会の喪失及びコミュニティへの再統合が困難という理由から、抑止効果がなかったと結論付けられている。

その結果、州議会は少年司法政策を再検証し、少年犯罪と非行への取り組みを再び図り、少年犯罪の原因が、神経生物学的要因や心理社会的要因及び青年期の発達や能力に関係があるとの研究報告がなされ、最近の制定法は、少年と成人の犯罪者を区別し、少年裁判所の法域を元に戻す傾向にある。

以上のように、成人の刑事司法制度で少年を扱うことの弊害が立証された

---

(60) 制定法上の排除とは、刑事裁判所に一定の種類（年齢を含む）の少年や犯罪を超えた専属的管轄権を与えることである。したがって、もし、事件が、制定法上の排除の範囲内にあるならば、刑事裁判所へ移送されなければならないのである。

(61) また、多くの州は、3つの移送法以外にも①刑事裁判所から少年裁判所に少年を移送する制度（reverse waiver）、②少年裁判所が少年に刑罰を科すことができる（juvenile blended sentencing）、あるいは、刑事裁判所が少年にしか科すことのできない処分を科すことができる制度（criminal blended sentencing）、③今回の犯罪の重大性は関係なく、過去において起訴された少年の刑事訴追の要求を排除する制度（once adult/always adult）がある。
Charles Puzzanchera, ibid., pp. 6-7.

(62) 少年裁判所の少年と比較したところ、刑事裁判所において暴力犯罪で有罪判決を下された少年の再犯率がより高いことが判明し、移送法に特別予防的効果はないと結論付けられた。その根拠となる研究の主なものとしては、刑事裁判で強盗として審理された少年の再逮捕率は91％であったのに対して、少年裁判所で強盗とされた者の再逮捕率は73％であったという研究や、OJJDPの研究（本著89頁参照）がある。
Patrick Griffin, Sean Addie, Benjamin Adams, and Kathy Firestine, ibid., p. 10.

ため、2000年以降、各州は、急速に成人として少年を扱うことを回避すべく、代替策を打ち出し始めた。そして、2005年以降、「Campaign for Youth Justice」なる組織が、成人の刑事司法制度において18歳未満の少年を扱うことに反対する運動を開始し、この運動が功を奏し、2000年より州単位で少年司法制度の改革がなされていたが、さらにその改革に拍車をかけたようである[63]。この改革が第4波の始まりであり、その特徴は、①拘禁及び拘禁における害を減らす、②大人ではなく、子どもとして扱う、③司法システムから少年をダイバートする、④公平な処遇及び適正手続を保障する、⑤若者の発達、個人の責任及び公共の安全のバランスを取ることにある[64]。

(2) 少年司法制度の厳罰化の弊害
① 成人の司法制度における少年の現状

2012年の統計によると、アメリカでは、約132万人にも及ぶ18歳未満の少年が逮捕されている。最近の傾向としては、逮捕率は全体的に減少傾向にあり、罪名別にみると、殺人、強姦、強盗、加重暴行、自動車窃盗、放火、住居侵入窃盗及び窃盗のすべてにおいて減少傾向にある[65]。しかし、2012年の統計を見る限り、殺人、強姦、強盗あるいは加重暴行で逮捕された少年は全体のわずか4.6％に過ぎない。つまり、重大犯罪を犯している少年はごくわずかであり、成人のシステムにおける大半の少年は、軽微な犯罪で有罪判決を受けているのである。しかしながら、成人の司法制度における少年に対しては3つの誤解があるとのことである。すなわち、①新聞やテレビの報道によって歪められた少年犯罪の性質、②少年犯罪は増加しているとの認識、③少年が国家における犯罪の大多数を犯しているという認識、という誤解が生じているというのである。つまり、①に関しては、重大犯罪は全体の5％に過ぎないが、メディアが殺人やギャングに焦点を当てて報道するため、少年犯罪が凶悪化しているように見え、少年犯罪の性質が歪められているとい

---

[63] Sarah Alice Brown, "Trends in Juvenile Justice State Legislation: 2001-2011", *National Conference of State legislature*, 2012, pp. 1-16.「Campaign for Youth Justice」とは、成人の刑事司法制度における18歳未満の少年への起訴、判決の言渡し及び拘禁の訴訟手続を終わらせることに従事した全国組織である。

[64] Giudi Weiss, ibid., pp. 3-4.

[65] Charles Puzzanchera, *Juvenile Arrests 2012*, NCJ248513, 2014. p. 3.

うものであり、②については、実際の統計では少年犯罪は増加しておらず、減少傾向にあるということ、③の場合には、実際は成人の犯罪が大多数を占めているため、少年が犯罪の大多数を占めているわけではないというのである。したがって、このような誤解が厳罰化傾向を生み出し、少年に対して成人の司法制度を適用したとのことである。いわゆる、ペナル・ポピュリズムとの関連が指摘できる。実際には、成人刑務所へ送られた大多数の少年は、仮釈放のない終身刑のような極刑は与えられず、少年の95％が25歳の誕生日前に釈放されているのが現状である。しかし、成人のシステムで起訴された少年は、教育や技能訓練が受けられず、仕事を得ることすら困難な状況にあるとのことである[66]。

次に、成人のジェイル及び刑務所へ収容された少年に関してであるが、アメリカでは、1万人の少年達が成人のジェイル及び刑務所に収容されている。成人のジェイルにいる少年の半分は、少年司法制度へ戻されるか、有罪判決は受けないだろうが、これらの少年の多くは、成人のジェイルで少なくとも1か月は費やし、これらの少年の5人に1人は6か月以上を成人のジェイルで費やす。成人のジェイル及び刑務所にいる間、多くの少年は、発達段階に必要な教育的及び社会復帰のためのサービスを与えられていない。その内訳は、ジェイルにいる40％が全く教育的サービスが与えられておらず、11％のみが特別な教育サービスを与えられ、7％が職業訓練を与えられたに過ぎない。このような教育の不足は、少年達がコミュニティへ戻ることを困難にする。また、成人施設への収容は、少年にとって、身体的あるいは性的虐待の危険があり、他方、虐待等から少年を保護するために隔離すれば、孤独感がメンタルヘルスの問題を引き起こすというジレンマが存在する[67]。

最後に、釈放後の状況についてであるが、少年裁判所制度から成人の刑事制度へ移送された少年は、少年裁判所制度にいた少年よりも暴力あるいはその他の犯罪で再逮捕される割合が約34％も高くなっている。また、OJJDPの研究では、①少年裁判所で審理された少年による再犯率は35％であったのに対して、移送された犯罪者の49％が再犯を犯していた、②暴力犯罪に

---

(66) Neelum Arya, ibid., pp. 12-14.
(67) Neelum Arya, ibid., pp. 15-16.

関して、移送された者の24％が再犯を犯したのに対し、少年裁判所の者は16％であった、③薬物犯罪については、移送された者の再犯率は11％、少年裁判所の者は9％、④財産犯罪に関しては、移送された犯罪者の再犯率は14％、少年裁判所の犯罪者は10％という結果が導き出されている[68]。

② 成人の司法制度における少年の弊害

上述した通り、成人の司法制度内で少年を扱うことの弊害は、集約すれば、犯罪者というレッテル貼り、刑事裁判所に付されたという不公平感の増大、悪風感染、社会復帰のためのサポートの形骸化、家族関係の希薄化、コストの増大、雇用の機会の喪失及びコミュニティへの再統合が困難という点にあり、これらの弊害により抑止効果がないため、法改正が行われるようになったと考えられる。以下、いくつかの弊害について、具体的な内容を見ていくこととする。まず、成人の司法制度へ移送された場合、教育等のサービスがほとんどなく、犯罪歴が生涯付きまとうため、コミュニティへ戻る際の仕事の確保が困難になるとの弊害がある。つまり、少年司法制度であれば、犯罪歴が残らないため、成人の司法制度へ移送された者よりは、就職が容易となるのである。次に、コスト面については、厳罰主義により長期間拘禁することは、結果として再犯者となる確率が高くなるという研究結果があり、長期的にみれば、教育を行うことによって再犯者を防止すれば、1ドル費やすごとに3ドルの利益を生むとのことである。また、成人の施設へ移送された場合、身体的及び性的虐待の危険性が高くなるという弊害がある。さらに、上述した虐待等の弊害を避けるため、少年を隔離した場合、孤独感に苛まれ、不安、パラノイア、精神障害、自殺のようなメンタルヘルスの問題を引き起こすという弊害もある。特に自殺率に関しては、少年施設に収容された少年より、成人施設へ収容された少年の自殺率は36倍も高くなるため、深刻な問題である。最後に最も大きな弊害としては、厳罰化により再犯防止を図る意図があったにもかかわらず、実際には再犯率が少年裁判所制度から成人の刑事制度へ移送された少年の方が高いということが挙げられる。

以上、少年司法制度から成人の司法制度へ移送した際に生じた弊害について触れたが、これらを受けて、新しい潮流が生まれたといっても過言ではな

---

(68) Richard E. Redding, ibid., pp. 4-5.

表-3 ノース・カロライナにおける成人システムと少年システムの必要条件に関する比較

	少年システム	成人システム
親の関与	・親又は保護者が関与しなければならない。 ・少年は、拘置センターから親又は保護者にのみ釈放される。公判前の釈放や保釈金による釈放の権利はない。	・親又は保護者に知らせる必要はない。 ・少年は保釈金を用意することができ、自ら誓約してカウンティ・ジェイルを離れることができる
教育	少年は、通学するか、GEDを受けなければならない。	・教育は必要ない。
年齢に適切なサービス、処遇及び刑罰	・少年はアセスメントを受け、裁判所のカウンセラーと頻繁にコンタクトを取り、定期的に社会復帰サービスについて報告する。 ・少年と家族はしばしば裁判所命令による証拠に基づいたセラピー（カウンセリング、訓練、メンタリング（mentoring）、個別指導及び子育ての技能）を受ける。 ・メンタル・ヘルスや薬物中毒の問題を持つ少年は集中的なサービス（intensive services）を受ける。 ・裁判所カウンセラーとの定期的接触。	・サービスを受けることは必要とされず、しばしば提供すらされない。 ・提示されたサービスは成人を対象としたものであり、したがって、少年にとっては発達上適切ではない。

資料源：Action for Children North Carolina (quote from a paper by Neelum Arya, "State Trends: Legislative Victories from 2005 to 2010 Removing Youth from the Adult Criminal Justice System", *Campaign for Youth Justice*, 2011, p. 11.).

い。最後に、**表-3**は、こうした弊害を見るために、少年司法制度と成人の司法制度へ移送された少年を比較したものである。

(3) アメリカにおける少年司法制度の新動向
① 連邦における新動向

連邦レベルにおける新動向としては、2005年の*Roper v. Simmons*に起源を見出せる。合衆国最高裁判所は、*Roper v. Simmons*において、少年が18歳に達する前に犯した犯罪に対して死刑を言い渡すことは、残虐で異常な刑罰を規定した憲法修正第8条[69]に違反するとして、18歳未満の少年に対する死刑を禁じた。裁判所は、その理由として、マッカーサー財団研究ネットワークの研究を証拠として引用している。その証拠とは、青年期の脳は十分

に発達しておらず[70]、自己統制のような知能、すなわち、自己の行為に対する責任を取るための能力に影響を与えるというものである。さらに、裁判所は、少年には自分の犯罪に対する必要不可欠な有責性（culpability）が欠けているという社会のコンセンサスがあるため、州議会の47％もすでに1980年代及び1990年代に少年の死刑執行を禁止しているという事実の存在も理由の1つとしている。

その後、2010年に裁判所は、Roperに適用された理由をもとに、Graham v. Floridaにおいて、殺人ではない犯罪で有罪判決が下された少年に対して仮釈放のない終身刑を言い渡すことも禁じた[71]。

そして、2012年6月25日、裁判所は、Miller v. Alabamaにおいて、少年に仮釈放の可能性がない強制的な終身刑を科すことは、修正第8条に違反すると判示した[72]。

現在、12州（アラスカ、コロラド、カンザス、ケンタッキー、メーン、モンタナ、ニュージャージー、ニューメキシコ、ニューヨーク、オレゴン、バーモント及びウェストバージニア）及びコロンビア特別地区は、少年に仮釈放のない終身刑を禁じており、あるいは、その刑に服している少年犯罪者がいない。2011年に、ネヴァダは、Grahamの決定に応じて、殺人ではない犯罪に対して仮釈放なしの終身刑を科すことをやめた[73]。

以上、連邦レベルの新動向としては、裁判所が、合衆国憲法修正第8条に違反するとして、18歳未満への死刑廃止及び殺人ではない犯罪に対して仮釈放のない終身刑を科すことへの廃止を決定した点に見られる。

---

(69) アメリカ合衆国憲法修正第8条［残酷で異常な刑罰の禁止］
「過大な額の保釈金を要求し、課題な罰金を科し、又は残酷で異常な刑罰を科してはならない。」
(70) Neelum Arya, ibid., p. 9.
マッカーサー財団研究ネットワークによれば、青年と大人との間には発達に違いがあり、青年期に脳が成長の最終段階に入り、20代初めまで発達し続け、25歳頃に発達を終えるとのことである。
(71) G. Larry Mays and Rick Ruddell, ibid., pp. 126-134.
渡部信吾「米国ネブラスカ州の少年司法について(下)」『家庭裁判月報』第62巻第6号（2010年）40-42頁。
(72) Miller v. Alabama, 567 U. S. 460 (2012).
(73) National Conference of State Legislatures, "Juvenile Justice Guide Book for Legislators", 2011, p. 4. (http://www.ncsl.org/documents/cj/jjguidebook-complete.pdf) 参照。

② 各州における新動向

「Campaign for Youth Justice」によると、2005年から2010年の5年間で15州が州法を変え、2011年から2013年には、さらに8州が州法を改正した[74]。各州の新動向は、4つのカテゴリーに分類できる。第1のカテゴリーは、州と地方の法域は、少年を成人のジェイル及び刑務所から除去する、第2のカテゴリーは、州が少年裁判所管轄権の年齢を引き上げる、第3のカテゴリーは、州は、より多くの少年を少年裁判所にキープするために移送法を変更する、第4のカテゴリーは、州が少年のために量刑法を再考する、というものである[75]。

第1のカテゴリーは、成人のジェイル及び刑務所に少年を収容するための能力を制限する法律を制定するものである。この法律は、コロラド州、メーン州、ヴァージニア州及びペンシルヴェニア州において通過している。内容は州ごとに異なるが、コロラド州では、成人の施設で収容されている少年を減らすための法律が制定され、未だ成人施設に収容されている少年に対しては教育的サービスを受けることを保障した。次いで、メーン州は、成人刑務所で刑に服する子どもでも16歳未満の者はすべて少年矯正施設で刑に服さなければならないとし、ヴァージニア州は、成人として審理される少年を成人のジェイルから少年施設に収容するとし、ペンシルヴェニア州は、成人として起訴された少年を少年施設で留置することを許可した[76]。

第2のカテゴリーは、自動的に成人として扱われるであろう年齢の高い少年が成人の刑事裁判所に起訴されないために、少年裁判所の法域を拡大したものである。これを採用しているのは、コネチカット州、イリノイ州及びミシシッピ州の3州である。まず、コネチカット州は、成人システムに18歳未満の少年が最も多い州であったが、2007年に少年裁判所の法域を16歳から18歳へ引き上げることが承認された。段階的に年齢を引き上げる予定であり、2012年に17歳から18歳へ引き上げる予定である。イリノイ州については、軽罪で有罪判決を言い渡された17歳の少年は、もはや自動的に成

---

(74) Neelum Arya, ibid., p. 3. Carmen E. Daugherty, "State Trends: Legislative Victories From 2011-2013", 2013, pp. 1-14.
(75) National Conference of State Legislatures, ibid., pp. 4-5.
(76) Neelum Arya, ibid., pp. 24-26.

人司法システムへ移送されることがなくなり、ミシシッピ州でも新しい法律の下では、以前は重罪で起訴されたすべての17歳が自動的に成人裁判所へ送られていたが、放火、薬物事犯、強盗及び児童虐待を含む重罪で起訴された少年は、少年司法制度に止まるであろうとされている。その他、将来的には、ノース・カロライナが16歳から17歳へ管轄を引き上げ、マサチューセッツも17歳を管轄に加えることを考えており、ニューヨーク市は年齢を引き上げるためのキャンペーンを行う予定である[77]。

第3のカテゴリーは、少年が少年司法制度に残れるように移送法を変更したものである。これに関しては、アリゾナ州、コロラド州、コネチカット州、デラウェア州、イリノイ州、インディアナ州、ネヴァダ州、ユタ州、ヴァージニア州及びワシントン州の10州が実施している。移送法の変更点は各州によって異なり、①刑事裁判所から少年裁判所に少年を移送する制度（reverse waiver）において、少年裁判所へ戻すための聴聞を得ることが容易になった、②少年が成人として審理される前に年齢資格を変更、③過去において起訴された少年の刑事訴追の要求を排除する制度（once an adult、always an adult）の変更、④犯罪の種類を限定、⑤現在、州法への変更を予定している、に分けられる[78]。

最後に第4のカテゴリーとして、少年と成人間の発達の差異を考慮して量刑を最小限にするよう変更したものがある。これは、コロラド州、ジョージア州、テキサス州及びワシントン州が採用しており、コロラド州とテキサス州は、最高裁判所と同様、少年に対して仮釈放なしの終身刑を廃止し、ジョージア州は、少年の性犯罪者に対する不均衡な量刑の問題を改善し、ワシントン州は、成人として審理された少年に対して強制的に科される最小限の量刑を除去した[79]。

以上が、各州における新動向である。今現在も様々な州で州法の改革が進行中であり、今後もこの動きは拡大すると考えられる。

---

(77) Neelum Arya, ibid., pp. 29-32.
(78) Neelum Arya, ibid., p. 33.
(79) Neelum Arya, ibid., pp. 41-42.

(4) 日本との比較

　現在、アメリカ少年司法制度における厳罰主義に歯止めがかかり、新たな法改正がなされ始めている。それに引き換え、日本の少年司法制度は、厳罰化傾向にあるため、少年の刑事裁判化が進んでおり、20年前のアメリカと同じ状況にあるように思われる。少年法の制定理由を考えれば、成人の法律と区別するのが妥当であるが、昨今の少年法はその理念を忘れてしまったかのような法改正を度々行っているのである。アメリカのように厳罰化に走れば、①再犯率の増加、②雇用の機会の喪失、③コミュニティへの再統合が困難、④コストの増大、⑤成人受刑者による虐待の危険性、⑥孤独感が引き起こすメンタルヘルスの問題といった問題点が生じるおそれがある。

　日本は、出院年を含む5年間に再入院した者の比率が15％前後で推移しており、出院年を含む5年間に再入院、刑事施設に入所した者の比率は、22％前後である[80]。これは、諸外国と比較すれば、相当低い数値であり、厳罰化へ移行し、上記のような問題点を抱え込むよりは、現在の少年司法制度を維持し、処遇方法を充実させるべきではないだろうか。

---

[80] 法務省法務総合研究所編『平成29年版 犯罪白書』昭和情報プロセス株式会社（2017年）228頁。

第4章
少年矯正制度の現状と課題

　本章では、少年非行に関する統計を用いて、近年の少年非行の動向を分析し、少年非行の原因及び問題点について言及する。

第1節　刑法犯における少年非行の現状と課題

1　刑法犯における少年非行の現状

　第1節においては、まずは警察段階である刑法犯における少年非行の現状及び問題点について論じることとする。
　図-2を見ると、少年による刑法犯の検挙人員の推移には、3つの大きな波が見られる。すなわち、昭和26年の16万6,433人をピークとする第1波、昭和39年の23万8,830人をピークとする第2波、昭和58年の31万7,438人をピークとする第3波である。昭和58年のピークを過ぎた翌59年以降は、平成7年まで検挙人員は減少傾向にあり、その後、若干の増減を経たが、平成16年以降は毎年減少している。とりわけ、平成22年以降は、検挙人員が急減し、昭和58年のピーク時に比べ、平成28年には約5分の1以下になっている。少年における検挙人員の急減に関しては、少子化の影響との見解もあるが、この激減は少子化のみでは説明できないのではないだろうか[1]。

図-2 検挙人員の推移

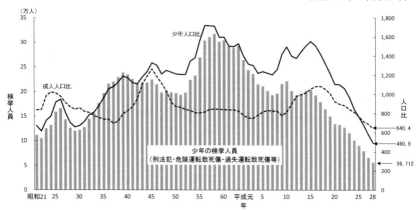

（昭和21年～平成28年）

資料源：法務省法務総合研究所編『平成29年版　犯罪白書』昭和情報プロセス株式会社（2017年）92頁。

　図-3は、少年の検挙人員と少子化に関連性があるかを検証するために、少年の検挙人員の推移と刑法犯に該当する14歳から19歳の少年の人口推移を示したものである。現在、日本は少子化の時代といわれているが、人口推計によれば、少子化の減少は、平成18年頃から緩やかになっており、少年の検挙人員の減少率とは、明らかに異なる推移を示している。したがって、少子化との関連性が全くないとはいえないが、昨今の少年犯罪の急減には、少子化が大きく影響しているとは言い難い。それならば、少年非行を減少させている要因は何であろうか。この問いに答えるべく、近時の少年非行における罪名別、年齢別、性別等の動向について分析する。

　表-4は、昭和63年から平成28年までの30年間における少年の刑法犯検挙人員を罪名別に示したものである。刑法犯総数については、30年間で5

---

(1) 少子化の影響だけでは説明できないことを示唆する文献として、高橋哲「犯罪は増えているのか減っているのか」『臨床心理学』第17巻第6号（2017年）754頁、河合幹雄「少年非行激減の刑事政策以外の要因を探る」『青少年問題』第663号（2016年）26頁、土井隆義「少年非行の減少と宿命論の広がり—若年層における問題行動の変質をめぐって—」『世界の児童と母性』第81巻（2017年）2頁、小西康弘「少年非行を減少させている要因は何か」『警察公論』第71巻第11号（2016年）9-10頁、細川英仁「最近の少年審判の実情と今後の課題」『家庭の法と裁判』第3号（2015年）7頁がある。

図-3　少年の刑法犯検挙人員と少年人口の推移

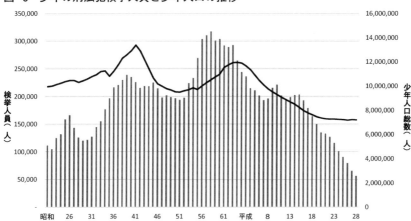

資料源：法務省法務総合研究所編『平成29年版 犯罪白書』昭和情報プロセス株式会社（2017年）資料3-1 及び総務省統計局HP「人口推計」(https://www.e-stat.go.jp/stat-search/files?page=1&toukei=00200524&tstat=000000090001) を基に筆者作成。

分の1以上減少している。罪名別に特筆すべき点としては、脅迫、窃盗、詐欺、横領、強制わいせつが挙げられる。脅迫については、ほぼすべての罪名が減少する中で、過去5年間は横ばいということは、今後この状態が継続するおそれがあり、注視する必要があると考える。窃盗に関しては、罪名別の中では、件数が最多であるが、過去30年間で約15万件も減少しており、窃盗の減少が、刑法犯総数の激減に多大なる影響を与えていることは疑う余地がない。詐欺については、振り込め詐欺等の影響により、平成16年より年間1,000件を超えはじめ、平成18年にピークを迎えるが、平成24年から28年までの5年間においては、800件前後であり、大幅に減少しているとはいえないため、何らかの対策が必須である。横領に関しては、少年の場合、特に遺失物等横領の割合が高く、ピーク時の平成15年と比較すると約10分の1まで減少している。横領は、例年、窃盗に次いで件数が多くなっており、横領と窃盗で少年非行の約7割を占めている。それゆえに、この2つの犯罪の減少が、近時の少年非行の急激な現象に寄与しているといえる。ただし、急減した理由に関しては、街頭防犯カメラの設置をはじめとする各種防犯シ

第1節 刑法犯における少年非行の現状と課題

表-4 少年による刑法犯検挙人員（罪名別）

年次	昭和63	平成4	平成9	平成14	平成19	平成24	平成25	平成26	平成27	平成28
刑法犯総数	231,210	157,167	178,950	162,280	121,165	79,430	69,113	60,251	48,680	40,103
殺人	82	82	75	83	65	47	55	52	62	54
強盗	569	713	1,701	1,611	785	613	564	469	412	338
傷害	10,154	8,807	9,627	9,957	6,316	5,676	5,298	4,622	3,571	2,873
暴行	3,992	2,340	2,303	2,104	1,968	2,040	2,113	1,958	1,799	1,632
脅迫	122	74	81	167	191	177	236	280	235	231
恐喝	6,914	5,129	7,134	5,089	2,058	1,253	1,005	792	649	438
凶器準備集合	495	312	361	250	140	18	52	20	29	10
窃盗	175,734	103,332	118,581	97,557	69,343	47,508	41,203	35,974	29,413	23,997
詐欺	1,036	1,016	576	590	1,091	884	811	868	844	748
横領	24,616	30,056	32,869	37,104	29,448	13,089	10,243	8,618	6,309	4,649
盗品譲受け等	1,792	1,155	1,031	1,503	1,790	1,300	1,042	920	720	630
強制性交等罪	509	318	409	244	131	133	136	134	91	124
強制わいせつ	593	460	514	442	470	754	768	628	750	757
放火	273	214	245	192	232	173	137	124	83	103
住居侵入	1,583	1,083	1,286	2,196	3,366	2,802	2,411	2,232	1,612	1,578
器物損壊	984	871	1,102	1,754	2,591	1,905	1,903	1,568	1,240	1,102
その他	1,762	1,205	1,055	1,409	1,143	1,021	1,084	949	861	839

資料源：法務省法務総合研究所編『平成29年版 犯罪白書』昭和情報プロセス株式会社（2017年）資料3-3を基に筆者作成。

ステムの整備・拡充や民間の防犯ボランティアによるパトロール活動の活性化等、警察をはじめとする関係機関・団体・地域社会との連携による総合的な犯罪抑止対策等、警察が重点を置いて実施してきた万引き対策の成果であるといわれている[2]。しかし、少年の検挙人員における異常なまでの急激な減少が、果たして警察の総合的な犯罪抑止対策のみで功を奏したのかについては疑問が残るところである。逆に、取締人員が不足し、検挙率が低下していることが要因で減少しているということも考えられる。少年の検挙率は算出できなかったため、成人の検挙率を参考にすると、平成14年から平成28年にかけて、窃盗の検挙率は、10％ほど上昇したが、平成28年度は28.9％と検挙率が3割を切っており、横領の場合は、平成28年度は85.9％と平成14年よりも10％ほど減少している[3]。このように、窃盗の検挙率は低く、横領の検挙率も低下していることから、少年の検挙人員の減少は、認知件数と検挙人員の減少が起因となり、犯罪抑止対策を実施しているとはいえ、取締人員の不足及び犯罪の巧妙化による潜在化が影響しているようにも思われる。少年の検挙人員の減少に関しては、第2節において、より詳細な検討を行う。

次に、少年非行における特徴を把握するため、警察庁が発行している「平成28年中における少年の補導及び保護の概況」及び「平成29年における少年非行、児童虐待及び子供の性被害の状況」の統計を中心に論じる[4]。

表-5は、平成19年から平成28年度の10年間の罪種別検挙人員の推移が表されており、凶悪犯、粗暴犯、窃盗犯、知能犯、風俗犯、その他のいずれにおいても減少傾向にあるが、風俗犯のみ平成24年以降横ばいの状況にある。社会においては、少年の凶悪化や低年齢化ということがいわれて久しいが、実際に凶悪犯の推移を見ると、10年で半減しているため、凶悪化しているとはいえない。また、粗暴犯に関しても凶悪犯同様、10年で半減しており、5年ほど前までは、女子の粗暴化の傾向が見られたが、それも落ち

---

(2) 小西・前掲論文・12頁。
　　前田雅英「少年犯罪の急激な減少と刑事政策」『研修』第832号（2017年）10頁。
(3) 法務省法務総合研究所編『平成29年版 犯罪白書』昭和情報プロセス株式会社（2017年）資料1-3参照。
(4) 警察庁HP（https://www.npa.go.jp/publications/statistics/safetylife/syonen.html）参照。

表-5　刑法犯少年の包括罪種別検挙人員の推移

(平成19年～平成28年)

罪種＼年	19年	20年	21年	22年	23年	24年	25年	26年	27年	28年
総　数(人)	103,224	90,966	90,282	85,846	77,696	65,448	56,469	48,361	38,921	31,516
凶悪犯	1,042	956	949	783	785	836	786	703	586	538
粗暴犯	9,248	8,645	7,653	7,729	7,276	7,695	7,210	6,243	5,093	4,197
窃盗犯	58,150	52,557	54,784	52,435	47,776	38,370	33,134	28,246	23,015	18,298
知能犯	1,142	1,135	1,144	978	971	962	878	987	936	833
風俗犯	341	389	399	437	466	566	523	445	528	573
その他の刑法犯	33,301	27,284	25,353	23,484	20,422	17,019	13,938	11,737	8,763	7,077
占有離脱物横領	26,437	20,594	18,971	17,268	14,674	11,658	9,128	7,602	5,584	4,143

資料源：警察庁生活安全局少年課「平成28年中における少年の補導及び保護の概況」
（警察庁HP：https://www.npa.go.jp/safetylife/syonen/hodouhogo_gaikyou/H28.pdf）4頁。

着いたようである[5]。それに対して、粗暴犯の中核を担う傷害の件数が、平成19年は5,583件だったものが、平成28年には2,496件とこれまた半減している点が気になるところである。窃盗犯に関しては、総数の多い万引きと自転車盗が大幅に減少している。知能犯に関しては、統計を取り始めた平成21年以降、初めて検挙人員が減少している。風俗犯については、強姦は減少しているにもかかわらず、強制わいせつが緩やかに上昇傾向にある。強制わいせつに関しては、年齢層別とリンクさせると年齢層が低い者の件数が増加しているという興味深い結果が得られた。

　表-6の刑法犯少年の年齢別検挙人員では、すべての年齢において検挙人員は減少しており、平成27年以前は、15歳の検挙人員が最多であったが、

---

[5]　拙稿「アメリカ、カナダ、イギリスにおける女性犯罪の特性および処遇について」『比較法雑誌』第44巻第3号（2010年）457-470頁では、日本において、成人女性及び女子少年の犯罪において粗暴化傾向が顕著になり始めたため、先進国の現状を調査し、比較検討を行った。調査結果の概要としては、アメリカ、イギリス、カナダにおいても女性犯罪の粗暴化傾向が見られ、おおむね10年ほどでいずれの国においても沈静化しており、女性に特化した処遇の効果が現れているとの結論に至っている。現在の日本の状況を見る限り、女性の粗暴化は同様の傾向を辿っていると思われる。

表-6　刑法犯少年の年齢別検挙人員の推移

年齢＼年	19年	20年	21年	22年	23年	24年	25年	26年	27年	28年
総数(人)	103,224	90,966	90,282	85,846	77,696	65,448	56,469	48,361	38,921	31,516
14歳	20,132	18,872	20,172	18,838	17,207	13,809	12,486	10,140	7,151	5,095
15歳	23,786	20,932	21,314	20,166	18,342	14,906	12,741	10,991	7,995	6,067
16歳	23,325	20,559	19,574	18,503	17,062	14,050	11,994	10,009	8,443	6,551
17歳	5,365	13,039	12,638	11,774	10,507	9,586	8,047	6,977	6,005	5,221
18歳	11,376	9,412	8,939	9,135	7,787	6,906	5,859	5,279	4,851	4,385
19歳	9,240	8,152	7,645	7,430	6,791	6,191	5,342	4,965	4,476	4,197

資料源：警察庁生活安全局少年課「平成28年中における少年の補導及び保護の概況」
（警察庁HP：https://www.npa.go.jp/safetylife/syonen/hodouhogo_gaikyou/H28.pdf）12頁。

　平成27年以降は16歳が15歳を上回っている。年齢に関しては、平成19年から28年までの過去10年間を比較すると、14・15歳から成る年少少年、16・17歳から成る中間少年及び18・19歳から成る年長少年の全てにおいて減少しているが、年少少年の減少率が高く、平成19年以降27年までは一貫して年少少年の人口比が最も高かったが、平成28年度には中間少年より人口比が少なくなり、低年齢化を裏付ける根拠がなくなったといえる[6]。また、刑法犯少年の包括罪種別の年齢構成比を示したものを見ると、凶悪犯及び知能犯に関しては、年長少年が4割以上を占めており、17歳を含めると6割から7割を超えるため、これらの罪種に関しては、年齢層が高めの犯罪といえる。他方、窃盗犯、風俗犯及び粗暴犯は、年少少年が3割から4割を占めており、16歳を含めると約半数に達するため、年齢層が低い者による特徴が現れているといえる。
　上記では、犯罪少年における推移について考察してきたが、触法少年の補導人員の推移にも目を向けると、犯罪少年同様、多くの罪種で減少傾向にあり、風俗犯のみが200件前後で横ばい状態にある（**表-7**）。**表-8**は、過去10年の触法少年の男女別補導人員の推移であるが、全体としては、補導人

---

(6)　警察庁生活安全局少年課「平成28年中における少年の補導及び保護の概況」（警察庁HP：https://www.npa.go.jp/safetylife/syonen/hodouhogo_gaikyou/H28.pdf）12-14参照。

表-7　触法少年（刑法）の行為態様別補導人員の推移

行為態様＼年	19年	20年	21年	22年	23年	24年	25年	26年	27年	28年
総　数（人）	17,904	17,568	18,029	17,727	16,616	13,945	12,592	11,846	9,759	8,587
凶　悪　犯	171	110	143	103	104	130	106	76	62	81
粗　暴　犯	1,425	1,347	1,336	1,497	1,438	1,469	1,494	1,429	1,190	987
窃　盗　犯	11,193	11,356	12,026	12,077	11,383	9,138	8,069	7,728	6,398	5,699
知　能　犯	55	65	68	60	68	61	64	44	61	48
風　俗　犯	138	137	166	175	185	202	253	192	230	192
その他の刑法犯	4,922	4,553	4,290	3,815	3,438	2,945	2,606	2,377	1,818	1,580
占有離脱物横領	2,968	2,637	2,304	1,984	1,601	1,397	1,083	979	687	483

資料源：警察庁生活安全局少年課「平成28年中における少年の補導及び保護の概況」
（警察庁HP：https://www.npa.go.jp/safetylife/syonen/hodouhogo_gaikyou/H28.pdf）31頁。

　員は男女ともに減少している。しかし、男子の8歳未満及び9歳未満の補導人員が、平成25年以降、少しずつ増加しているため、刑法犯における低年齢化を招く前に対処する必要があると考える。

　触法少年との関連でいえば、近年、低年齢化が見られる事件としては、校内暴力事件及び教師に対する暴力事件が挙げられる。**表-9**が示すように、校内暴力事件数は減少しており、中学生及び高校生による事件数は過去5年間で減少しているが、小学生の場合には、過去5年間で徐々に増加傾向にある。それに加えて、**表-10**にある教師に対する暴力事件の推移に関しても、中学生及び高校生の事件数は収まりつつあるが、小学生の事件数は、10年前と比べ、事件数自体は少ないが、若干、増えている点が気になる。推測に過ぎないが、非行の原因・動機別の調査結果を参考にするならば、粗暴犯の場合、憤怒を動機とするものが多く、キレやすい子どもの出現に代表されるような自己の感情がコントロールできないことや、いじめの延長として行われる、あるいは、中学受験等のストレス等に起因する暴力ではないかと考える[7]。

　これまでは、犯罪少年及び触法少年について概観してきたが、次は、虞犯少年の推移についてである。昭和26年から昭和40年代半ばまでは、虞犯少年の件数は、昭和26年のピーク時には2万件を超えていたが、27年以降は

表-8 触法少年（刑法）の男女別補導人員及び人口比の推移

区分		年	19年	20年	21年	22年	23年	24年	25年	26年	27年	28年
男子	総　数(人)		13,621	13,407	14,245	14,086	13,359	11,479	10,537	9,985	8,196	7,189
	8歳以下		672	618	681	674	747	643	639	656	745	820
	9　歳		467	461	485	520	519	478	415	420	430	506
	10　歳		593	555	700	648	627	583	577	580	555	533
	11　歳		993	949	993	922	917	872	872	794	734	683
	12　歳		2,740	2,567	2,706	2,646	2,515	2,150	1,978	1,864	1,521	1,374
	13　歳		8,156	8,257	8,680	8,676	8,034	6,753	6,056	5,671	4,211	3,273
	人　口　比		5.5	5.5	5.8	5.8	5.5	4.8	4.5	4.3	3.6	3.3
女子	総　数(人)		4,283	4,161	3,784	3,641	3,257	2,466	2,055	1,861	1,563	1,398
	8歳以下		199	168	192	197	206	203	186	190	190	211
	9　歳		156	131	135	121	137	128	108	116	142	147
	10　歳		206	171	204	164	211	143	153	145	147	169
	11　歳		271	264	220	245	236	191	180	170	179	174
	12　歳		703	656	579	565	510	375	350	330	265	197
	13　歳		2,748	2,771	2,454	2,349	1,957	1,426	1,078	910	640	500
	人　口　比		1.8	1.8	1.6	1.6	1.4	1.1	0.9	0.8	0.7	0.7
触法少年(刑法)に占める女子の割合(%)			23.9	23.7	21.0	20.5	19.6	17.7	16.3	15.7	16.0	16.3

(注) ここでいう人口比は、10歳〜13歳の少年人口1,000人当たりの補導人員をいう。
資料源：警察庁生活安全局少年課「平成28年中における少年の補導及び保護の概況」
（警察庁HP：https://www.npa.go.jp/safetylife/syonen/hodouhogo_gaikyou/H28.pdf）33頁。

(7) 非行の原因・動機別に関しては、警察庁生活安全局少年課「平成28年中における少年の補導及び保護の概況」（警察庁HP：https://www.npa.go.jp/safetylife/syonen/hodouhogo_gaikyou/H28.pdf）27頁参照。
いじめに関しては、事件数自体は、中学生が最も多く、次いで高校生、小学生の順となっている。平成25年にいじめ防止対策推進法が成立した影響だと思われるが、平成25年にいじめに起因する事件の総数は最多となり、それ以降は減少傾向にある。小学生の補導人員においても、同様の傾向が見られる（警察庁生活安全局少年課「平成28年中における少年の補導及び保護の概況」（警察庁HP：https://www.npa.go.jp/safetylife/syonen/hodouhogo_gaikyou/H28.pdf）45頁）。

表-9 校内暴力事件の推移

(平成19年～平成28年)

区分		年	19年	20年	21年	22年	23年	24年	25年	26年	27年	28年
総数		事件数(件)	1,124	1,212	1,124	1,211	1,270	1,309	1,523	1,320	967	832
		検挙・補導人員(人)	1,433	1,478	1,359	1,434	1,506	1,608	1,771	1,545	1,131	926
		被害者数(人)	1,247	1,330	1,237	1,298	1,416	1,439	1,713	1,420	1,044	918
	小学生	事件数(件)	22	16	23	26	22	37	56	57	63	81
		補導人員(人)	27	16	32	29	27	54	70	77	68	88
		被害者数(人)	22	22	28	26	25	38	64	60	68	88
	中学生	事件数(件)	990	1,101	1,050	1,118	1,168	1,167	1,355	1,175	832	673
		検挙・補導人員(人)	1,245	1,320	1,246	1,320	1,366	1,414	1,569	1,338	967	751
		被害者数(人)	1,107	1,197	1,158	1,204	1,308	1,291	1,525	1,271	901	749
	高校生	事件数(件)	112	95	51	67	80	105	112	88	72	78
		検挙人員(人)	161	142	81	85	113	140	132	130	96	87
		被害者数(人)	118	111	51	68	83	110	124	89	75	81

(注) 各欄の被害者数については、小学生、中学生、高校生が加害者となった事件の被害者数をいい、被害者の学職は問わない。教師も含む。
資料源:警察庁生活安全局少年課「平成28年中における少年の補導及び保護の概況」
(警察庁HP:https://www.npa.go.jp/safetylife/syonen/hodouhogo_gaikyou/H28.pdf) 44頁。

2万件を切り、40年代半ばまでは1万人台で推移してきた。しかし、それ以降は急速に減少し、平成5年以降は1,000人台まで落ち込み、現在に至る[8]。過去10年における虞犯少年の補導の区分としては、男女共に「保護者の正当な監督に服しない性癖のある少年」が最多となっている。虞犯少年の場合、発見された際には、犯罪行為は発見されていないが、犯罪の進度は進んでいるケースも見られるため、早期発見による早期の改善更生を目指すのであれば、虞犯少年への補導を見直すことも重要である。これに関しては、不良行為少年の補導についても同様のことがいえるのではないだろうか。

次に、男女別及び共犯率について述べる。男女別の罪種別検挙人員を見る

---

(8) 警察庁生活安全局少年課「平成28年中における少年の補導及び保護の概況」(警察庁HP:https://www.npa.go.jp/safetylife/syonen/hodouhogo_gaikyou/H28.pdf) 36頁。

表-10　教師に対する暴力事件の推移

(平成 19 年～平成 28 年)

区分		19年	20年	21年	22年	23年	24年	25年	26年	27年	28年
総数	事件数(件)	542	644	664	688	720	683	789	711	528	399
	検挙・補導人員(人)	583	646	677	712	740	716	799	724	538	406
	被害者数(人)	621	727	752	759	834	785	917	794	589	478
小学生	事件数(件)	3	7	8	5	9	6	13	23	14	23
	補導人員(人)	3	7	8	5	9	5	15	24	14	23
	被害者数(人)	3	10	8	5	12	7	16	25	16	29
中学生	事件数(件)	530	627	648	673	705	668	769	678	508	369
	検挙・補導人員(人)	571	629	661	697	725	699	779	690	518	375
	被害者数(人)	609	700	736	744	816	769	892	758	567	441
高校生	事件数(件)	9	10	8	10	6	9	7	10	6	7
	検挙人員(人)	9	10	8	10	6	12	5	10	6	8
	被害者数(人)	9	17	8	10	6	9	9	11	6	8

資料源：警察庁生活安全局少年課「平成 28 年中における少年の補導及び保護の概況」
　（警察庁 HP：https://www.npa.go.jp/safetylife/syonen/hodouhogo_gaikyou/H28.pdf) 44 頁。

と、男子の場合は、平成 19 年度は総数が 78,997 人だったのに対し、平成 28 年度は 27,609 人と 5 万人近く減少し、その減少率は約 35％である。同様に、女子の場合も平成 19 年度の総数は 24,227 人だったが、平成 28 年度に 3,907 人と約 2 万人減少し、約 16％の減少率である。男子の減少率が女子の約 2 倍になっている点は、今後、分析が必要であると考える。罪種別の特徴としては、男女共にほぼすべての罪種で減少しているが、男子の場合は、知能犯と風俗犯が横ばいであり、女子の場合は、男子と比べ、粗暴犯と窃盗犯の減少率が高く、特に、窃盗に関しては、過去 10 年で 5 分の 1 になっている。さらに、女子の特徴としては、平成 28 年度の少年による刑法犯検挙人員の総数における女子比は 13.2 だが、罪名ごとの女子比を見ると、殺人の比率が 25.9％と最も高く、窃盗が 15.9％、放火が 14.4％、詐欺が 13.8％と殺人や放火の割合が総数の比率よりも高い点に女子の犯罪傾向が現れているように思われる。

表-11　共犯率の推移

区分	19年	20年	21年	22年	23年	24年	25年	26年	27年	28年
総　　数(％)	25.3	25.5	27.6	24.6	25.8	25.1	26.2	25.4	25.6	23.0
凶　悪　犯	40.6	42.4	41.7	35.0	40.2	41.0	40.5	35.2	32.0	28.6
粗　暴　犯	35.8	33.0	32.3	29.0	28.4	27.9	26.4	23.5	22.0	19.3
窃　盗　犯	29.7	29.5	32.0	28.4	30.0	29.2	30.3	30.1	31.0	27.7
知　能　犯	13.3	21.2	22.2	21.2	23.0	22.2	27.9	33.4	31.3	26.5
風　俗　犯	3.4	4.2	4.3	5.7	2.3	2.9	6.2	3.1	3.4	1.9
その他の刑法犯	15.3	15.7	16.0	14.9	15.0	14.9	16.0	14.6	13.3	13.4
占有離脱物横領	10.4	10.3	10.2	9.7	8.7	8.6	8.8	7.6	6.9	6.1
街　頭　犯　罪	40.3	37.6	42.5	36.3	39.1	37.6	38.4	37.7	41.0	35.9
ひったくり	61.5	51.1	46.2	50.2	58.5	60.6	61.1	56.2	59.7	58.3
路　上　強　盗	83.4	79.2	81.4	68.9	75.9	80.4	81.0	70.2	69.4	71.6
成　　　　人	16.2	16.3	15.6	14.7	13.1	11.3	11.5	10.9	10.8	9.9

（注）共犯率とは、刑法犯検挙件数に占める共犯事件の割合をいう。表中の共犯率は、少年、成人事件とも、少年と成人との共犯事件は含まれていない。
資料源：警察庁生活安全局少年課「平成28年中における少年の補導及び保護の概況」
　（警察庁HP：https://www.npa.go.jp/safetylife/syonen/hodouhogo_gaikyou/H28.pdf）23頁。

　共犯率については、従来より、少年における共犯率が成人より高いことは周知の事実である。**表-11**によれば、少年の共犯率は、平成19年から28年までの過去10年で25％前後を推移しているが、成人の共犯率は過去10年で減少しており、平成19年は16％だったものが、28年には10％を切っており、少年との差が2倍以上に拡大している。罪種別の特徴としては、凶悪犯、粗暴犯、風俗犯の共犯率が減少しており、知能犯に関しては30％前後の共犯率を維持している。その他、路上犯罪の共犯率は約71％であり、ひったくりは約36％と依然として高い共犯率を維持している。

　最後に、特別法犯に関しては、一般刑法犯同様、特別法犯の総数も減少している。その内訳は、以前は、軽犯罪法違反よりも薬物犯罪の人員が多かったが、平成19年以降は、**表-12**を見てもわかるように、軽犯罪法の人員が薬物犯罪を上回っている。ただし、迷惑防止条例や児童買春・児童ポルノ禁

表-12 特別法犯少年の法令別検挙人員

	20年	21年	22年	23年	24年	25年	26年	27年	28年	29年	増減数	増減率
特別法犯	6,736	7,000	7,477	8,033	6,578	5,830	5,720	5,412	5,288	5,041	▲247	▲4.7
軽犯罪法	3,202	3,305	3,806	4,672	3,450	2,965	2,806	2,393	2,111	1,768	▲343	▲16.2
迷惑防止条例	395	482	487	546	644	595	607	666	735	737	2	0.3
不正アクセス禁止法	42	32	26	47	53	26	44	39	43	74	31	72.1
児童買春・児童ポルノ禁止法	104	170	269	234	278	317	333	494	607	709	102	16.8
出会い系サイト規制法	214	243	307	311	275	224	171	111	85	33	▲52	▲61.2
青少年保護育成条例	517	636	705	690	591	501	571	516	482	504	22	4.6
銃刀法	295	297	257	241	239	219	217	251	261	199	▲62	▲23.8
大麻法	227	211	164	81	66	59	80	144	210	297	87	41.4
覚取法	249	257	228	183	148	124	92	119	136	91	▲45	▲33.1
麻向法	31	14	33	19	7	8	6	11	14	13	▲1	▲7.1
毒劇法	565	466	264	112	99	36	15	11	13	11	▲2	▲15.4
シンナー等摂取、所持	476	385	221	100	74	32	14	7	13	9	▲4	▲30.8

※ 国際的な協力の下に規制薬物に係る不正行為を助長する行為等の防止を図るための麻薬及び向精神薬取締法及び覚せい剤取締法の特例等に関する法律の罪については、規制薬物の種類に応じて麻薬及び向精神薬取締法、大麻取締法及び覚せい剤取締法の罪に含めている。

資料源：警察庁生活安全局少年課「平成29年における少年非行、児童虐待及び子供の性被害の状況」
（警察庁HP：https://www.npa.go.jp/safetylife/syonen/hikou_gyakutai_sakusyu/H29-revise.pdf）7頁。

止法に関しては増加傾向にあり、大麻取締法に関しては、平成25年を境に再び人員が増えている。

2　刑法犯における少年非行の課題

　刑法犯における少年非行の課題とは、上述のように、少年非行を急激に減少させている要因の解明及び罪名別の動向分析による各犯罪の特徴の把握と対処策にあると考える。なぜならば、少年非行を減少させている要因を究明しない限り、警察の犯罪抑止対策の効果なのか、それとも少年非行の傾向や質が変化し、犯罪が潜在化して発見できなくなったのかが不明であれば、真の対策とはいえないからである。したがって、罪名別の動向を分析し、犯罪傾向が変化していないか等の特徴を把握することは重要であり、原因究明後に対策を立てるのが賢明である。少年非行の急減の理由を検証するに当たっては、今現在、有効なデータがないため、推測の域を出ないものであるが、様々な観点から検証を試みたいと思う。

　第1節の1において分析を行った通り、近年の非行少年の急激な減少は、ほぼすべての罪名が減少していることも関連はしているが、とりわけ、少年による刑法犯の約7割を占める窃盗と遺失物等横領の急減に起因するものと考えられる。ならば、なぜ、窃盗と遺失物等横領が減少しているのだろうか。

　この問いに関しては、警察関係者の見解によると、警察による総合的な犯罪抑止対策の効果であるとの主張がなされている[9]。他の見解としては、窃盗及び遺失物等横領に限定せず、単に非行少年の減少理由のみ言及している。減少の理由としては、少子化の影響、警察の方針転換、初発型非行の減少、非行少年の質の変化、社会全体が非暴力的になった、若者における生活満足度の高まり、生活環境の変化に伴うスマホの普及等多岐に渡る。

　上記で列挙した理由について、順に検討していく。まずは、警察による総合的な犯罪抑止対策の効果については、防犯カメラの設置等により、万引き等を実行することが困難になったということは一理ある。しかしながら、窃盗犯の動機としては、所有・消費目的が最も多く、遊興費充当や遊び・好奇

---

(9)　小西・前掲論文・12頁、前田・前掲論文・10頁。

心・スリルを求める者が一定数存在し、利欲という動機も減少しているが、依然として利欲によるものが75％を維持していることから、窃盗犯の動機としては従来とあまり大差がないのではないだろうか。あるいは、遺失物等横領の大半を占める放置自転車に関しては、放置自転車の取締りが厳しくなり、放置自転車自体が減少し、横領する対象物がない、若しくは大半の少年が自分の自転車を持っているため、横領する必要がなくなったということも考えられる。同様に、窃盗に関しても、子どもの貧困率は上昇しているが、日常生活に苦労はしていない少年が大半であり、現状に満足している子が増え、盗む必要性自体がなくなったとも考えられる[10]。

続いて、少子化の影響については、冒頭の図-3で説明した通り、少年の刑法犯検挙人員と人口推計を比較した結果、人口推計の推移は緩やかに減少しているため、必ずしも少子化の影響で犯罪が減少しているとはいえず、この論理は成り立たない。

警察の方針転換に関しては、警察が取締り対象を変更することにより、犯罪の増減が生じることはあり得るが、刑法犯の総数が5分の1まで減少することは不可能に近く、むしろ、上記で少し触れたように、認知件数と検挙件数による検挙率の問題と考える方が自然ではないだろうか。

初発型非行の減少については、少年の規範意識を高めるべく警察をはじめとする関係機関が学校と連携して非行防止教室を積極的に進める等の効果の現れと主張しているが、警察による総合的な犯罪抑止対策の効果の現れに対する批判と同じく、効果自体が検証できていないため、有効かどうかは疑問である[11]。

少年非行の質の変化については、罪名を見る限りでは、大きな変化はないように思われる。むしろ、罪名によっては共犯率が減少し、強制わいせつや

---

(10) 類似の見解として、河合・前掲論文・32頁がある。河合によれば、万引きの減少に関して、防犯カメラや電子タグ等の防犯システムの導入が万引きを減らしたという見解があるが、①見張っている人間の目を欺くスリルがなくなって面白くなくなったという見方と、②そもそも物が欲しくて取るという世代ではなくなったという仮説を唱えている。
警察庁生活安全局少年課「平成29年における少年非行、児童虐待及び子供の性被害の状況」（警察庁HP：https://www.npa.go.jp/safetylife/syonen/hikou_gyakutai_sakusyu/H29-revise.pdf）44頁。

(11) 中村真二「少年非行の現状と警察の取組」『犯罪と非行』第181号（2016年）205-206頁。

触法少年による校内暴力等が増加していること等から、仲間と遊び感覚で行う「遊び型非行」が減少し、自己中心的な犯罪が増えていると分析するなら、万引きや遺失物等横領が減少する理由にはなり得るが、これに関しても未だ実証するデータがないため、憶測の域を超えないものである。社会全体が非暴力的になったという見解も実証データがない上に、万引きや遺失物等横領の減少を説明するには不十分である。

若者における生活満足の高まりというのは、社会学的視点からの論理である。すなわち、昨今の社会状況は明るいものとはいえず、最初から余計な希望を抱かないため、そもそも期待水準が低く、目標達成度が高いため、与えられた環境に疑問を抱かず淡々と受け入れ、そこに満足する若者が増えたことを意味する。要は、将来への希望が最初からないため、将来への期待度が下がって希望を持つ欲求自体が欠けているがゆえに、絶望もしないので、不満感が低下し、満足度が上昇し、犯罪へ至らなくなったという趣旨である[12]。

最後に、生活環境の変化に伴うスマホの普及については、刑法犯の急減とスマホの普及によるLINEの登場時期が重なっていることに原因を見出している。つまり、ネットで繋がっていることはリアルワールドで接していないことを意味し、直接会わなければ暴力は振るえない。ほかにも、以前の非行少年グループ内では、けんかに強い、万引きしたということは自慢の種であったが、現代ではＳＮＳで万引きをしたと呟けば炎上し、自慢できず、現代の若者はけんかや万引きよりも笑いを取ることの方がやりたいことである。さらに、ネットゲームはお金を使わず無限に遊び続けられるため、遊興費を得るための犯罪の必要性がなくなったという論理を展開している[13]。確かに、スマホの普及により、人間関係が希薄化し、お金を使わず遊べるというのは犯罪抑止の一因を担っていると考えられる。効果の検証が期待される。

以上、少年非行激減の理由を多角的な視点から様々な見解を見てきたわけだが、私見としては、①経済的な理由から犯罪の必要性がなくなった、②集団で行う犯罪や遊びの延長としての犯罪に関心がなくなった、③ネット空間

---

(12) 土井隆義「少年刑法犯はなぜ激減したのか？―社会緊張理論と文化学習理論の視座から―」『青少年問題』第663号（2016年）20-21頁。
　　土井・前掲論文・3-5頁。
(13) 河合・前掲論文・31-33頁。

図 -4　若年無業者数

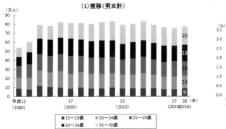
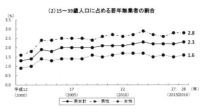

資料源：内閣府 HP『平成 29 年版 子供・若者白書』
(http://www8.cao.go.jp/youth/whitepaper/h29honpen/pdf/b1_03_02_01.pdf) 80 頁。

に居場所を見出した、④ネットにより犯罪が巧妙化し、犯罪が潜在化した、⑤少年非行が不登校や引きこもり等に転化したとの仮説を考えた。①に関しては、現在の日本の経済状況は、決してよいとはいえないが、現状としては一人っ子が増えており、最低限の物は与えられているため、犯罪を行う必要性がなくなったというのが主な理由である。②については、共犯率にあまり変化は見られないが、近時の少年の人間関係は閉鎖的であり、犯罪をすればどのようになるか等の情報がネットやテレビから頻繁に流れるため、集団で行う犯罪や遊びの延長としての非行に関心がなくなったのではないかと考えたものである。③は、再犯に歯止めをかけるものとして、居場所と仕事というのが近年の研究で確立されており、以前の少年の居場所は、家庭、学校、地域社会を主とするものであったが、近年は、ネット空間に居場所を発見して仲間を作り、そこでの悩み相談等を通して非行に歯止めがかかっているのではないかという説である。④は、③と対峙するものではあるが、ネットの活用により犯罪が巧妙化し、警察に発見されないままの犯罪が潜在化し、暗数が増えているのではないかという仮説である。⑤に関しては、昔の少年は、不満を抱いて暴走族や不良行為少年になり、少年非行を犯していたが、現在の若者は、外に出て仲間と何かをしたり、犯罪に走るというよりは、不満があれば、家に引きこもり、不登校になる等犯罪からの転化が起きているのではないかというものである。それを裏付けるものとして、内閣府による引きこもり及び若年無業者等の調査結果がある。若年無業者と不登校児の定義は異なるが、**図 -4** の若年性無業者の推移を見ると、平成 14 年あたりから増

図-5 不登校の状況

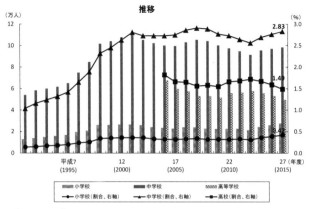

資料源：内閣府 HP『平成 29 年版 若者・子供白書』
（http://www8.cao.go.jp/youth/whitepaper/h29honpen/pdf/b1_03_02_01.pdf）82 頁。

加しており、平成 28 年度は 77 万人となっており、15 歳から 19 歳は約 9 万人存在する。**図-5** の不登校児に関しても平成 13 年頃から増加し、平成 28 年度は約 12 万 6 千人に達している。このように、若年性無業者と不登校児の増加が平成 15 年前後であることは、少年非行が急減し始めた時期と一致しており、関連性があるのではないかと考える。あくまで仮説のため、正確性には欠けるが、実証については、今後の研究課題としたい。

第 2 節　非行少年の処遇に関する現状及び課題

1　非行少年の処遇に関する現状

第 1 節では、非行少年の現状ということで、警察段階における刑法犯検挙人員を中心に現状について考察してきたが、第 2 節では、検察段階や裁判段階においては次章にて詳細が論じられているため割愛し、矯正段階及び保護段階における処遇の現状に焦点を当てて分析を行いたいと思う。

矯正段階における非行少年の現状としては、少年院入院者は、過去 20 年

間では、平成12年をピークに減少傾向にあり、平成28年は2,563人に減少している。年齢に関しては、年長少年、中間少年、年少少年のいずれも減少傾向にあるが、年齢別構成比では、年長少年の割合が最も高く47.6％と約半数を占めている。非行名に関しては、男子の場合は、いずれの年齢層でも窃盗、傷害・暴行の割合が高く、年少少年の場合には強制わいせつが多く、年齢層が上がるにつれ、詐欺の割合が高くなっている。それに対して、女子の場合は、総数では、覚せい剤取締法違反と窃盗、虞犯の割合が高いが、年齢層が上がるにつれ、傷害・暴行が減少し、覚せい剤取締法違反の割合が高くなる。教育程度に関しては、男女共に高校中退及び中学卒業程度の割合が高く、男女別の特徴としては、男子は有職者が4割を超えている点、女子は無職及び学生・生徒の構成比が高い点が挙げられる。就労・就学の状況については、男子は有職の割合が最も高く、女子は無職の割合が最も高くなっている。保護者の状況に関しては、男女共に実母の割合が最も高く、実父母の割合は、女子の方が7％ほど低く、逆に女子の場合は義父実母の割合が5％近く男子より高い。被虐待経験については、男子の割合は27％、女子の割合は43％となっており、少年院における被虐待経験の割合は高いといえる。

次に、保護段階における非行少年の現状としては、少年の保護観察対象者は、①保護観察処分少年と、②少年院仮退院者に分かれるが、両者共に保護観察開始人員は、平成14年以降減少傾向にある。保護観察対象者の特徴としては、保護観察処分少年よりも少年院仮退院者の方が年齢層が高い。非行名に関しては、保護観察処分少年の場合には、男女共に、窃盗、道路交通法違反の順に高く、次いで、男子は傷害、女子は過失運転致死傷等である。少年院仮退院者の場合には、男子は窃盗、傷害、詐欺の順であり、女子は覚せい剤取締法違反、窃盗、傷害の順になっている。居住状況に関しては、両対象者共に両親と同居及び母と同居が多い。保護観察の終了においては、両者共に無職者の場合には保護処分の取消しがなされていることから、就職の重要性が理解できる[14]。

---

(14) 法務省法務総合研究所編「平成29年版 犯罪白書」の第3編（92頁以降）を参照。

2　非行少年の処遇に関する課題

　近年、矯正及び保護段階における課題としては、少年の再非行・再犯をいかに防ぐかにある。
　再非行少年率に関しては、平成10年以降上昇傾向にあり、平成28年には37.1％を記録しているが、これは初犯者の減少数が再非行少年の減少数を上回っていることが原因と考えられる。次に、図-6にて、少年院出院者の再入院・刑事施設入所率等と出所受刑者の再入率を比較すると、いずれも増加傾向にあるが、少年院出院者の5年以内再入院率が16.5％であり、再入院・刑事施設入所率は22.4％となっているのに対して、成人の場合は、満期釈放者の場合は49.2％であり、仮釈放者の場合は28.9％となっており、明らかに、少年院出院者の再入院・刑事施設入所率は、成人の再入率より低く、少年院における処遇的な効果があるといえる。しかしながら、少年院出院者の5人から6人に1人は施設へ戻ってくることを意味しているため、少年院出院者の再入院・刑事施設入所者をいかに減少させるかが課題といえる。
　保護観察対象者の再処分状況においては、保護観察処分少年の場合は、過去10年間で16〜18％台で推移しており、少年院仮退院者の場合には、18〜23％台で推移している。再非行少年の割合と同様、5人から6人に1人は再処分を受けていることになる。そして、平成28年度の保護観察終了人員の終了事由別構成比における就学・終了状況に関しては、保護観察処分少年の場合、保護処分の取消しが最も多いのは無職の52.8％となっており、少年院仮退院者の場合にも保護処分の取消しが最も多いのは無職の38.6％であり、有職や学生・生徒に比べると、無職者の再処分率が高いといえる。
　以上、大まかに矯正段階と保護段階の再非行・再犯状況を見てきたが、無職者と居場所のない者の再非行・再犯状況は高くなる傾向にあるため、現在、対策が進んでいる居場所と仕事の確保により一層重点を置くべきことが今後の課題である。その他、罪名別において、少年院では男女の差異が顕著になっているため、女子に特化した処遇プログラムの開発等も視野に入れるべきではないだろうか。

図 -6　少年院出院者と出所受刑者の5年以内の再入院・刑事施設入所率

①少年院出院者の再入院率・刑事施設入所率

②出所受刑者の出所事由別再入院率（平成24年）

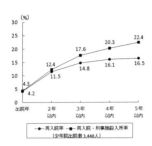
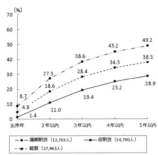

注1　矯正統計年報及び法務省大臣官房司法法制部の資料による。

2　「再入院率」は、平成24年の少年院出院者の人員に占める、同年から28年までの各年の年末までに、新たな少年院送致の決定により再入院した者の人員の比率をいう。

3　「再入院・刑事施設入所率」は、平成24年の少年院出院者の人員に占める、同年から28年までの各年の年末までに、新たな少年院送致の決定により再入院した者又は受刑のため刑事施設に初めて入所した者の人員の比率をいう。なお、同一の出院者について、出院後、複数回再入院した場合又は再入院した後に刑事施設への入所がある場合には、その最初の再入院を計上している。

注1　法務省大臣官房司法法制部の資料による。

2　前刑出所後の犯罪により再入所した者で、かつ、前刑出所事由が満期釈放又は仮釈放の者を計上している。

3　「再入率」は、①では平成24年の、②では19年の、各出所受刑者の人員に占める、それぞれ当該出所年から28年までの各年の年末までに再入所した者の人員の比率をいう。

資料源：法務省法務総合研究所編『平成29年版 犯罪白書』昭和情報プロセス株式会社（2017年）216・227頁。

第5章
少年矯正制度の概要及び問題点

　1948年少年法は、第二次世界大戦後、GHQのバーデット・ルイス博士からの提案に基づいて作られたものであり、全米プロベーション協会の「標準少年裁判所法」を模範としたものである。したがって、この少年法は、国親思想を基本とし、保護優先主義の強い影響を受けて制定された。この少年法は、1922年少年法を全面改正したものであり、少年の年齢を18歳から20歳に引き上げ、検察官の先議権を廃止し、全件送致主義を採用したことに特徴がある。これにより、刑事訴追を選択することを通じて社会防衛を担ってきた検察官の権限は縮小された。そして、1966年に保護優先主義を標榜する1948年少年法の運用状況を勘案して、法務省は、「少年法改正に関する構想」を発表し、全件送致主義や保護優先主義に一部修正を加えて検察官の権限を一定程度拡大する案を提示したが、学界からの批判が大きく、結論には至らなかった。その結果、1970年になって新たに「少年法改正要綱」が発出され、法制審議会少年法部会において審議が開始された。この要綱は、18歳と19歳を「青年層」とし、18歳未満の少年や成人とは異なる手続を採用することを中核として、少年法全体の見直しをすることを内容とするものであった。しかし、審議は難航し、1977年に、少年法部会の中間報告に基づく「中間答申」を行うことで決着をみたのである。
　中間答申は、少年法の基本構造の枠内で、①少年の権利保障の強化と一定限度内での審判への検察官関与という両面から少年審判の改善を図ること、②18歳以上の年長少年について、中間・年少少年の事件とはある程度異な

った特別の扱いをすること、③一定限度内で捜査機関による不送致を認めること、④保護処分の多様化・弾力化を図ること等を骨子としたものであった。しかし、この中間答申に対しても、日本弁護士連合会等からの反対意見が強く、少年法改正問題は、その後、しばらく中断することとなった。

少年法だけに限らず、監獄法改正や保安処分の際にも日本弁護士連合会等は反対意見の声明を出すことが多いが、実務の現状を知らずして、ただ反対に回るのではなく、両面から見て冷静に判断し、なぜ、少年非行や犯罪を犯した者が、自由を拘束されるのか、また、どのようなことが一番社会復帰へ繋がるのかと保護処分後や釈放後のことまでも思案してから意見を述べる必要があるように思われる。

ところが、1993年に「山形マット死事件」の発生をはじめとして、少年審判における事実認定が問題となって社会の耳目を集める事件が相次いだことから、少年審判における事実認定事件の在り方が厳しく問われるようになった。このような状況に鑑み、少年審判制度に対する国民の信頼を維持し、その強化を図るためには、事実認定手続の一層の適正化のための所要の法整備を行う必要があると考え、法務省は、1996年11月、法曹三者による「少年審判に関する意見交換会」を設け、その成果を受けて、1998年7月には、法務大臣から法制審議会に対し、諮問第43号が発出され、審議が行われた。その結果、1999年1月に法務大臣に対して、「少年審判における事実認定手続の一層の適正化を図るための少年法の整備等に関する要綱骨子」の通り整備することが相当であるとの答申がされ、法務省は、この答申を受けて、「少年法等の一部を改正する法律案」を立案し、第145回国会に提出して審議が開始されたものの、2000年6月の衆議院解散により廃案となった。

しかし、少年法改正に関しては、事実認定の問題だけではなく、1997年に発生した神戸の連続児童殺傷事件を契機として、年齢問題が議論されていた上に、2000年5月以降、「西鉄バスジャック事件」をはじめとする一連の17歳の少年による凶悪重大犯罪が発生したこと等から、同年5月の衆議院法務委員会において、「少年非行対策に関する件」が決議され、同年7月、与党三党による「与党政策責任者会議少年問題に関するプロジェクトチーム」が設置され、「少年法等の一部を改正する法律案」が立案された。そして、同年9月、議員提案により第150回国会に提出され、11月28日に成立

し、12月6日に公布となった。これが、いわゆる「改正少年法」と呼ばれるものであり、2001年4月1日に施行となったのである[(1)]。

その後、2001年に施行された少年法、いわゆる2000年少年法には見直し規定が盛り込まれていたため、施行後5年を経過した2007年の第166回国会において、「少年法等の一部を改正する法律」が可決、成立した。この2007年少年法は、本来であれば、2000年少年法に法整備等の必要があれば、措置を講ずるという見直し規定に則って改正されるべきであったが、2000年少年法とは直接関係を持たない内容であった。

それというのも、2007年少年法の改正の引き金となったのは、2003年から2004年にかけて発生した低年齢の少年による重大事件であった。とりわけ注目を集めたのが、2003年7月に長崎で、当時12歳の中学1年生の男子が4歳の幼児を立体駐車場の屋上から突き落として殺害した事件、2004年に長崎佐世保で、当時11歳の小学校6年生の女児が同級生をカッターナイフで殺害した事件であった。これら低年齢の少年による事件は、社会に大きな衝撃を与え、社会的関心を集めた。それを受け、当時の法務大臣が私的な研究会を主催し、その議論を基に触法少年への対処が一項目として取り上げられた『少年非行対策のための提案』をし、政府レベルでは、この提案よりもさらに大きな課題についての検討が開始された。まず、政府は、次代を担う青少年の育成に関する施策について、関係行政機関相互間の緊密な連携を確保すると共に、総合的かつ効果的な推進を図ることを目的として、内閣に青少年育成推進本部を設置し、2003年12月に「青少年育成施策大綱」を取りまとめ、その1項目として、少年非行対策が含まれており、一定の事項につき法整備を検討すべきものとされた。具体的検討事項としては、①触法事件にかかる調査規定の整備、②触法少年について少年院送致を可能にするための法改正、③保護観察中の少年について、遵守事項の遵守を確保し、指導を一層効果的にするための制度的措置の創設が掲げられた。さらに、2003

---

(1) 藤本哲也『犯罪学の窓』52-54頁。
　入江猛「少年法改正の経緯と改正の概要」『法律のひろば』第54巻第4号(2001年)4-5頁。
　甲斐行夫=入江猛=飯島泰=加藤俊治=岡健太郎=岡田伸太=古田孝夫=本田能久=安永健次『少年法等の一部を改正する法律及び少年審判規則等の一部を改正する規則の解説』法曹会(2002年)1-33頁に詳細が記載されている。

年9月には、全閣僚が構成員となった犯罪対策閣僚会議が開催されることになり、同年12月に「犯罪に強い社会の実現のための行動計画」が策定され、犯罪情勢に即した5つの重点課題の1つとして「社会全体で取り組む少年犯罪の抑止」が掲げられた。その検討内容は、保護観察中の少年について、その遵守事項の遵守を確保し、指導を一層効果的にするための制度的措置と、触法少年の審判の前提として必要な警察による事実関係の調査の権限及び手続を明確化するための法整備が明示されていた。

これらの動きを受け、2004年9月、法務大臣から法制審議会に少年の保護事件にかかる調査手続等の整備に関する諮問が発せられ、少年法部会での6回の審議を経て、2005年2月に「少年の保護事件に係る調査手続等の整備に係る要綱」が法制審議会で採択され、法務大臣に対して答申がなされた。そして、この答申を受けて改正法案が作成され、同年3月の第162回国会へ提出され、廃案、再提出、継続審議という過程をたどった後、第166回国会において、可決、成立したのである[2]。

そして、3度目の改正である2008年少年法改正は、2000年の少年法改正で被害者配慮のための諸制度導入よりも、さらに、被害者へ配慮した規定が設けられた。2000年の少年法改正以後、2004年12月に犯罪被害者等基本法が成立し、「すべて犯罪被害者等は、個人の尊厳が重んぜられ、その尊厳にふさわしい処遇を保障される権利を有する」ことが規定され、これを受け、平成17年12月に政府が取り組むべき具体的な施策を定めた犯罪被害者等基本計画が閣議決定された。その基本計画の中には、「法務省において、平成12年の少年法等の一部を改正する法律附則第3条により、同法施行後5年を経過した場合に行う検討において、少年審判の傍聴の可否を含め、犯罪被害者等の意見・要望を踏まえた検討を行い、その結論に従った施策を実施する」こととされた。このような基本法の成立や基本計画を踏まえ、法務省では、2006年の2月と3月に被害者団体からヒアリングを実施したところ、裁判の傍聴を認めてほしいという要望が出された。

法務省では、このヒアリングや法曹関係者等の意見交換会等で得られた見

---

(2) 川出敏裕「少年法の一部改正に至る議論と背景」『法律のひろば』第60巻第10号（2007年）4-5頁。

解を踏まえ、少年法の見直しの必要性等についての検討が進められ、2007年11月29日に法務大臣から法制審議会に対して、少年審判における犯罪被害者等の権利利益の一層の保護等を図るために必要な法整備についての諮問が行われた。その結果、2008年3月7日、法制審議会の少年法部会で諮問された要綱を踏まえ、少年法の一部を改正する法律案が第169回国会に提出され、同年6月11日、参議院本会議において可決、成立した。

その少年法改正の内容とは、①一定の重大事件の被害者等が少年審判を傍聴することができる制度の創設、②家庭裁判所が被害者等に対し審判の状況を説明する制度の創設、③被害者等による記録の閲覧及び謄写の範囲の拡大、④被害者等の申出による意見聴取の対象者の拡大、⑤少年の福祉を害する成人の刑事事件の管轄の移管に関するものであった[3]。

最後に、4度目の改正である2014年少年法改正は、2008年少年法の附則における3年後の見直し規定を受け、法務省において意見交換会が開催されることに端を発している。意見交換会では、2008年改正の主たる内容であった少年審判における犯罪被害者等の権利利益の保護の拡大のほか、国選付添人制度及び検察官関与制度の対象事件の拡大、いわゆる少年刑の見直し等、実務上、改正の必要があると指摘されてきた問題が取り上げられ、そこでの議論を踏まえた上で、法務大臣から法制審議会に対する諮問がなされ、審議と答申を経て、改正法が成立した。ただし、2008年改正法の主たる内容であった犯罪被害者の権利利益の拡大を図るための制度改正は、実現しなかった[4]。

以下、2001年に施行された、いわゆる2000年少年法、2007年少年法、2008年少年法及び2014年少年法の内容について説明し、問題点について論じたいと思う。

---

(3) 川淵健司「平成20年改正少年法の解説」『ケース研究』第299号(2009年)36-38頁。
(4) 川出・前掲書・390-391頁。
　　川出敏裕「少年法改正のあゆみ」『法律のひろば』第67巻第9号(2014年)8頁。

第1節　少年法改正の概要及び問題点

第1項　2000年少年法改正

　2000年少年改正法は、(1)少年事件の処分等の在り方の見直し、(2)少年審判の事実認定、(3)被害者への配慮の拡大手続の適正化の3本柱から成り立っており、項目別に詳細を後述することとする。

1　少年事件の処分等の在り方の見直し

(1)　年齢区分の見直し
① 　刑事処分可能年齢の引き下げ（少年法第20条第1項）
　1948年の少年法においては、処分時16歳未満の少年は、犯行時14歳以上であれば、刑事責任があるにもかかわらず、いかに凶悪重大事件を犯そうとも、少年法の規定により、刑事処分には付されないことになっていた。しかし、1997年の「神戸児童連続殺人事件」を契機として、14歳の少年であっても、罪を犯せば処罰されることがあることを明示することにより、社会生活における責任を自覚させ、その健全育成を図るという趣旨から、刑事処分可能年齢を刑事責任年齢に一致させるために、刑事処分可能年齢の下限を14歳まで引き下げ、14歳以上の少年に係る死刑、懲役又は禁錮に当たる罪の事件について、調査の結果、その罪質及び情状に照らして刑事処分を相当と認めるときは、検察官送致決定ができることとされたのである。
② 　少年院における懲役又は禁錮の執行（少年法第56条第3項）
　これは、上記①の刑事処分可能年齢の引き下げにより、16歳未満の少年に対して懲役又は禁錮を言い渡すことが可能となったが、16歳未満の少年受刑者は、義務教育年齢にあり、その年齢や心身の発達の度合いを考慮すると、刑罰の教育的側面を重視した行刑、特に、教科教育を重視する必要があると考えられる。そこで、刑法第12条第2項又は第13条第2項の規定があ

るにもかかわらず、16歳に達するまでの間、少年院において、その刑の執行をすることができることとし、その場合、その少年には、矯正教育を授けることとしたのである[5]。

(2) 原則逆送制度（少年法第20条第2項）

原則逆送制度は、凶悪重大犯罪を犯した少年に対する処分の在り方を見直したものであり、故意の犯罪行為によって人を死亡させるような重大な罪を犯した場合には、少年であっても刑事処分の対象となる原則を明示することが、少年の規範意識を育て、健全な成長を図る上で重要なことであると考えられている。そのため、家庭裁判所は、故意の犯罪行為により被害者を死亡させた罪の事件であって、その罪を犯すとき16歳以上の少年に係るものについては、検察官に送致する決定をしなければならないと定め、この種の事件については、検察官送致決定を行うことが原則であるとされた。ただし、本要件に該当した場合でも、家庭裁判所の調査の結果、刑事処分以外の措置を相当と認めるときは、検察官送致決定を行わないことができるとされている[6]。

(3) 刑罰緩和規定の見直し（少年法第51条第2項、第58条第2項）

まず、刑罰緩和規定見直しの第1として、死刑を緩和して無期刑を科す場合における仮釈放可能期間[7]の特則の不適用がある。これは、改正前の少年法の規定に遡るが、通常、成人が無期刑に処せられた場合、10年を経過しなければ仮釈放が許されないが（刑法第28条）、少年の場合には、成人と異なって期間が短縮されており、7年を経過した後仮釈放を許すと成人よりも要件が緩和された特則が少年法に規定されていた。そして、改正前の第51条には、犯行時18歳未満の者に対して死刑で処断すべきときは、無期刑を科すとされており、死刑を減軽して無期刑とした上で、さらに仮釈放期間に

---

(5) 入江・前掲論文・5頁。
(6) 入江・前掲論文・6頁。
(7) 少年法制定当時は、「仮釈放」ではなく、「仮出獄」の用語が使用されていたが、監獄法が改正され、刑事収容施設法が制定されると、「仮出獄」が「仮釈放」という用語に変更されたため、本著では、「仮出獄」ではなく、「仮釈放」の用語を使用している。

ついても緩和するとなると、二重に刑が緩和されることになり、罪刑の均衡及び被害者感情等の観点から妥当でないといえる。そこで、改正少年法はこれを改め、死刑を緩和して無期刑を科した場合には、仮釈放可能期間の特則の規定は適用しないとしたのである（少年法第58条第2項）。

次に、刑罰緩和規定見直しの第2として、犯罪時18歳未満の少年に係る無期刑の緩和を裁量的にしたことがある。これは、改正前の少年法第51条では、犯行時18歳未満の者について、無期刑をもって処断すべきときは、10年以上15年以下の範囲で有期刑を科すこととしていたが、無期刑相当の事案に対して、必ず有期刑に減軽しなければならないとするのは適当ではないと考えられた。そこで、罪を犯すとき18歳に満たない者に対しては、無期刑をもって処断すべきときでも、無期刑か有期刑を科すかは、裁判所が選択できるとした規定である（少年法第51条第2項）[8]。

(4) **保護者に対する措置（少年法第25条の2)**

改正前の少年法にはなかった規定であるが、家庭裁判所は、必要があると認めるときは、保護者に対し、少年の監護に関する責任を自覚させ、その非行を防止し、健全育成を図るために、調査又は審判において、訓戒、指導、その他の適当な措置を取り、又は家庭裁判所調査官に命じてこれらの措置を取らせることができるとする規定である[9]。ただし、保護者が訓戒、指導その他の措置に違反しても、法的制裁はないため、実際に親に対して罰金等を科すイギリスの保護者に対する規定（Parenting Order）とは異なり、プログラム規定といえる。

(5) **審判の方式（少年法第22条第1項)**

改正前は、「審判は、懇切を旨として、和やかに、これを行わなければならない。」と規定されていたが、少年審判においても、少年に対して真摯な反省を促す必要があるときは、毅然とした態度で臨むことは当然のことと考

---

(8) 藤本・前掲書・56頁。
入江・前掲論文・6頁。
(9) 藤本・前掲書・56-57頁。
入江・前掲論文・6頁。

えられていた。そこで、改正少年法では、「和やかに行うとともに、非行のある少年に対し自己の非行について内省を促すものとしなければならない」と明記したのである。

2 少年審判の事実認定手続の適正化

(1) 裁定合議制度の導入（裁判所法第31条の4）

　改正前の裁判所法では、家庭裁判所が取り扱う事件については、他に特別の定めがない限り、1人の裁判官がこれを取り扱うこととされていた。ところが、近年、少年事件において、複雑で事実認定が困難な事案や否認事件等が数多くみられるようになり、事案によっては合議体で取り扱い、多角的な視点からの審理判断が必要であると考えられ、少年審判に裁定合議制度が導入されたのである。この裁定合議制とは、複雑で事実認定が困難な場合に、3人の裁判官による合議体により、審理が進められるというものである。裁定合議制は、裁判官が少年と1対1で向き合い、保護的な観点から審理を進めるという本来の少年審判の姿からすると、問題がないとはいえないが、各裁判官の知識や経験を活用した多角的な視点からの分析、証拠評価が可能である合議体のメリットを活かし、より適正な事実認定や処分の選択が可能となり、少年審判に対する国民の信頼を確保することにも繋がると考えられている。

(2) 検察官関与制度の導入（少年法第22条の2）

　少年審判において、事件の真相を解明するために、非行事実を的確に認定することは、非行事実のない少年を誤って処分することがないようにすると同時に、非行のある少年に対しても、適切な保護を施し、その健全な育成を図るという観点からは重要なことである。そのためには、非行事実の認定上問題がある事件については、証拠の収集、吟味における多角的視点の確保や裁判官と少年側との対峙状況を回避させる措置が必要であり、また、事実認定手続を一層適正化することによって、少年審判における事実認定手続に対する被害者をはじめとする国民の信頼確保の必要性から、一定の場合には、少年審判に検察官を関与させることとされた。つまり、①故意の犯罪行為に

より被害者を死亡させた罪、②①に掲げるもののほか、死刑又は無期若しくは短期2年以上の懲役若しくは禁錮に当たる罪の事件につき、その非行事実を認定するための審判の手続に検察官が関与する必要があると認めるときは、決定をもって、審判に検察官を出席させることができるとしたのである。具体的には、①は原則逆送制度の犯罪の範囲と同じであり、②に関しては、現住建造物等放火、強盗、強盗致傷、強姦、強姦致傷、強盗強姦、身代金目的略取等の罪を犯した際に、検察官関与が認められるのである。

　非行事実の認定上問題がある一定の事件については、上述した証拠の収集等から検察官を審判協力者として審判に参加させることは意味のあることであり、審判に検察官が関与する場合には、少年側に、弁護士である付添人、いわゆる国選弁護人が付けられることは当然である。しかし、少年事件をこのような構造にすることは、外観上、地方裁判所の刑事手続と類似した審判構造であり、刑事処分と保護処分が同じ手続構造で処理されることになる。すなわち、裁定合議制度は、家庭裁判所の地方裁判所化をもたらすと考えられるという意見がある[10]。したがって、詳細は後述するが、近年のあらゆる点に見られる、少年審判の刑事裁判化は2000年の少年法改正から顕著に現れるようになったと考えられるだろう[11]。

(3) 抗告受理申立制度の導入 （少年法第32条の4）

　今般の改正では、従来、少年側の保護処分決定に対してのみ認められていた抗告権を、「抗告受理申立て」という形において、検察側にも認めることにした。これは、家庭裁判所の審判について上級審による見直しの機会が全くないというのでは、被害者をはじめとする国民の納得が得られないため、抗告受理申立ての制度を設け、重大な事実誤認等について上級審における見直しの機会を設けようという趣旨である。したがって、検察官は、検察官関与の決定がなされた場合には、不処分決定又は保護処分決定に対し、検察官関与があった事件の非行事実に関し、決定に影響を及ぼす法令の違反又は重大な事実誤認があることを理由とするときは、高等裁判所に対して、2週間

---

(10)　藤本・前掲書・58頁。
(11)　藤本・前掲書・57-58頁。
　　　入江・前掲論文・7頁。

以内に抗告受理の申立てをすることができるようになったのである。

この抗告受理申立制度で誤解を招きやすい点は、抗告受理の申立ては抗告権ではないため、検察官が抗告受理の申立てをしても必ずしも抗告が行われるのではなく、高等裁判所の抗告受理決定がなされて、初めて抗告審の審理が開始される点である。すなわち、高等裁判所が抗告を不当と判断すれば、抗告を受理しないとの決定により、事件が終局することになる。

なお、検察官の抗告受理申立理由は、検察官関与があった事件の非行事実の認定に関する事実誤認又は法令違反に限定されており、要保護性のみに関係する事実の誤認等は、理由とはならない。

(4) 観護措置期間の延長（少年法第17条第4項、第9項、第17条の2）

改正前の少年法では、少年を少年鑑別所に収容する観護措置期間は最長4週間であった。しかし、少年事件においても、多数の証拠調べが必要であるなど相当の審理日数を要する事件があり、審理を最長4週間で終えることが困難であった。そこで、犯罪少年に係る死刑、懲役又は禁錮に当たる罪の事件で、その非行事実の認定に関し、証人喚問、鑑定若しくは検証を行うことを決定したもの又はこれを行ったものについて、少年を収容しなければ、審判に著しい支障が生じるおそれがあると認めるに足りる相当の理由がある場合に限って、さらに2回、最長8週間を限度として更新を行うことができるようになったのである。

また、観護措置期間の延長に伴い、少年の身柄拘束の判断を一層適正ならしめるために、少年、その法定代理人又は付添人が、観護措置決定又はその収容期間の更新決定に対して、異議申立てをすることができることとされた。

(5) 保護処分終了後における救済手段の整備（少年法第27条の2）

従来、少年法及び実務においては、保護処分の継続中に限り、非行事実がなかったことを認め得る明らかな資料を新たに発見したときは、保護処分の取消しによる救済を認めていた。しかし、保護処分終了後であっても、本人の情操保護の観点から救済措置が必要であると考えられたことから、保護処分終了後であっても、審判に付すべき事由の存在が認められないにもかかわらず、保護処分をしたことを認め得る明らかな資料を発見したときにも、本

人の生存中の措置として、保護処分をした家庭裁判所は、決定をもって、その保護処分を取り消さなければならないとし、いわゆる再審に類似する事後的な是正に当たる救済の手続が整備された[12]。これは、少年審判における正義の実現及び少年の権利の点からも重要な改正であるといえる。

3　被害者への配慮の拡大

(1)　被害者等の申出による意見の聴取（少年法第9条の2）

　いわゆる「犯罪被害者保護二法」によって刑事手続に導入された被害者等による心情その他の事件に関する意見の陳述制度と同趣旨の規定である。すなわち、被害者の意見聴取により審判が被害者等の心情や意見を踏まえた上でなされることで少年審判に対する国民の信頼を一層確保すると共に、少年に被害者等の心情や意見を認識させることも容易となる。そこで、犯罪少年又は触法少年に係る事件の被害者又はその法定代理人若しくは被害者が死亡した場合におけるその配偶者、直系の親族若しくは兄弟姉妹から、被害者に関する心情その他の事件に関する意見の陳述の申出があるときは、家庭裁判所は、自ら意見を聴取し、又は家庭裁判所調査官に命じて、これを聴取させることができることとなったのである。

　意見の陳述の申出があれば、原則としてこれを聴取するが、意見陳述を認めることが相当でない場合、例外的に、事件の性質、調査又は審判の状況その他の事情を考慮して、相当でないと認めるときは意見聴取をしないことができるとされている。ただし、刑事手続とは異なり、少年審判では、意見聴取が必ずしも審判廷で行うことが予定されていない。

(2)　被害者等による記録の閲覧及び謄写（少年法第5条の2）

　家庭裁判所は、犯罪少年及び触法少年事件について審判開始決定があった後、被害者又はその委託を受けた弁護士から申出があり、被害者等の損害賠償請求権の行使のために必要があると認める場合その他正当な理由がある場

---

(12)　藤本・前掲書・60頁。
　　　入江・前掲論文・8-9頁。

合であって、少年の健全な育成に対する影響、事件の性質、調査又は審判の状況等の事情を考慮して相当と認めるときは、当該保護事件の記録で非行事実に係る部分に限り、申出をした者にその閲覧・謄写をさせることができるとした。

　これは、被害者等が損害賠償請求訴訟を提起している場合に、その民事訴訟のために保護事件の記録を利用することを希望する等民事上の請求や被害回復に資することを目的とした規定であり、少年の健全育成等を害しない範囲で認めることが相当であるとして、民事上の請求には直接関係しない少年の要保護性に係る社会記録は除外されている。実際に運用する際には、被害者救済の必要性と加害少年の人権保障のバランスを考慮することが必要である。

(3)　被害者等に対する審判結果等の通知（少年法第31条の2）

　少年審判は、刑事裁判とは異なり非公開であるため、事件の内容やその処分結果等を知りたいという被害者等の正当な要求に対して、従来の少年法では、そのような要求に応えることができなかった。しかし、被害者の要求に対しても一定の配慮が必要であるとのことから、家庭裁判所は、事件を終局させる決定をした場合において、犯罪少年又は触法少年に係る事件の被害者等の申出により、その申出をした者に対し、①少年及びその法定代理人の氏名及び住居、②決定の年月日、主文及び理由の要旨を通知することとされた。ただし、通知をすることが少年の健全育成を妨げるおそれがあり、相当でないと認められるものについては、通知しないこととしている。これは、刑事裁判同様、近年高まっている被害者救済の流れを反映したものであると考える[13]。

---

(13)　藤本・前掲書・60-62頁。
　　　入江・前掲論文・9-10頁。

第2項　2007年少年法改正

1　触法少年に係る事件の調査

(1)　**警察による調査規定の整備（少年法第6条の4第1項、第6条の5第1項）**

　14歳未満の少年には、刑事法上、責任能力が認められないため、刑罰法令に触れる行為を行ったとしても犯罪にはならない。刑事訴訟法では、捜査機関が「犯罪」があると思料する場合に捜査を行うこととされており（刑事訴訟法第189条第2項、第191条）、警察が触法少年を発見した場合に、触法少年の行為は「犯罪」にならないため、事件の事実解明のために行う証拠収集等の調査活動については、刑事訴訟法上の捜査に関する規定は適用されないと解されている。そして、少年法にも調査のための特別な規定が存在しておらず、触法少年に対する調査ができなかったため、警察は、警察法第2条の規定を根拠に、触法事件の調査を行ってきた。

　他方、触法少年については、家庭裁判所が、都道府県知事又は児童相談所長から送致を受けたときに限って、調査、審判を行うことができるとする、いわゆる児童福祉機関先議の原則が定められている（少年法第3条第2項）。そのため、調査の結果、少年が要保護児童に該当すれば、児童相談所等に通告を行い、通告を受けた児童相談所は、必要があれば、一時保護の措置を取った上で調査を行い、児童福祉法上の措置を取るか、家庭裁判所に送致するかを決定することになる。

　このような従来の手続には、非行事実の解明と事件処理の透明性という観点から、以下のような問題があった。すなわち、①警察による調査の際には、任意の措置しか取ることができず、犯罪捜査であれば可能な刑訴法上の強制処分を一切行うことができない、②児童相談所による調査は、児童の心身の状況や家庭環境等を対象とするものであって、児童が行った非行自体の解明に主眼を置いていない上に、児童相談所の職員には、警察官が持っているような犯罪事実の調査能力は備わっておらず、通告後の児童相談所による調査に非行事実の解明を期待することは困難である、③重大な触法事件で、家庭

裁判所に事件が送致されることなく、非行事実及び児童に対して取られた措置の内容が明らかにならないまま児童相談所限りで手続が終了してしまう、④最近の重大触法事件では、児童相談所の調査能力の限界や、重大な事件を起こした少年を虐待を受けた少年と一緒に一時保護所に置くことの問題から、児童相談所が通告を受けた後、独自の調査をほとんど行うことなく、家庭裁判所に送致するという問題があり、今般の改正では、上述したような問題があることから、実務の要請に加え、治安の悪化に対する国民の不安感の増大及び犯罪被害者保護の動きが相俟って、触法事件の調査に関する規定の整備が行われたのである。

(2) 少年の権利・利益の保護（少年法第6条の2第2項、第6条の3）

14歳未満の触法少年は、警察の調査の際にも年齢に応じた配慮が必要とされることから、少年の権利・利益に配慮した規定を置くべきとの意見がなされ、調査の際には、少年の情操の保護に配慮すべき旨の規定が設けられた。また、同様の趣旨から、調査の際には、弁護士を付添人として選任することができる規定も置かれた。

(3) 児童福祉機関先議の原則の修正（少年法第6条の6、第6条の7）

調査規定の整備に合わせ、①少年法第22条の2第1項に掲げられている一定の重大な罪に係る刑罰法令に触れる事件、及び、②家庭裁判所の審判に付することが適当と思料される事件については、児童福祉法上の通告とは別に、警察官から児童相談所長への送致という新たな手続が設けられた。その上で、児童相談所長は、①に該当する事件については、原則、それを家庭裁判所へ送致しなければならないとされている。

これは、一定の重大事件については、警察から児童相談所を経て、家庭裁判所へという事件処理の流れを作り、その中で非行事実の認定と処分の決定がなされることを担保しようとするものである。これにより、非行事実の解明がなされると共に、児童相談所限りの処理ではなく、家庭裁判所による司法手続の中で少年の処分が決定されることになり、社会一般と被害者に対する関係において、手続の透明性を高めることが意図されている[14]。

2 14歳未満の少年の少年院送致（少年法第24条第1項、少年院法第1条の2、第2条第2項、第2条第5項）

改正前の少年院法では、初等少年院及び医療少年院においても、収容年齢が14歳以上とされていた。そのため、児童相談所から事件を送致された家庭裁判所が、14歳未満の少年を施設に入れて処遇することが必要であると考えた場合には、保護処分として、少年院送致を言い渡すことはできないため、児童福祉法上の施設である児童自立支援施設への送致がなされてきた。児童自立支援施設は、開放処遇が原則で、夫婦小舎制が取られており、14歳の少年については、少年院において矯正教育を行うよりも、児童福祉法の中で家庭的雰囲気の下、開放的な処遇を行う方が、少年の改善教育にとって望ましいとされてきた。

しかし、14歳未満の少年の中にも、非行性が相当進んでいたり、そうでなくても、内面に深刻な問題を抱え、職員との情熱的な関わりができない等児童自立支援施設の想定する福祉的な処遇になじまない少年が存在するのであった。また、複雑な精神的問題を抱えている少年を児童自立支援施設で十分な措置ができるのかと疑問視されていた。さらに、近年の重大な触法事件においては、少年を児童自立支援施設に送致した上で、家庭裁判所の許可を得て、長期の強制的措置を併用するというのは、開放処遇を基礎とする児童自立支援施設の本来の処遇とは趣旨が異なるという問題が生じた。

そして、家庭裁判所での処遇決定の際、13歳と14歳の共犯事件であれば、少年院に送致できるか否かが分かれるため、少年が処分を不公平であると感じ、処遇効果が減殺されるという問題点も指摘されていた。

そこで、少年によっては、14歳未満であれ、児童自立支援施設ではなく、少年院に送致し、早期により強力な働きかけを伴う矯正教育を受けさせた方が、その改善教育にとって望ましい場合があるという理由から、少年院法を改正し、14歳未満の少年も少年院に収容できるものとした。ただし、14歳未満の者に対する少年院送致はあくまで例外的であるとされている。

---

(14) 川出・前掲論文・8-10頁。

また、政府提出案では、年齢に関係なく、個々の少年にとって最適な処遇を選択するという趣旨から、年齢の下限を置いていなかったが、低年齢の少年が少年院送致になる可能性があるとのことから、国会審議で修正がなされ、初等少年院及び医療少年院において、「おおむね12歳以上」という下限が付されることになった。

　14歳未満の少年を少年院送致にするか否かは、あくまで当該少年の改善教育にとっての有効性の観点から決定され、非行事実の重大性それ自体を根拠に少年院送致が選択されるわけではないため、少年非行に対する厳罰化とは無関係とあるが[15]、14歳未満の少年の身柄を拘束し、教育を施すというのは、矯正教育本来の趣旨からいえば、この制度は逆行しているものということができ、結果として、重大事件を犯した少年を施設に閉じ込めるという意味からは、やはり厳罰化あるいは重罰化といえるのではないだろうか。確かに、重大な犯罪を犯した触法少年には矯正教育のノウハウを生かした処遇が適切な場合もあろうが、国立の児童自立支援施設でも少年院と連携して特別な規定を設ければ、矯正教育のノウハウを学べると思われ、少年院に送致する規定を設ける必要はないと考えられる。また、非行事実の重大性それ自体を根拠に少年院送致が選択されるわけではないとあるが、この改正の背景自体に、低年齢の少年による一連の重大事件が挙げられているのだから、非行事実の重大性が考慮された上で、少年院送致の決定がなされているのではないだろうか。法改正後、毎年10名前後の14歳未満の少年が少年院送致になっており、そのうち、12歳以下で収容された少年は、計4名のみである[16]。事件の詳細が不明なため、収容の根拠は明らかではないが、14歳未満の少年の数は少ないため、国立の児童自立支援施設での処遇を改めて検討する余地があるのではないだろうか。

---

(15)　川出・前掲論文・8-9頁
(16)　法務省HP「17-00-11 新収容者の非行名別年齢」『2017年少年矯正統計』（http://www.e-stat.go.jp/stat-search/files?page=1&layout=datalist&toukei=00250006&+stat=00000102846&cycle=7&year=20170&mo）参照。

3 保護観察中の者に対する措置（少年法第26条の4）

　保護観察は、保護処分を言い渡された者の約85％（平成28年）を占めており、保護処分の中心であるといえる。保護観察とは、遵守事項を設定し、それを少年に守らせると共に、保護観察官や保護司が定期的に少年と接触することにより、指導と監督を行うことで、少年の改善教育を図ることが予定されている。
　しかしながら、少年が遵守事項を守らず、保護観察が機能しない状態に陥り、少年に再非行のおそれがある場合にも、それに応じた仕組みが存在しなかった。そこで、保護観察の実効性を確保し、少年の再非行防止のための措置が求められたことを受け、今回の改正に至ったのである。
　その内容とは、少年が遵守事項を守らない場合には、保護観察所長が少年に警告を発し、それでも遵守事項を守らず、その程度が重いと認めるときには、家庭裁判所に申請することができる。そして、家庭裁判所は、その申請に基づき、調査、審判を行い、遵守事項の重大な違反があり、その程度が重く、当該保護事件の継続によっては本人の改善更生を図ることができないと認められた場合に、少年院送致決定又は児童自立支援施設等送致決定を行うことが可能となった。要するに、重大な遵守事項違反を少年法第3条第1項の非行事実と並ぶ新たな審判事由とした上で、少年に再非行のおそれを含む要保護性が認められる場合に少年院送致決定又は児童自立支援施設送致決定という新たな保護処分を行うものといえる。したがって、遵守事項に違反した場合、保護観察に付された少年が、施設である少年院へ送致されることになるのである。これにより、少年に遵守事項を遵守させ、保護観察の実効性を担保する目的と機能を有することになる。しかし、少年院等への送致には、要保護性が要求され、遵守事項違反のみを理由として少年院送致を行うことはできないので、少年院等への送致は、遵守事項違反に対する制裁ではないといえ、この制度自体は保護観察の実効性の担保だけを目的としたものではないということができると解されている。すなわち、少年院送致という威嚇によって、少年に遵守事項を守らせようとするものであり、保護観察の性格を変容させるとの批判もあり、少年院送致の威嚇効果があるかは、今後の統

計を見ないと定かではないが、前者の意図である遵守事項違反の少年を規定された手続に基づいて保護観察の枠内に引き戻すことにあるという理由より、後者の少年院送致という威嚇効果を狙ったことの方が本来の目的のように思われる。

4　国選付添人制度

　1948年少年法には、少年に対して、刑事事件の国選弁護人制度に対応する国選付添人制度は存在していなかったが、2000年の少年法改正により、審判への検察官関与決定がなされた際、少年に弁護士である付添人がいない場合には、家庭裁判所が弁護士たる付添人を選任することとされた。

　しかしながら、実際に運用が始まると、貧困その他の理由で、少年ないしその保護者が自ら付添人を選任できないという場合があり、その際、実務上は、裁判所が法律扶助制度を使って付添人を選任させてきた。けれども、この制度には財政上の問題があったことに加えて、検察官が関与する場合以外にも国選付添人制度を導入すべきであると意見があったことから、法制審議会を経て、導入が決定したのである。

　国選付添人制度とは、少年審判手続におけるものであり、刑事事件における国選弁護人制度に該当するものであるが、すべての事件について認められている国選弁護人とは異なり、対象事件が限定されている。その対象事件とは、①対象となる罪種が、検察官関与が認められる事件であり、②少年鑑別所への収容観護の措置が取られたことが必要とされている事件である。これらは、いずれも、国選付添人の必要性が高いものである。

　また、選任方式についても、請求ではなく、裁判所が必要と認めた場合に、職権で選任される[17]。

---

(17)　川出＝金・前掲書・390頁。

第3項　2008年少年法改正

1　被害者等による少年審判の傍聴（少年法第22条の4）

　1948年の少年法制定以来、少年審判は原則非公開とされてきた。しかしながら、少年法改正の経緯で述べたように、犯罪被害者等基本法及び犯罪被害者等基本計画の成立に伴い、被害者の要望を受け、家庭裁判所は、少年の健全育成を妨げるおそれがなく相当と認めるときは、一定の重大事件の被害者等に少年審判の傍聴を許すことができるとされたのである。

　まず、少年審判傍聴の対象となる事件とは、いわゆる12歳以上の触法少年に係る事件であって、①故意の犯罪行為により被害者を死傷させた罪と、②刑法第211条（業務上過失致死傷等）の罪に当たるものである。ただし、被害者を傷害した場合については、「生命に重大な危険を生じさせたとき」に限られるとのことである。すなわち、被害者に対して医療措置を施しても、被害者が死に至るような死亡に至る蓋然性が極めて高い状態、例えば、危篤状態に陥る場合等にあることを意味している。したがって、少年の行為により、被害者が重い後遺障害を負った場合でも、生命に重大な危険が生じていなければ、傍聴の対象とはならないと解されている。このように対象が一定の重大事件に限定されたのは、犯罪被害者等基本法が基本理念として定める「個人の尊厳」にふさわしい処遇を実現するためであり、この「個人の尊厳」とは、人の生命に害を被った場合やこれに準ずる場合に傍聴を認めることが趣旨に合致しており、少年審判が非公開とされた趣旨からすると、被害者等による傍聴を非公開の例外として認めるも、対象事件は、何ものにも代え難い家族の生命を奪われた場合等に、被害者側が事実を知りたいという傍聴の利益が特に大きい場合に限るのが適当であると考えられたからである。

　この点に関して、決して少年審判の傍聴に賛成ではないが、例外として、傍聴を認める以上、重度の後遺障害を負うということは、重大事件の被害者である可能性が高いと推測できるので、生死をさまようような状態でなければ、傍聴が許されないという点には、少々、疑問を感じる。次に、申出資格

についてであるが、審判の傍聴の申出ができるのは、対象事件の「被害者等」、すなわち、被害者又はその法定代理人若しくは、被害者が死亡した場合やその心身に重大な故障がある場合には、その配偶者、直系の親族、兄弟、姉妹である。

2　被害者等に対する審判の状況説明（少年法第22条の6第1項）

　家庭裁判所は、犯罪少年又は触法少年に係る事件の被害者等から申出がある場合に、少年の健全育成を妨げるおそれがなく相当であると認めるときは、申出をした被害者等に対し、審判期日における審判の状況を説明することとされた。これは、被害者等が少年審判の状況について十分な情報を得たいという心情は、犯罪被害者等基本法の趣旨からして、十分に尊重すべきと考えられたことから導入された規定である。なお、説明の申出は、事件を終局させる決定が確定した後、3年を経過したときは、できなくなるとのことである。

　傍聴制度の対象との違いは、傍聴制度の対象が一定の重大事件に限定されているのに対し、説明制度では対象事件の限定がない点である。したがって、説明制度では、被害者がいる事件であれば、すべて説明の対象となるのである。また、この規定は、法人でも申出が可能であり、法人の場合は、代表者に審判の状況説明をすることになると解釈されている。

　説明の担当者に関しては、家庭裁判所が説明するものとすると規定されているが、基本的には裁判所書記官が説明を行い、被害者の精神状態等によっては、家庭裁判所調査官が専門性を発揮して説明をした方が良いと考えられる。そこで、法律ではなく、規則第30条の14にて、裁判所書記官又は家庭裁判所調査官に説明をさせることができる旨が定められている。

　そして、家庭裁判所が説明する「審判の状況」とは、審判の客観的・外形的事実、具体的には、審判期日の日時・場所・出席者、事実認定手続等の審判経過、少年及び保護者の陳述要旨、処分結果等をさしており、その説明方法は、被害者の希望に沿って、口頭又は書面によって説明されるのである。その際、家庭裁判所に説明を受けた被害者等に対しては、「審判の状況」に少年及び保護者のプライバシーにわたる事項が含まれているので、少年の健

全育成を妨げたり、審判に支障を生じさせることを考慮し、傍聴した者と同様に、守秘義務を課すとのことである。

3 被害者等による記録の閲覧・謄写の範囲拡大（少年法第22条の6）

改正前の少年法においても、被害者等による事件記録の閲覧・謄写は認められていたが、その対象となる範囲が、保護記録のうち、犯行の動機、態様及び結果その他の当該犯罪に密接に関連する重要な事実を含む非行事実に係る部分に限定されていた。また、閲覧・謄写が認められるには、損害賠償請求権の行使のために必要があると認める場合その他正当な理由がある場合で、かつ、少年の健全育成に対する影響、事件の性質等の事情を考慮して相当と認めるときとの要件を満たされなければならず、被害者等から、少年の身上や経歴等も対象にすべきであるという意見や、単に事件の内容を知りたいとの理由でも認められるべきであるという意見があった。また、2007年6月に成立した犯罪被害者等の権利利益の保護を図るための刑事訴訟法等の一部を改正する法律によって、原則、刑事事件の公判記録の閲覧・謄写が被害者に認めることができるように要件が緩和されたことを受け、閲覧・謄写の対象となる記録の範囲が拡大された。ただし、少年の要保護性に関して行われる調査の記録である社会記録については、少年や関係者のプライバシーに深く関わる内容を含むため、閲覧・謄写の対象外とされたのである。

したがって、今般の改正では、改正前から許されていた閲覧・謄写の対象とされていた記録に加え、少年の身上に関する供述調書及び審判調書、少年の生活状況に関する保護者の供述調書等についても対象となった。また、閲覧・謄写の要件が緩和され、被害者等については、原則、記録の閲覧・謄写を認めることとされ、例外的に、閲覧・謄写を求める理由が正当でないと認める場合又は少年の健全育成に対する影響、事件の性質、調査又は審判の状況その他の事情を考慮して相当でないと認める場合に限り、閲覧・謄写が認められないとされた。

4　被害者等の申出による意見聴取の対象者の拡大（少年法第9条の2）

　改正前の少年法第9条の2において、被害者等の申出による意見聴取制度はすでに設けられていたが、その意見聴取の対象者が、被害者又はその法定代理人若しくは被害者が死亡した場合におけるその配偶者、直系の親族、兄弟姉妹に限られており、被害者の心身に重大な故障がある場合におけるその配偶者等は対象外であった。

　しかしながら、被害者の心身に重大な故障がある場合、被害者本人の意見陳述は困難であるケースがある上に、刑事訴訟法における被害者等による意見の陳述や、少年法における被害者等による記録の閲覧・謄写の制度においては、被害者の心身に重大な故障がある場合にはその配偶者も対象とされていることから、改正法では、被害者の心身に重大な故障がある場合には、従来の規定にその配偶者を加え、被害者が死亡した場合と同様に、意見聴取の対象者となったのである。

5　成人の刑事事件の管轄の移管

　改正前は、少年法第37条第1項に掲げられた少年の福祉を害する成人の刑事事件や18歳未満の者を深夜業に従事させる罪については、通常の刑事事件と異なり、家庭裁判所が第1審の裁判権を有していた。そこで、第37条第1項の事件とそれ以外の事件が併合罪の関係にある場合、家庭裁判所と地方裁判所等に別々に公訴が提起され、審理期間が不当に長くなったり、併合審理がなされた場合とは異なる刑が言い渡されるという問題や、第37条第1項に掲げる事件については、家庭裁判所に起訴されることにより、簡易裁判所の略式命令による処理ができなくなるという問題があった。

　そのため、第37条が削除され、第37条に規定があった成人の刑事事件については、他の刑事事件同様、地方裁判所又は簡易裁判所で取り扱うように改正されたのである[18]。

---

(18)　川出＝金・前掲書・390-392頁。
　　 川出・前掲論文・8-10頁。

第 4 項　2014 年少年法改正

1　国選付添人制度及び検察官関与制度の対象事件の範囲拡大（少年法第 22 条の 2、第 22 条の 3）

　これは、国選付添人制度及び検察官関与制度の対象事件の範囲を「死刑又は無期若しくは長期 3 年を超える懲役若しくは禁錮に当たる罪」の事件にまで拡大するものである。

　まず、国選付添人制度については、国選付添人制度が初めて導入された 2000 年改正法においては、その対象は検察官が審判に関与した事件に限られていたが、2007 年改正法においては、少年に付添人が必要とされるのは、検察官が関与した場合に限られるものではないとして、対象事件が拡大された[19]。しかし、その範囲外の事件であっても、多数の人が関与し、関係者の供述が相互に異なる事案のような場合、少年審判でより適切な事実認定をするために、国選付添人が関与することが適切である事件の存在や、付添人が、少年審判手続の段階から少年の帰住先を確保したり、暴力団との関係を断絶させる等の環境調整に弁護士である付添人の関与が必要であると考えられるものが存在することに加えて、同一の弁護士が、捜査手続と家庭裁判所における保護手続を通じて少年を継続的に援助できるようにするためには、国選付添人制度の対象事件の範囲を被疑者国選弁護制度の対象事件の範囲と一致させる必要があるということから、対象範囲が拡大された。これにより、家庭裁判所の裁量による国選付添人制度の対象事件は、傷害、窃盗、詐欺、過失運転致死傷等にまで拡大されることになった。

　次に、検察官関与制度については、導入の趣旨である①裁判官と少年との対峙状況を回避する、②少年側以外の公益的見地からの視点による証拠の収集、吟味を加えた事実認定を可能にするという点は、あらゆる事件に妥当す

---

(19)　2007 年少年法における検察官関与が認められていた事件とは、①故意の犯罪行為により被害者を死亡させた罪、又は、②それ以外で死刑又は無期若しくは短期 2 年以上の懲役若しくは禁錮に当る罪にかかる事件である。

るものであるが、2000年改正の際には、検察官関与への反対論が強く、適正な事実認定が必要とされる事件に対象が限定されたという経緯がある。しかし、対象以外の事件でも事実認定の適正化のために検察官関与が必要と考えられるものが存在することが裁判所側から示されたことに加え、国選付添人制度の対象事件を拡大するのであれば、検察官関与事件の範囲を一致させる必要があるということから、対象範囲が拡大されたのである。ただし、今回の改正においても、検察官関与は、家庭裁判所が「非行事実を認定するための、審判の手続に検察官が関与する必要がある」と認めた場合に限られるという点には変更がない[20]。

2 少年の刑事事件に関する処分の規定の見直し（第51条第2項、第58条第2項、第52条）

少年の刑事事件に関する処分の規定の見直しについては、大別すると、無期刑の緩和刑に関する規定と、少年の不定期刑に関する規定に分けられる。

無期刑の緩和刑に関する規定については、①無期刑の緩和刑として言い渡される有期刑の上限を15年から20年に引き上げる、②無期刑を言い渡された者について、仮釈放をすることができる期間を「3年」から「その刑期の3分の1」に改める、の2つがある。

少年の不定期刑に関する規定については、①不定期刑の長期及び短期の上限について、改正前の少年法では「10年」と「5年」とされていたのを、「15年」と「10年」に引き上げる、②不定期刑を科す対象事件の範囲について、処断刑が「長期3年以上の有期の懲役又は禁錮」から「有期の懲役又は禁錮」である場合に拡大する[21]、③不定期刑の長期と短期の幅について、長期の2分の1（長期が10年を下回るときは、長期から5年を減じた期間）を下

---

(20) 川出＝金・前掲書・391頁。
　　川出・前掲論文・10-12頁。
　　藤本哲也『刑事政策概論（第7版）』青林書院（2015年）353頁。
　　法務省HP「少年法の一部を改正する法律に関するQ&A」1-2頁（http://www.moj.go.jp/content/000122447.pdf）参照。
(21) この規定により、少年に対して有期の懲役又は禁錮を言い渡すときには、すべて不定期刑を言い渡さなければならないことになった。

回らない範囲とする[22]、④不定期刑の短期について、一定の場合には処断刑の下限を下回る期間を定めることができるようにする等の改正が行われた。

　今回の改正における引き上げの理由としては、少年が被害者の生命を奪うという凶悪重大な犯罪行為を行った場合等において、少年に対して無期刑を科すのは酷だが、5年以上10年以下の不定期刑では軽すぎるとの指摘があり、成人に対する有期刑の上限が2004年の刑法改正によって30年に引き上げられたこととのバランスを取ったということが挙げられる。すなわち、成人の有期刑の上限が30年にもかかわらず、少年の場合は上限が10年というのは、無期刑との差が開きすぎており、裁判所の量刑の選択肢を広げることにより、少年に対してその責任に見合った刑を科すことを可能にするために見直しが実施されたのである[23]。

　以上が、2014年における少年法改正の概要であり、下記では、各少年法改正後の運用状況を見た後、少年法改正後の問題点について論じたいと思う。

第5項　少年法改正後の運用状況[24]

1　2000年少年法改正後の運用状況及びその問題点

　2000年少年法改正は、(1)少年事件の処分等の在り方の見直し、(2)少年審判の事実認定手続の適正化、(3)被害者への配慮の充実の3本柱から成り立っている。(1)の主な内容としては、①逆送可能年齢の引き下げ、②原則逆送制度の導入、(2)には、①裁定合議制の導入、②検察官が関与した審理の導入、③観護措置期間の延長、④抗告受理申立て制度の導入、⑤保護処分終了後に

---

(22)　この規定の趣旨としては、不定期刑の長期と短期の幅が大きくなると、裁判所が被告人の受ける不利益の程度を画するという機能が十分に発揮できなくことを防止するためである。
(23)　川出＝金・前掲書・392頁。
　　　藤本・前掲書・353頁。
　　　法務省HP「少年法の一部を改正する法律に関するQ&A」4・6頁（http://www.moj.go.jp/content/000122447.pdf）参照。
(24)　司法研修所編『改正少年法の運用に関する研究』法曹会（2008年）12-18頁。
　　　司法研修所『少年審判の傍聴制度の運用に関する研究』法曹会（2012年）19-29頁。

第5章　少年矯正制度の概要及び問題点

表-13　刑事処分可能年齢の引下げ（少年法第20条第1項）

一般事件	人数	終局時年齢	備考
傷害致死	2	各15	共犯事件
強盗強姦	1	15	

（注）このほか、交通関係事件での検察官送致事例が2人（いずれも原動機付自転車の無免許運転による道路交通法違反の事案で、終局決定時年齢は各15歳である。）であった。
資料源：最高裁判所事務総局家庭局『平成12年改正少年法の運用の概況（平成13年4月1日～平成18年3月31日）』2頁
（http://www.courts.go.jp/vcms_lf/20516006.pdf 参照）。

おける救済手続の整備等があり、(3)には、①被害者への審判結果等の通知、②被害者による審判記録の閲覧・謄写、③被害者からの意見の聴取がある。これらのうち、2000年少年法改正では、特に関心が高かった事項が、今現在、どのような状況になっているかについて分析を行う。

　まず、逆送可能年齢の引き下げに関しては、改正当時、14歳や15歳による凶悪重大事件が後を絶たない状況であることに鑑み、14歳・15歳であっても罪を犯せば処罰されることがあるということを明示することにより、社会生活における責任を自覚させ、その健全育成を図る必要があることから、刑事処分可能年齢を刑事責任年齢に一致させて、下限を従前の16歳から14歳に引き下げた経緯がある[25]。

　刑事処分可能年齢の引き下げ後の統計として、最高裁判所事務総局家庭局が示した数値としては、**表-13**にあるように平成18年までの統計しかないため、**表-14**にその後の統計を追記した。まず、**表-13**は、最高裁判所事務総局家庭局が作成した表であり、終局時年齢の内訳まで提示されている。それによると、平成13年4月から平成18年4月までの5年間においては、件数は少ないが、14歳あるいは15歳で検察官送致になる者は、主に、傷害致死と強盗強姦であることがわかる。この傾向が近年まで継続しているかを確認するため、**表-14**を見ると、若干、**表-13**の内容と異なるが、わずかながら、**表-13**に記載されている罪名よりも軽微な犯罪で検察官送致がなされているケースが見られる。また、刑事処分可能年齢の引き下げ以降、平

---

(25)　司法研修所編・前掲書・100頁。

表-14　一般保護事件における終局人員（14歳・15歳）

	検察官送致人数	罪名及びその内訳
H.13	0人	
H.14	1人	強盗強姦1人
H.15	3人	傷害致死2人、道路運送車両法1人
H.16	1人	傷害致死1人
H.17	1人	殺人1人
H.18	4人	窃盗1人、恐喝1人、わいせつ1人、特別法犯（その他）1人
H.19	4人	傷害1人、傷害致死2人、盗品譲受け等1人
H.20	0人	
H.21	0人	
H.22	0人	
H.23	0人	
H.24	0人	
H.25	1人	わいせつ1人
H.26	1人	窃盗1人
H.27	1人	殺人1人
H.28	0人	

資料源：裁判所HPの司法統計「平成13年～平成28年　一般保護事件の終局人員　行為時年齢及び終局決定別非行別　全家庭裁判所」
（http://www.courts.go.jp/app/sihotokei_jp/search）を基に筆者作成。

成19年までは、適用対象が毎年存在していたが、平成20年以降は、適用される事件がほぼ皆無である。また、平成13年以降、検察官送致件数が皆無である年の検察官送致の適用対象になる罪名の件数を確認したところ、平成20年以降も殺人に関しては、毎年、コンスタントに5件前後発生しており、強盗致傷に関しては、平成20年は94件あったものが、平成28年は14件と激減しているものの、件数としては存在しており、その他、強盗致死や強姦等も発生しているが、検察官送致になっていないのが実状である。したがって、14歳・15歳に対する検察官送致は、運用上はほとんど適用がなく、厳罰化しているとはいえ、裁判官の裁量によって、少年院送致等の教育的処遇が重視されていることが窺える。このことは、少年院に収容される少年院受刑者が2000年以降、未だ皆無であることと照らし合わせても明白である。

表-15は、いわゆる原則検察官送致に関して、平成13年4月1日から平

成 18 年 3 月 31 日までの 5 年間の統計を表したものである。

　その内訳を見ると、検察官送致の割合が最も高いものは危険運転致死であり、9 割以上が検察官送致となっている。次いで、強盗致死、殺人、傷害致死の順であるが、殺人の割合は殺人全体の約 57％しか検察官送致となっていない。すなわち、残りの約 43％は、保護処分決定を受けている。殺人の場合、保護処分決定を受けるケースとしては、犯行の動機及び態様、犯行後の状況、少年の性格、年齢、行状及び環境その他の事情を考慮し、刑事処分以外の措置が相当と認められた場合であり、嬰児殺や少年の精神状態に問題があるものや、親族間で事件を犯したものが多い[26]。また、傷害致死の場合も検察官送致の割合が殺人と変わらず、保護処分等が 43.2％となっているが、傷害致死の場合は、共犯事件で少年の関与が付和雷同的なものが多いとされる[27]。

　2000 年改正少年法施行前の 10 年間の平均検送率は、殺人が 24.8％、傷害致死が 9.1％、強盗致死 41.5％であり、**表-15** と比較すると、改正後の殺人、傷害致死及び強盗致死の平均検送率が高くなっており、改正による条文の効果が表れているといえる。

　表-16 は、**表-15** の数値を最新化したものである。その内訳は、**表-15** とあまり変化はなく、検察官送致の割合が最も高いものは危険運転致死であり、次いで、傷害致死、強盗致死、殺人となっており、2 位以下の順位が多少入れ替わっている。ただし、全体的に少年非行の数が激減していることもあり、原則検察官送致の対象となる犯罪の総数が半減しており、検察官送致

---

(26)　改正前の少年法は、刑事処分相当と認めるときに検察官送致決定をするとしていたのに対し、第 20 条第 2 項は、一定の場合には検察官送致を原則としているため、この限りでは、従来の原則と例外を逆転させている。このような原則検察官送致制度の位置付けに関しては、改正前は、刑事処分を相当として検察官に送致するのは保護処分による矯正改善の見込みがない場合（保護不能）、又は、保護不能ではないが、事案の性質、社会感情、被害者感情等から保護処分で対処するのが不相当な場合（保護不適）と解されていたが、改正後は、原則、保護不適な場合に該当するものとしたと考えられている。第 20 条第 2 項本文は、保護処分が社会的に許容されない保護不適の場合を推定した規定と解され、家裁が、第 20 条第 2 項但書を適用して保護処分を選択するときには、保護処分の方が矯正改善に適しているあるいは必要というだけではなく、保護処分を許容し得る特段の事情が必要と解される（司法研修所編『改正少年法の運用に関する研究』法曹会（2006 年）5 頁）。

(27)　最高裁判所事務総局家庭局『平成 12 年改正少年法の運用の概況（平成 13 年 4 月 1 日～平成 18 年 3 月 31 日）』2-3 頁（http://www.courts.go.jp/vcms_lf/20516006.pdf 参照）。

表-15　いわゆる原則検察官送致（平成13年4月1日～平成18年3月31日）

	合計	検察官送致	保護処分等	特別少年院	中等少年院	医療少年院	保護観察	不処分
殺　　人	77	44 (57.1%)	33 (42.9%)	1	24	5	3	0
傷害致死	190	108 (56.8%)	82 (43.2%)	4	57	0	20	1
危険運転致死	29	27 (93.1%)	2 (6.9%)	0	2	0	0	0
保護責任者遺棄致死	3	0 (0.0%)	3 (100.0%)	0	1	0	2	0
強盗致死	50	37 (74.0%)	13 (26.0%)	5	6	2	0	0
合　　計	349	216 (61.9%)	133 (38.1%)	10	90	7	25	1

（注）1　罪名は認定罪名による。また、幇助犯を含む。
　　　2　「検察官送致」はいずれも刑事処分相当を理由とするものである。
　　　3　少年法55条による移送は、家庭裁判所が検察官送致決定をした事件について検察官が公訴を提起した場合に、地方裁判所が、事実審理の結果、少年の被告人を保護処分に付するのが相当であると認めるときに、事件を家庭裁判所に移送するものである。同条による移送で再係属した少年を計上すると、同一少年について当初の検察官送致決定との重複計上となるため、これを除外した。
　　　　なお、同条による移送で再係属した少年11人は、罪名は傷害致死が10人、強盗致死が1人、受移送審における終局結果はいずれも保護処分（中等少年院送致）である。
　　　4　平成12年改正少年法施行前の10年間の平均検送率は、殺人（未遂を含む。）24.8%、傷害致死9.1%、強盗致死41.5%である。
資料源：最高裁判所事務総局家庭局『平成12年改正少年法の運用の概況（平成13年4月1日～平成18年3月31日）』3頁（http://www.courts.go.jp/vcms_lf/20516006.pdf 参照）。

　の罪名別でも大幅に件数が減っている。特に、強盗致死と傷害致死の減少数は際立っており、強盗致死は、**表-15**の頃よりも約74%減少し、傷害致死は約65%も減少している。しかしながら、検察官送致の割合に関しては、危険運転致死の場合には100%検察官送致になり、傷害致死の場合は、検察官送致率が72.7%と**表-15**よりも約16%も高くなっていることから、この2つに関しては厳罰化傾向にあるといえるのではないだろうか。
　表-17及び**図-7**は、平成13年4月1日から平成18年3月31日までの裁定合議決定の内訳が示されたものであり、**表-18**及び**図-8**は、平成24年から平成28年までの裁定合議制の内訳を記したものである。

表-16　いわゆる原則検察官送致（平成24年～平成28年）

	合計	検察官送致	保護処分等	少年院送致*注1				不処分
				特別少年院（第2種）	中等少年院（第1種）	医療少年院（第3種）	保護観察	
殺　　人	49	26(53.1%)	23(46.9%)	0	16	5	2	0
傷害致死	66	48(72.7%)	17(25.8%)	0	16	0	1	1
危険運転致死	21	21(100%)	0(0.0%)	0	0	0	0	0
保護責任者遺棄致死	3	0(0.0%)	3(100%)	0	3	0	0	0
強盗致死	13	9(69.2%)	4(30.8%)	0	4	0	0	0
合　　計	152	104(68.4%)	47(30.9%)	0	39	5	3	1

（注1）少年院の種類に関しては、平成26年6月に新たな少年院法が制定され、従来の初等少年院、中等少年院、特別少年院及び医療少年院の4種類が、第1種、第2種、第3種、第4種となった。平成27年、平成28年の統計については、新たな少年院法の種類に従って計上。
資料源：法務省法務総合研究所編『平成25年版～平成29年版　犯罪白書』日経印刷株式会社、昭和情報プロセス株式会社（2013～2017年）100、119、118、114、118頁を基に筆者作成。

　まず、**表-17**と**表-18**を比較すると、両者共に5年間の裁定合議制の総数は約170件と差はないが、罪名に関しては、傷害致死と殺人の順位は同じであるが、それ以降の順位は異なっており、罪名の種別についても、強盗致死の件数が減少傾向にあるのに対して詐欺は増加している。また、強姦、強制わいせつ、集団強姦等の性犯罪に関するものが増加している。この点に関しては、近年、少年非行の総数が減少し、窃盗や横領が急減している中、性犯罪は依然として横ばい若しくは増加傾向にあることとリンクしているように思われる。

　次に、**図-7**と**図-8**を比較すると、どちらも重大事件で事実認定が困難な罪種に集中しているといえる。これは、事実認定が困難な場合を想定して設けられた規定であるため、本来の趣旨にかなっている。しかしながら、円グラフを見る限りでは、裁定合議制が始まった頃より、若干、軽微な罪名の占める割合が高くなっている。

　検察官関与決定があったもの（**図-9**）としては、強姦が最も多く、次いで、傷害致死、強盗致傷、殺人の順である。したがって、強姦事件の場合は、検察官関与になる可能性が高いといえる。また、**表-19**のように裁定合議事件と検察官関与決定が共にされた人員は32人おり、その内訳としては、傷

表 -17　裁定合議決定の内訳（平成 13 年 4 月 1 日～平成 18 年 3 月 31 日）

傷害致死	53	道路交通法違反	4	危険運転致死	1
殺　人	28	業務上過失致死	3	重過失致死	1
強盗致死	18	恐　喝	3	逮捕監禁	1
殺人未遂	11	業務上過失傷害	2	監禁致死	1
傷　害	8	強盗殺人未遂	2	わいせつ目的誘拐	1
強姦致傷	6	爆発物取締罰則違反	2	迷惑防止条例違反	1
強　姦	5	非現住建造物等放火	1	ぐ　犯	1
窃　盗	5	建造物等以外放火	1	保護処分取消し	1
強盗致傷	5	強制わいせつ	1	収容継続申請	1
現住建造物等放火	4	強制わいせつ致傷	1	合　計	172

（注）1　罪名は送致罪名による。
　　　2　合議体による審理の場合には、最低 2 人の判事（いわゆる特例判事補も含む。）が構成員となり、裁判長は判事がなる（裁判所法 31 条の 5、27 条 2 項）。
資料源：最高裁判所事務総局家庭局『平成 12 年改正少年法の運用の概況（平成 13 年 4 月 1 日～平成 18 年 3 月 31 日）』6 頁（http://www.courts.go.jp/vcms_lf/20516006.pdf 参照）。

表 -18　裁定合議決定の内訳（平成 24 年～平成 28 年）

傷害致死	35	強　姦	8	放　火	1
殺　人	31	強制わいせつ	7	過失致死傷	1
傷　害	22	詐　欺	5	失　火	1
殺人未遂	21	強盗致傷	3	暴　行	1
窃　盗	11	業務上過失傷害	3	強　盗	1
強盗致死	9	集団強姦	3		
その他	9	覚せい剤	2	合　計	174

資料源：裁判所 HP の司法統計「平成 24 年～平成 28 年　第 27 表　一般保護事件の終局総人員（合議決定のあった人員―非行別、検察官関与決定のあった人員―意見聴取の有無別非行別―全家庭裁判所）
（http://www.courts.go.jp/app/sihotokei_jp/search）を基に筆者作成。

害致死が 9 人、殺人が 6 人、強盗致死が 5 人、強姦が 4 人と若干、順序が入れ替わっている。これに関しては、**表 -20** との差異は、若干罪名が異なる点であり、近年は、窃盗や詐欺に対する検察官送致が増加傾向にある。

第 5 章　少年矯正制度の概要及び問題点　161

図 -7　裁定合議決定のあった事件（平成 13 年 4 月 1 日〜平成 18 年 3 月 31 日）

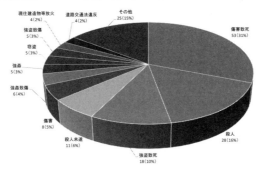

資料源：最高裁判所事務総局家庭局『平成 12 年改正少年法の運用概況（平成 13 年 4 月 1 日〜平成 18 年 3 月 31 日）6 頁
（http://www.courts.go.jp/vcms_lf/20516006.pdf 参照）。

図 -8　裁定合議事件のあった事件（平成 24 年〜平成 28 年）

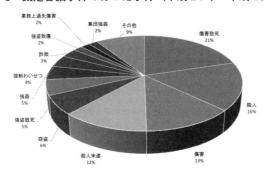

資料源：裁判所 HP の司法統計「平成 24 年〜平成 28 年　第 27 表　一般保護事件の終局総人員（合議決定のあった人員―非行別、検察官関与決定のあった人員―意見聴取の有無別非行別―全家庭裁判所」（http://www.courts.go.jp/app/sihotokei_jp/search）を基に筆者作成。

　表 -21 と表 -22 は対象が異なるため、比較は困難であるが、表 -22 の観護措置期間の 6 週間以内と 8 週間以内は、表 -21 と大差があり、2000 年の少年法改正当初より、観護措置期間が延長されていることが窺える。表 -21 の段階では、観護措置の平均期間は 43 日であり、約 6 週間であった。しかし、内訳をみると、5 週間が最も多く、次いで 7 週間超が多いという結果になっている。観護措置期間は長期化傾向にあるが、少年鑑別所の業務を見ると、期間の延長が可能となったため、就労支援等を少年に実施する等、少年

図-9　検察官関与決定のあった事件（平成13年4月1日～平成18年3月31日）

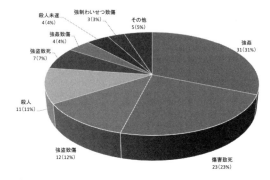

資料源：最高裁判所事務総局家庭局『平成12年改正少年法の運用の概況（平成13年4月1日～平成18年3月31日）』7頁
(http://www.courts.go.jp/vcms_lf/20516006.pdf参照)。

表-19　裁定合議事件と検察官関与決定が共にされた人員
（平成13年4月1日～平成18年3月31日）

傷害致死	9	強　姦	4	強制わいせつ致傷	1
殺　人	6	強姦致傷	3	監禁致死	1
強盗致死	5	強盗致傷	3	合　計	32

（注）　罪名は送致罪名による。
資料源：最高裁判所事務総局家庭局『平成12年改正少年法の運用の概況（平成13年4月1日～平成18年3月31日）』8頁（http://www.courts.go.jp/vcms_lf/20516006.pdf参照)。

院との役割が重複している上、本来、観護措置期間を12週まで延長しなかったことは、在学中の少年に対する配慮が根底にあるが、この趣旨と乖離し始めているような印象を受ける。

　表-23及び**表-24**は、被害者への配慮に関する規定の状況であるが、この制度が始まった段階から、申出があった事件に対する許可率は、約98％であった。この傾向は、近年も続いており、申出があった事件に対して、閲覧、謄写が認められたケースは約98％であり、意見聴取については約95％、審判状況の説明に関しては約97％、審判結果通知に関しては約99％と高い数値を維持しており、いずれのケースにおいても申出をすれば、ほとんどのケースで許可が下りる傾向にある。平成28年度のみ、閲覧・謄写、意見聴

表-20 裁定合議事件と検察官関与決定が共にされた人員（平成24年～平成28年）

傷害致死	15	窃盗	7	殺人未遂	2
殺人	8	詐欺	5	その他	9
強盗致死	8	強制わいせつ致傷	5		
強姦	8	強盗致傷	2	合計	69

資料源：裁判所ＨＰの司法統計「平成24年～平成28年　第27表　一般保護事件の終局総人員（合議決定のあった人員—非行別、検察官関与決定のあった人員—意見聴取の有無別非行別—全家庭裁判所」
（http://www.courts.go.jp/app/sihotokei_jp/search）を基に筆者作成。

表-21 観護措置期間の延長（平成13年4月1日～平成18年3月31日）

4週間超	5週間超	6週間超	7週間超	合計
46	95	47	61	249

資料源：最高裁判所事務総局家庭局『平成12年改正少年法の運用の概況（平成13年4月1日～平成18年3月31日）』9頁（http://www.courts.go.jp/vcms_lf/20516006.pdf 参照）。

表-22 観護措置期間の延長（平成24年～平成28年）

42日以内（6週間以内）	56日以内（8週間以内）	合計
200	309	509

資料源：裁判所ＨＰの司法統計「平成24年～平成28年　第26表　一般保護事件の終局総人員のうち観護措置決定のあった人員—観護措置の期間別非行別—全家庭裁判所」
（http://www.courts.go.jp/app/sihotokei_jp/search）を基に筆者作成。

表-23 被害者への配慮の充実（平成13年4月1日～平成18年3月）

	閲覧・謄写	意見聴取	結果等通知
申出人数	2880	825	3180
認	2836	791	3153
否	44	34	27

（注）　数字はいずれも平成13年4月1日から平成18年3月31日までに裁判所に申し出た人数である。
資料源：最高裁判所事務総局家庭局『平成20年改正少年法の運用の概況（平成13年4月1日～平成18年3月31日）』11頁（http://www.courts.go.jp/vcms_lf/240326gaikyou.pdf 参照）。

164 第1節 少年法改正の概要及び問題点

表-24 被害者等の人員―被害者配慮制度の運用状況（平成19年～平成28年）

年次	記録の閲覧・謄写			意見聴取			審判状況の説明			審判結果通知		
	申出人員	許可		申出人員	実施		申出人員	実施		申出人員	実施	
		人員	比率(%)		人員	比率(%)		人員	比率(%)		人員	比率(%)
平成19年	824	805	97.7	271	266	98.2	―	―	―	1,010	1,004	99.4
20年	718	706	98.3	239	219	91.6	2	2	100.0	1,025	1,023	99.8
21年	1,077	1,057	98.1	282	274	97.2	429	420	97.9	1,287	1,279	99.4
22年	966	946	97.9	278	267	96.0	527	516	97.9	1,239	1,231	99.4
23年	1,083	1,075	99.3	384	370	96.4	501	488	97.4	1,213	1,207	99.5
24年	1,264	1,236	97.8	401	380	94.8	613	592	96.6	1,435	1,424	99.2
25年	1,261	1,234	97.9	343	327	95.3	655	633	96.6	1,440	1,438	99.9
26年	1,055	1,042	98.8	270	264	97.8	553	545	98.6	1,269	1,266	99.8
27年	1,137	1,111	97.7	315	301	95.6	514	505	98.2	1,100	1,090	99.1
28年	1,080	1,051	97.3	244	226	92.6	362	340	93.9	991	982	99.1

（注）1　記録の閲覧・謄写、意見聴取及び審判結果通知の申出人員は、その年に制度を利用したか、申出を取り下げた又はこれを認めない判断がされた被害者等の延べ人員である。
　　2　審判状況の説明の申出人員は、その年の事件終局までに申出をした被害者等の延べ人員である。
　　3　審判状況の説明は、平成20年12月15日施行の少年法の一部を改正する法律により導入された制度である。
　　4　比率は、申出人員に対するものである。
　　5　実情調査に基づく概数である。
資料源：法曹会「家庭裁判所事件の概況（2・完）」『法曹時報』第70巻第1号（2018年）235頁。

取、審判状況の説明の3つの項目において、許可の比率が下がっているが、今後、このような状況が継続する場合には、許可の基準に変化がもたらされたことを意味する可能性がある。

　表-25における被害者等による少年審判の傍聴は、2008年の少年法改正を受けて運用が開始されたものである。平成20年以降の傍聴に対する許可の比率は、平成23年に90.5％と最大値を記録後、増減を繰り返しながら、おおむね85％前後の許可率をキープしている。しかしながら、少年審判は原則非公開であり、「健全育成」に支障がない場合は傍聴を許可するといえど、申出をすれば85％前後は許可が下りるというのは、審判非公開の趣旨とは合致しないように思われる。

表-25　少年保護事件の既遂人員―被害者配慮制度の運用状況（審判傍聴）

年次	傍聴対象	傍聴申出あり	許可	
			人員	比率(%)
平成20年	9	6	6	100.0
21年	218	94	80	85.1
22年	156	76	66	86.8
23年	165	74	67	90.5
24年	132	70	59	84.3
25年	97	73	64	87.7
26年	91	68	59	86.8
27年	74	51	45	88.2
28年	74	41	34	82.9

(注)　1　「傍聴対象」には、致傷事件のうち、生命に重大な危険が生じたとして被害者等から申出がされたが、裁判所が傍聴対象事件として取り扱わなかったものを含む。
　　　2　「傍聴申出あり」には、申出が取り下げられた人員を含む。
　　　3　比率は、「傍聴申出あり」に対するものである。
　　　4　1人の少年につき、複数の被害者等から申出があった場合は、1人でも許可されれば、許可されたものとして集計している。
　　　5　実情調査に基づく概数である。
資料源：法曹会「家庭裁判所事件の概況（2・完）」『法曹時報』第70巻第1号（2018年）236頁。

第6項　少年法改正における問題点

(1)　刑事処分可能年齢の引き下げについて

　法律制定以前、刑事処分可能年齢が14歳以上となり、14歳や15歳の少年が逆送され、懲役刑を言い渡された場合、少年刑務所に送られることになるが、これでよいのかという問題があった。すなわち、刑法第12条第2項によれば、懲役刑受刑者には「所定の作業」が課されるため、当然、少年刑務所にいる少年にも所定の作業を課すことになるのだが、16歳未満の少年を作業に従事させるのは、年少者の労働を禁じている労働基準法第56条違反ではないかということである[28]。しかし、この点は、14歳や15歳の少年が義務教育年齢であることを考えれば、労働作業よりも教科教育を重視しな

ければならないとされ、今回の改正法では、懲役刑を言い渡された 16 歳未満の少年は、16 歳に達するまでの間、少年院において刑の執行を受けることができ、その場合は、矯正教育を授けることとするとされ、実際にそのような少年を扱う少年院においては、「Jt」(現在の矯正教育課程では、「J」に該当)という処遇分類を設けて処遇を行うこととされた[29]。しかし、実際に過去 5 年間の統計を見ると（法律施行以来）[30]、「Jt」の分類を受けた者は存在しておらず、下記①の問題と関連している。

① 少年刑務所との関係

この問題は、上述したように、14 歳以上で逆送となり、検察官に起訴され、地方裁判所の審理の結果、懲役刑を言い渡された場合、原則、少年刑務所に送られるのであるが、2000 年少年法では、Jt という処遇分類を設け、16 歳までは少年院で矯正教育を授けることとなっている。

しかし、2001 年の法律施行後、矯正統計年報の新受刑者の属性を見る限り、未だ「Jt」は 1 人も存在していないのである。今年で運用 17 年目となるが、適用事例が 1 件もないというのは、実効性が全く認められず、実務では、改正前と同じく、14 歳及び 15 歳の少年に関しては、少年法の理念である健全育成、社会復帰に基づき、少年の可塑性を信じ、刑事処分を科すのではなく、保護処分を言い渡していると推測できるのである。ならば、再度、年齢の見直しを行い、14 歳及び 15 歳が凶悪で重大な犯罪をしたとしても、16 歳未満の者は、従来通り、保護処分を言い渡すことにしても良いのではないだろうか。

また、この問題に関して、年齢を見直した方が良いと考える他の理由は、

---

(28) 労働基準法第 56 条は、「使用者は、児童が満十五歳に達した日以後の最初の三月三十一日が終了するまで、これを使用してはならない」と規定しており、児童の労働に関する最低年齢を定めたものである。

(29) 藤本・前掲書・55 頁。

(30) 法務省 HP「06-00-35 新受刑者の罪名別　属性及び犯罪傾向の進度」『2006 年矯正統計統計表』(http://www.e-stat.go.jp/SG1/estat/List.do?lid=000001018010) 参照。
法務省 HP「10-00-35 新受刑者の罪名別　属性及び犯罪傾向の進度」『2010 年矯正統計統計表』(http://www.e-stat.go.jp/SG1/estat/List.do?lid=000001076421) 参照。
法務省 HP「16-00-35 新受刑者の罪名別　属性及び犯罪傾向の進度」『2016 年矯正統計統計表』(https://www.e-stat.go.jp/stat-search/files?page=1&layout=datalist&toukei=00250005&tstat=000001012930&cycle=7&year=20160&month=0)
2002 年から 2016 年までの Jt は 0 である。

仮に14歳で刑事処分を言い渡され、少年院に収容された場合、16歳になれば少年刑務所へ移送されるが、16歳に達する前に刑期を終了したならば、どうなるのであろうか。少年受刑者というレッテルが貼られるにもかかわらず、処遇内容は少年院と同じということになれば、通常の少年院送致の少年よりも社会復帰が困難となり、改善更生を妨げるのではないだろうか。さらには、少年刑務所へ移送せずに刑期を終了した者には、刑事処分を科すことで生じる威嚇効果もなく、無意味ではないかと考える。また、実際の適用事例はないが、少年院から少年刑務所へ移送された場合、処遇内容が全く異なるため、相当の配慮が必要であり、少年にとってもマイナスではないかと思われる。
　したがって、見直しの際には見過ごされてきた実効性がない規定に関しては、改めて考える必要があると思われる。
　② ①と同様、少年院法改正により、おおむね12歳以上の者を少年院へ収容できることとなったが、今現在、収容は毎年10件前後である。よって、この規定も実効性があるとはいえず、少年院ではなく、国立の児童自立支援施設の充実化を図るという対処法もあったのではないだろうか。しかし、平成20年以降、13歳以下の者が少年院に収容され始めている。平成20年は2名、平成21年は3名、平成22年になると急激に増加し、13名となっており、平成23年は7名、平成24年は9名、平成25年は11名だが、初めて12歳以下の少年が1名収容されている。平成26年は9名で、平成27年は10名、平成28年は7名、平成29年は3名となっており、各年10名前後で推移しており、12歳以下は計4名のみである[31]。このような状況のため、実効性

---

(31)　法務省HP「17-00-20 新収容者の矯正教育課程別 年齢」『2017年 少年矯正統計』（https://www.e-stat.go.jp/stat-search/files?page=1&layout=datalist&toukei=00250006&+stat=0000010 12846&cycle=7&year=201708m&month=0&+class1=000001012848）参照。
　　法務省HP「16-00-20 新収容者の矯正教育課程別 年齢」『2016年 少年矯正統計』（https://www.e-stat.go.jp/stat-search/files?page=1&layout=datalist&toukei=00250006&tstat=00000101 2846&cycle=7&year=20160&month=0&tclass1=000001012848）参照。
　　法務省HP「13-00-24 新収容者の矯正教育課程別 年齢」『2013年 少年矯正統計』（https://www.e-stat.go.jp/stat-search/files?page=1&layout=datalist&toukei=00250006&tstat=00000101 2846&cycle=7&year=20130&month=0&tclass1=000001012848）参照。
　　法務省HP「10-00-24 新収容者の矯正教育課程別 年齢」『2010年 少年矯正統計』（https://www.e-stat.go.jp/stat-search/files?page=1&layout=datalist&toukei=00250006&tstat=00000101 2846&cycle=7&year=20100&month=0&tclass1=000001012848）参照。

があるか否かは、今後の再非行率を基に検証する必要があると考える。

③　「おおむね12歳以上」の「おおむね」とはどのぐらいの期間を示すのか不明確な点が問題である。少年法において、18歳を1日でも過ぎれば、死刑を科すことができるというように、法律はあくまで厳格であるべきであると思うので、「おおむね」を付加することには疑念がある。

以前、条文内に「おおむね」という規定があったが、議会での論議により、「おおむね」を削除した経緯があるにもかかわらず、再び、法律で規定するというのは問題ではないか。また、11歳の少年による事件を想定し、その年齢の少年も少年院送致ができるようにしたのであろうが、1件の事件が引き金となり、法律を改正するのは法的安定性を害する。

(2) 保護者に対する措置

当初は、家庭裁判所調査官によるものだったが、現在は矯正及び保護でも実施している。矯正では保護者会を実施しているが、薬物中毒等保護者に問題のあるケースにどう対処するかが問題である。

(3) 裁定合議制

①　端的にいえば、検察官関与により刑事裁判化しているのではないかという問題がある。

②　また、弁護士付添人が多用されることによって、刑事弁護との区別が付いていない弁護士がトラブルを起こすケースが増えている。例えば、少年に対して黙秘を指示するが、少年審判においては、この黙秘によって要保護性がないと見なされ、処分が重くなる可能性もある。つまり、少年鑑別所において否認を指示し、鑑別が機能しなくなる。そうなれば、本来、少年法は少年保護のための制度であり、少年の利益を考慮したものであるが、保護できなくなる。

③　鑑定留置の請求によって、観護措置と合わせて4か月間、拘禁される可能性がある。その場合、義務教育の実施が困難になるほか、学校を休むため、留年のリスクが高くなる。したがって、かえって少年の更生が困難になるケースが生じる。

第2節　旧法令における少年鑑別所の概要及び問題点

　少年鑑別所における旧法令の規定は、少年法に1条及び旧少年院法に3条のみしかなく、独立した法令はなかった。したがって、少年鑑別所は、少年鑑別所処遇規則を主体に運営されていたのである。しかし、目的規定や役割も不明確なため、運営自体に問題が多かったため、少年院法から独立した少年鑑別所法案が国会に提出され、審議がなされたのである。以下、旧法令の規定及び少年鑑別所の役割を概観した後、問題点に触れたいと思う。

第1項　旧法令における少年鑑別所の概要

1　少年鑑別所における旧法令の規定

(1) 少年法における少年鑑別所の規定
　少年法における少年鑑別所の規定は、少年法第17条のみであった。

>　第17条（観護の措置）　家庭裁判所は、審判を行うため必要があるときは、決定をもって、次に掲げる観護の措置をとることができる。
>　一　家庭裁判所調査官の観護に付すること。
>　二　少年鑑別所に送致すること。
> 3　第1項第2号の措置においては、少年鑑別所に収容する期間は、2週間を超えることができない。ただし、特に継続の必要があるときは、決定をもって、これを更新することができる。
> 4　前項ただし書の規定による更新は、1回を超えて行うことができない。ただし、第3条第1項第1号に掲げる少年に係る死刑、懲役又は禁錮に当たる罪の事件でその非行事実の認定に関し証人尋問、鑑定若しくは検証を行うことを決定したもの又はこれを行ったものについて、少年を収容しなければ審判に著しい支障が生じるおそれがあると認め

るに足りる相当の理由がある場合には、その更新は、さらに2回を限度として、行うことができる。

9　第1項第2号の措置については、収容の期間は、通じて、8週間を超えることができない。ただし、その収容の期間が通じて4週間を超えることとなる決定を行うときは、第4項ただし書に規定する事由がなければならない。

　第17条は、観護の措置に関する規定であるが、2000年の少年法改正に伴い、少年事件においても、従来の最長4週間では非行事実の認定が困難であったため、最長8週間に延長されたのである。

(2) 旧少年院法における少年鑑別所の規定

　旧少年院法における少年鑑別所の規定は、旧少年院法第16条、第16条の2及び第17条の3条であった。

第16条（少年鑑別所）　少年鑑別所は、少年法第17条第2項第2号の規定により送致された者を収容するとともに、家庭裁判所の行う少年に対する調査及び審判並びに保護処分の執行に資するため、医学、心理学、教育学、社会学その他の専門的知識に基づいて、少年の資質の鑑別を行う施設とする。

第16条の2（少年の資質の鑑別）　少年鑑別所は、家庭裁判所、刑事施設の長、少年院の長、地方更生保護委員会及び保護観察所の長以外の者から少年の資質の鑑別を求められたときは、前条の業務に支障を来たさない範囲において、これに応ずることができる。

第17条（少年鑑別所の管理）　少年鑑別所は、国立とし、法務大臣がこれを管理する。

2　第9条、第13条第2項及び第3項並びに第14条から第15条までの規定は、少年鑑別所にこれを準用する。

　この3か条は、主に、少年鑑別所の目的規定及び役割を規定したものといえる。しかし、少年鑑別所も少年院同様、独立した機関であるにもかかわら

ず、目的及び役割規定がおよそ2条しかなく、運営については少年院法の準用では、少年鑑別所の役割が不明確であり、役割が重複する可能性もあるため、問題であった。

(3) 旧少年鑑別所処遇規則における少年鑑別所の規定
ここでは、少年鑑別所の規定において重要な規則を列挙したいと思う。

> 第2条　少年鑑別所においては、少年を明るく静かな環境に置いて少年が安んじて審判を受けられるようにし、そのありのままの姿をとらえて資質の鑑別を行うように心がけなければならない。
> 第8条　あらたに入所した少年は、なるべく単独室に入れなければならない。
> 第11条　少年は、なるべく性格、経歴、入所度数、年齢、共犯関係、審判の進行状況等を斟酌して、互いに居室を別にしなければならない。
> 第15条　少年が家庭裁判所その他の場所へ出頭する場合には、職員が同行しなければならない。
> 第16条　少年の同行にあたっては、逃走を防止し、且つ、少年の名誉心を害することのないように、注意しなければならない。
> 第17条　鑑別は、少年の素質、経歴、環境及び人格並びにそれらの相互の関係を明らかにし、少年の矯正に関して最良の方針を立てる目的をもって、行わなければならない。
> 第38条　少年に対し面会を申し出た者があるときは、近親者、保護者、付添人その他必要と認める者に限り、これを許す。
> 第39条　面会にあたっては、職員が立会い、観護及び鑑別に害がないようにつとめなければならない。
> 2　前項の立会は、付添人との面会には、これを適用しない。近親者又は保護者との面会につき必要があると認める場合も、同じである。
> 第40条　通信の発受は、所内の規定に反しない限り、これを許す。

2　少年鑑別所の沿革

　少年鑑別所制度が発足したのは、昭和24年（1949年）と比較的新しく、第二次世界大戦後、少年法が全面改正された際に誕生した。

　少年鑑別所の先駆は、昭和8年に制定された少年教護法第4条にある「少年教護院内に少年鑑別所を置くことを得」の規定に見出せるという。具体例としては、昭和10年に少年教護法に規定する鑑別機関として、誠明学園内に東京府立少年鑑別所が設立されている。その後、戦後すぐに少年法が改正されたが、はじめは審判決定前で身柄を拘束する「少年観護所」が設けられ、これに少年教護法による鑑別機関を拡充するものとして、少年鑑別所が付置された。すなわち、現在の少年鑑別所とは異なり、観護を目的とする少年と鑑別を要する少年を別の場所に拘束していたのである。その後、少年観護所と少年鑑別所の一体化が図られ、現在に至っている。

　少年鑑別所の設置理由は、①少年に対して成人と異なる特別な処遇を行うのは、審判後だけでなく、審判前も同様であり、処分決定前であって、少年の保護育成のための配慮をした取扱いをすることが効果的であるため、少年の保護育成に積極的な寄与をなし得る機関を設け、少年の身柄を管理させ、処遇させる必要がある。また、未決拘禁は、少年にとっては好ましいものではなく、弊害となる危険性もあることから、少年に対する勾留は、捜査の必要上やむを得ない場合にのみ認めれば良いとのことである。また、②非行少年に適切な処遇を選択するためには、非行事実だけでなく、非行に関係した諸要因に対する調査、とりわけ少年の人格についての調査が必要であり、審判前の調査は、少年法の目的達成に不可欠であるとの理由が列挙されている。

　以上から、少年法は、被疑者及び被告人の逃亡・証拠隠滅の防止を図るための身柄拘束である勾留とは異なる観護の措置を規定し、この執行機関として少年鑑別所を設置したのである。

　また、少年法は、家庭裁判所が受理した事件について科学調査を義務付けており、特に、少年鑑別所の調査結果を活用した調査を命じているが、それは、非行事実だけで処分決定をするのではなく、非行少年の人格的特性を科学的調査により的確に見極めて適切な処分を課すと共に、保護処分の執行と

しての処遇をより効果的なものとすることを意図している。そのため、少年鑑別所送致という観護措置は、身柄の保全に加え、少年の健全育成を目的とする保護手続上、重要で積極的な意義がある[32]。

3 少年鑑別所の設置目的

少年鑑別所の設置目的は、「家庭裁判所の審判決定前の少年は、これを警察の留置場、矯正院の出張所、又は拘置監等に収容しておくことは弊害もあるので、この弊害を防止するため、独立した少年の観護所を設け、更に医学、心理学、教育学、社会学その他の専門的知識に基づいて少年の資質の鑑別を行う少年鑑別所を設置して、少年の科学的分類と矯正教育の基礎の確立を図った」とされており、主に4つに細分できる。

第1に、観護の措置として送致された少年を収容して、その身柄を保全するという観護の目的そのものである。第2は、家庭裁判所の行う少年に対する調査及び審判、更には保護処分の執行に役立てるために少年の資質の鑑別を行うことを目的とするものである。この中には、少年院及び更生保護委員会及び保護観察所からの資質鑑別の依頼も含む。第3は、観護措置の収容以外にも勾留、勾留に代わる措置等による収容も行う。第4は、一般社会人等からの依頼により少年の資質の鑑別をすることを目的とするものがある。以上が、少年鑑別所の目的であるが、主要な目的としては、1番目と2番目に挙げられた観護措置が命じられた少年の身柄の保全及資質の鑑別にある[33]。

4 少年鑑別所の役割

少年鑑別所の役割とは、家庭裁判所の行う少年に対する調査及び審判並びに保護処分の執行に資するため、少年の資質の鑑別を行うことにあり、資質の鑑別と行動観察の結果を「鑑別結果通知書」として家庭裁判所に提出する。この資質の鑑別は、旧少年院法第16条にあるように、家庭裁判所、刑事施

---

(32) 法務省矯正研修所編『研修教材 少年院法』財団法人矯正協会（1978年）26-27頁。
(33) 財団法人矯正協会・前掲書・28-29頁。

設の長、少年院の長、地方更生保護委員会及び保護観察所の長から求められたときに資質の鑑別を行う。また、旧少年院法第16条の2の規定にあるように、第16条以外の者から求められる資質の鑑別について行うものを一般鑑別という。

収容期間は、原則2週間であるが、1回の延長が可能であり4週間まで認められる。ただし、少年法第17条第4項に該当するものについては、最大8週間まで延長が可能である[34]。

鑑別については、各種の心理テストを含む科学的調査によって実施される。

行動観察に関しては、居室等における日常的な生活場面での行動観察が基本であり、主流は意図的行動観察である。意図的行動観察とは、観察者が対象者に意図的な刺激、働きかけを行い、その中で生じる反応を観察・記録し、対象者の心情把握やパーソナリティの理解の参考にする。観護措置収容期間が最大8週間に延長が可能となったこともあって、多様な意図的行動観察が行われている。意図的行動観察には、下記のようなものがある[35]。

①貼り絵―細かな貼り絵を作成させ、作成態度、能率、作品から心情を把握する。
②絵画―作成態度、絵の内容から心情を把握する。
③課題作文―課題に対する意識の観察。
④感想文―問題意識の観察。
⑤集団討議―自己主張、協調性、リーダーシップなどの観察。
⑥漫画―②、③の代替。
⑦創作活動―ワークブック方式の冊子を活用し、①から⑥までを含む行動を観察する。
⑧少数集団によるコラージュ―作成過程、作品説明、作品の形式・内容の分析により、自己表現、集団の人間関係、影響力などを把握する。
⑨ロールレタリング―相手の気持ちの理解度、対応方法などを観察する。
⑩ロールプレイング―⑧及び⑨を組み合わせて、自己表現、人間関係、影響力、相手の気持ちの理解度などを観察する。

---

(34) 入江・前掲論文・8頁。
(35) 法務省矯正研修所編『研修教材 少年院法（3訂版）』財団法人矯正協会（2010年）212-213頁。

⑪レクリエーション指導―自己主張、協調性、リーダーシップなどの観察。
⑫アートクリック―パソコンを使ったコラージュ。
⑬グループエクササイズ―対人相互作用場面における積極性、表現力、共感性などを観察。

このほかに、少年鑑別所の役割として、政府が奨励し策定した青少年健全育成施策の実施がある。

第 2 項　少年鑑別所の問題点

少年鑑別所は、少年院とは独立した機関であり、運営に際し、少年院とは異なる問題があるため、設置当初から少年鑑別所法が望まれてきた。設置後60年を過ぎ、ようやく念願の少年鑑別所法が誕生するに至った。しかし、少年鑑別所法を見る限り、法自体が成立することには大きな意義があるが、具体的な問題解決には至っていないように思われる。そこで、従来からの問題点及び少年法改正によって生じた問題点について詳細を述べたいと思う。

まず、2000年の少年法改正で少年鑑別所に直接関連がある制度としては、①刑事処分可能年齢の引き下げ、②観護措置期間の延長、③審判手続への検察官関与及び検察官関与事件に弁護士である国選付添人制度の設置、④16歳未満の少年受刑者の少年院での収容（少年院収容受刑者）等がある。①に関して、刑事処分可能年齢が14歳に引き下げられたということは、家庭裁判所が14歳又は15歳の少年であっても、死刑、懲役又は禁錮に当たる罪の事件について、調査の結果、その罪質及び情状に照らして刑事処分を相当と認めるときは、検察官に送致できることを意味している。これは、「原則逆送事件」と呼ばれるものである。この制度により、14歳又は15歳の少年も少年受刑者となり、刑の執行を受けることになる。ただし、16歳未満の少年は、少年院にて処遇を行うという規定があるため、14歳又は15歳の少年は、16歳に達するまでは、少年院で処遇を受けることになる。このことが、少年鑑別所にどのような影響を及ぼすのか。これは、原則逆送事件の判定基準に影響があると考えられる。すなわち、少年鑑別所は逆送に際して意見を付すため、少年鑑別所の意見によって、少年が保護処分に付されるか刑事処分に付されるかに関係してくるのである。要するに、同じような事件におい

て、ある少年は保護処分として少年院送致となるが、別の少年は刑事処分に付され、同じ少年院に送致されるものの、少年受刑者として扱われるのである。そこで、このような問題を解決するには、少年鑑別所が逆送の意見を付す場合に逆送のための判定基準を明確に定める必要がある。よって、原則逆送の判定基準の作成が急務とされる。この件について触れている資料はほとんどなく、明確な基準とまではいかないが、判定理由を作成する際のアウトラインは徐々にできつつあるようである(36)。以前から、共犯事件において、年齢によって少年院送致と児童自立支援施設送致になることは問題であるとの議論はなされていた(37)。したがって、少年院送致の年齢が下げられたことにより、この問題は解決されるとの記述はあるが、それ以前に、逆送や保護処分に関する判定基準が必要ではないかと考えるのである。

次に、②の観護措置の延長に関しては、少年法改正により、観護措置の最長期間が4週間から最大限8週間に延長されることが可能となったことで、収容少年に対する資質鑑別や観護処遇の内容が変化したことである(38)。例えば、今までは積極的に実施されていなかった就労支援や収容少年の資質鑑別のために資料収集として意図的に一定の課題や条件を設定して行う「意図的行動観察」の多様化が挙げられる。とりわけ、後者の意図的行動観察は多様化したあまり、鑑別所ごとに統一性がないのに加え、職員が意図的に行動を促すことは少年の実際の行動を歪める可能性があり、審判の結果に影響がある「鑑別結果通知書」に影響を及ぼしかねない。非行少年の場合、人に流されやすい面があり、そのために非行へ走る者も少なくない。したがって、施設側が前面に出てくる意図的行動観察の場合、少年は、職員の期待に応え

---

(36) 前里光作＝新垣義彦＝岡田康子「いわゆる「原則逆送」事例に関する一考察」『九州矯正』第59巻第1号（2005年）161頁。

(37) 廣瀬健二「少年法改正の意義と展望―実務少年法入門―」『立教法務研究』第1号（2008年）165頁。
廣瀬健二「我が国少年法制の現状と展望―基本理念と法改正を中心として―」『ケース研究』2009年第3号（2009年）47頁。

(38) 神門一途＝福本浩之＝下梶香＝大岡隆之＝横田正明「鑑別・観護処遇の充実化について―観護措置期間が8週間まで延長された少年の処遇プログラムの作成について―」『四国矯正』第61集（2007年）80頁。
観護措置期間が8週間まで延長される以前の観護処遇プログラムは、4週間をめどに作成されたものであった。

ようとするため、施設側が主導権を握る意図的行動観察は少年の行動観察にはふさわしくないように思われる。

そもそも、「意図的行動観察」とは、鑑別に資する「行動観察」の一技法として捉えられるが、その前身が「治療的・教育的処遇」や「探索処遇」であったことから、処遇技法として発展してきた要素が大きい。このことは、本来、少年鑑別所処遇規則第2条にある「ありのままの姿」の規定に抵触するのではないかという問題がある[39]。この「ありのままの姿」とは、鑑別の目的を達成するために、対象少年のありのままの姿を捉えて行うよう心掛けなければならないことを意味する[40]。「行動観察」の基本的な考え方としては、過剰な防衛や警戒のないより自然に近い姿であり、少年が「ありのまま」に振る舞うような生活場面を作り出すことにより観察されるというのが根底にある[41]。そして、処遇の目的を①身柄の確保、②生活管理・健康管理、③明るく静かで安んじて審判を受けることのできる環境の整備、④資質鑑別、⑤便宜的供与にまとめ、①②③⑤に付随する行動観察を通常の行動観察とし、④を目的として、少年鑑別所が選択的に行う処遇に伴う行動観察を意図的行動観察と位置付けている[42]。要するに、これを解決するためには、最低限、すべての鑑別所に共通の行動基準[43]を定め、+αとして鑑別所ごとに独自の行動をさせればよい。その中で有効な行動は、さらに鑑別所間で共有すればよいと考える。ただし、収容鑑別の基準については、意図的行動観察は、少年が審判前の立場にあることなどから、鑑別のために必要とされる限度を超えることのないように配慮する必要がある。

③の検察官関与及び国選付添人に関して、主に問題となるのは、弁護士である国選付添人のケースである。例えば、弁護人である国選付添人は、刑事事件の国選弁護人の役割とは異なるにもかかわらず、付添人活動を刑事弁護活動と同様に考え、鑑別段階で少年に黙秘を促し、少年鑑別所の資質鑑別や

---

(39) 熊谷順子「意図的行動観察の標準化について」『矯正研修所紀要』第20号（2006年）16頁。
(40) 法務省矯正研修所編・前掲書・55頁。
(41) 川邉譲「少年鑑別所における行動観察に関する研究」『矯正研修所紀要』第7号（1992年）31頁。
(42) 熊谷・前掲論文・17頁。
(43) 國吉真弥「少年鑑別所における収容鑑別及び観護処遇の実際」『家庭裁判月報』第62巻第10号（2010年）34-35頁。

行動観察に影響を及ぼすことがある。また、面会件数の増加や鑑別技官への面会の申出等の問題がある[44]。ここでは、最初の例示を詳細に論じるが、少年審判における付添人の役割は、刑事事件の弁護人とは異なり、「少年が自ら選び、心を開くことのできるパートナーとしての信頼関係を活動の基盤としなければならない」、また、「付添人は、少年の訴えや主張に耳を傾け、親の代理でもなく、少年を指導監督する立場の大人でもなく、先入観や偏見を持たないで少年の気持ちや考えを理解しながら、少年の自己決定を援助したり、裁判所や親に対して少年の言いたいことを代弁したりすることが重要である」と考えられている。この考えは、少年の資質的特徴、すなわち、「少年は成人と比較して、防御能力・弁明力が乏しく、社会経験の不足から先を見通す力も弱く、被誘導的、迎合的な傾向が強い。これにより、誘導や脅迫によって自白が無理に引き出される可能性が高い。こうした少年の資質的特性によりえん罪が発生する確率は、成人よりも高いので、付添人による援助が必要である」というのが理由である。確かに、観護措置決定がなされると、少年は強制的に少年鑑別所に拘禁されるため、少年の人権及び資質的特徴を考えれば、成人同様、付添人を付けることは妥当であると考える。つまり、観護措置及び保護処分による少年鑑別所や少年院への収容は、自由の拘束を伴う不利益処分であるので、少年の権利保護の配慮として、適正手続が保障されるべきである。そして、少年の資質的特徴、すなわち、少年は他人の影響を受けやすく、冤罪発生率が高いため、付添人の援助が必要である。この法的根拠としては、適正手続の保障の観点から、憲法第34条及び第37条の趣旨に基づき、観護措置により少年鑑別所に収容された場合、少年は当然付添人の援助を受けることができる。ただし、付添人である弁護士への研修及び関係機関との相互協力を強固にする必要がある。

　最後に、④の14歳又は15歳の少年受刑者に関しては、未だ少年院に送致された少年受刑者は皆無であるが、今後、少年鑑別所は難しい判断を迫られるおそれがある[45]。そのためにも、16歳に達した際、少年院から少年刑務所へ送致される少年へのメリットとデメリットを勘案したシミュレーション

---

(44) 田畑賢太「「当番付添人制度」と少年鑑別所への影響」『矯正研修所紀要』第20号（2005年）61頁、64-66頁。

を行い、原則逆送すべきかの判定基準原則作成と共に、少年院から少年刑務所へ送致される場合には、少年鑑別所が再鑑別を実施する必要があると思われる。

次に、2007年、2008年及び2014年の少年法改正に関連する説明を行うべきであるが、2000年の少年法改正と特に変化はないため、省略したいと思う。

第3項　少年鑑別所法への所見

少年鑑別所法は、少年院法から独立して、法律を設けること自体に大きな意義があった。しかし、鑑別業務以外は、少年院法とほとんど同じであるため、少年院法ほどの論点はないが、以下、主要な条文について検討する[46]。

(1) 少年鑑別所法第28条及び第29条は、「健全な育成のための支援」として、社会生活を営むことができるよう、(省略) 自主性を尊重しつつ、その生活態度に関して必要な助言及び指導を行う」、「情操を豊かにし、健全な社会生活を営むために必要な知識及び能力を向上させることができるよう、自主性を尊重しつつ、学習、文化活動その他の機会を与えると共に、活動の実施に関し必要な助言及び援助を行う」、「学校教育法に定める義務教育を終了しない在所者に対しては、学習の機会が与えられるよう特に配慮しなければならない」と規定している。従来の運用で問題となっていた「青少年健全育成施策」をどの程度積極的な内容で行うのかを法律で明らかにしているが、「自主性を尊重しつつ」の解釈に問題が残る。

(2) 少年鑑別所法第80条第2項、第88条第2項によれば、面会を原則として許す相手方として、観護の措置が執られて収容される者については、①「保護者等」及び②「身分上、法律上、教育上又は職業上の重大な利害に係

---

(45)　嶋倉徹「14歳未満の少年鑑別所入所少年─鑑別・観護処遇上の問題点と対策について─」『刑政』第116巻第8号（2005年）136-143頁。
　　壹岐啓一＝三角健＝岡崎昌樹「14歳未満の年少少年に対する鑑別及び観護処遇の充実を図るための具体的な方策」『九州矯正』第62巻第1号（2008年）252-262頁。
(46)　松村憲一「少年院法の全面改正について─平成24年3月2日閣議決定法律案を中心に─」『刑政』第123巻第9号（2012年）19-21頁。
　　鈴木秀樹「少年院法の運用の現状と法改正に望むこと─少年鑑別所の現場から─」『刑政』第120巻第12号（2009年）31-40頁。

る用務のため面会することが必要な者」並びに少年院在院者と鑑別のため少年鑑別所に収容されている者及び在院者が仮収容された場合については、①及び②のほか「更生保護に関係のある者その他改善更生に資すると認められる者」については原則として許すものとし、それ以外の者については、一定の条件の下に、施設の長が「許すことができる」旨の裁量規定を設けているが、具体的にはどのようなものを想定しているのか不明である。

(3) 少年鑑別所法第116条に規定する不服申立てに関しては、少年院法と同様の規定が置かれているため、後述することとする。

(4) 少年鑑別所法第56条に領置金品の規定があるが、これも少年院法と同様のため、後述する。

第3節　少年院法改正前の少年院の概要及び問題点

第1項　少年院の概要

1　少年院の概要

少年院の概要として、「矯正の現状」及び条文を参考に説明する[47]。

旧少年院法第1条によれば、少年院は、「家庭裁判所から保護処分として送致された者及び少年法第56条第3項の規定により少年院において刑の執行を受ける者（少年院収容受刑者）を収容し、これに矯正教育を授ける施設」とされている。

矯正教育は、在院者を社会に適応させるため、その自覚に訴え、規律ある生活の下に、教科並びに職業の補導、適当な訓練及び医療を授けるものとされている（第4条第1項）。

家庭裁判所の少年審判により、保護処分として少年院送致が決定されると、

---

(47) 法務省矯正局「矯正の現状」『法曹時報』第62巻第11号（2010年）179-195頁。

少年院へ収容され処遇が始まる。旧少年院法第1条の2は、「少年院における処遇は、個々の在院者の年齢及び心身の発達程度を考慮して、その特性に応じて、行わなければならない」と規定している。

この旧少年院法第1条及び第1条の2の規定を受けて、第2条は、少年院を初等少年院、中等少年院、特別少年院及び医療少年院の4種とする旨規定し、それぞれの収容対象及び矯正教育を次のように規定している（第2条第2項から第5項まで、第4条第1項各号）。

(1)初等少年院　心身に著しい故障のない、おおむね12歳以上おおむね16歳未満の者を収容し、小学校及び中学校で必要とする教科を授ける。

(2)中等少年院　心身に著しい故障のない、おおむね16歳以上20歳未満の者を収容し、初等少年院で必要とする教科、さらに必要があれば、高等学校、大学又は高等専門学校に準ずる教科を授ける。

(3)特別少年院　心身に著しい故障はないが、犯罪的傾向の進んだ、おおむね16歳以上23歳未満の者を収容し、初等少年院で必要とする教科、さらに必要があれば、高等学校、大学又は高等専門学校に準ずる教科を授ける。少年院収容受刑者の場合は、16歳未満の者も収容することができる。

(4)医療少年院　心身に著しい故障のある、おおむね12歳以上26歳未満の者を収容し、特別支援学校で必要とする教科を授ける。

犯罪白書によると、少年院の入所人員は、平成12年をピークに年々減少してきており、1日平均収容人員も、平成13年をピークに減少傾向にある[48]。

2　少年院の運営管理及び在院者の収容処遇に関する法令の規定

少年院の運営管理及び在院者の収容処遇に関する法令の規定としては、これまでに紹介してきた少年法及び旧少年院法の規定のほか、以下のような規定がある。

(1)「少年」とは、20歳に満たない者をいい、「成人」とは、満20歳以上の者をいう。「保護者」とは、少年に対して法律上監護教育の義務がある者

---

(48)　法務省法務総合研究所編・前掲書・114頁。

及び少年を現に監護する者をいう（少年法第2条）。

(2) 家庭裁判所は、少年鑑別所送致の観護措置決定をした場合、直ちに少年鑑別所に収容することが著しく困難であると認める事情があるときは、決定で、少年を仮に最寄りの少年院又は刑事施設の特に区別した場所に、72時間を超えない時間、収容することができる（同法第17条の4第1項）。

(3) 家庭裁判所は、少年鑑別所送致の観護措置が取られている事件について、少年院送致の保護処分を決定する場合、必要と認めるときは、決定をもって、7日を超えない期間内で、少年を引き続き相当期間少年鑑別所に収容することができる（同法第26条の2）。

(4) 少年院送致の決定を受けた少年が、正当な理由がなく、呼出状による呼出に応じないため、同行状を執行する場合、必要があるときは、仮に最寄りの少年鑑別所に収容することができる（同法第26条の3）。

(5) 少年の刑事事件について、罪を犯すとき18歳に満たない者に対しては、

① 死刑をもって処断すべきときは、無期刑を科する（同法第51条第1項）。

② 無期刑をもって処断すべきときは、有期の懲役又は禁錮を科すことができる。この場合の刑は、10年以上15年以下で言い渡す（同法第51条第2項）。

③ 少年に対して長期3年以上の有期の懲役又は禁錮をもって処断すべきときは、その刑の範囲内で、長期と短期を定めて言い渡す。この場合、短期が5年を超える刑ですべきときは、短期を5年に短縮する。この規定によって言い渡すべき刑は、短期は5年、長期は10年を超えることができない（同法第52条）。

④ 懲役又は禁錮の言渡しを受けた16歳に満たない少年は、16歳に達するまでの間、少年院において、その刑を執行することができる。この場合には、少年に対して、少年院法に定める矯正教育を授ける（同法第56条第3項）。少年院収容受刑者は、16歳に達した日の翌日から起算して14日以内に、刑事施設に移送しなければならない。ただし、その期間内に刑の執行が終了するときは、この限りでない（旧少年院法第10条の2）。

(6) 在院者の処遇には段階を設け、改善、進歩等の程度に応じて、順次向上した取り扱いをしなければならない。但し、成績が特に不良な者は、その

段階を低下することができる（旧少年院法第6条）。

(7)　居室の清掃及び整頓並びに衣類等の洗浄その他環境の清潔を保つため必要な処置は、在院者に行わせることができる（旧少年院処遇規則第44条）。

(8)　在院者には、理髪及び入浴をさせなければならない（旧同規則第45条第1項）。

(9)　在院者の体格検査及び健康診断は、毎月1回以上行い、その結果を記録しておかなければならない。炊事を担当する者の健康診断は、毎月2回以上行わなければならない（旧同規則第46条、第47条）。

(10)　在院者が負傷し、又は疾病にかかったときは、医療を施さなければならない。少年院内で適当な医療を施すことができないときは、一時外部の病院に入院させ、又は自宅その他適当な場所で、医療を受けさせることができる。感染症又は感染性の疾病が発生し、又は発生するおそれがあるときは、病者を隔離する等予防を厳にし、応急適切な措置を講じなければならない（旧同規則第48条第1項、第49条、第50条）。

(11)　面会は、矯正教育に害があると認める場合を除き、許可しなければならない。面会は、なるべく特に設けた場所で行わせなければならない。面会には、有益に指導するため、職員を立ち会わせなければならない（旧同規則第52条から第54条）。

(12)　通信（手紙）及び小包の発受は、矯正教育に害がある場合を除き、許可しなければならない（旧同規則第55条）。

(13)　院長は、在院者の矯正教育上必要があると認めるときは、近親者その他適当な者に対し、通信又は面会をするよう、勧めなければならない（旧同規則第56条）。

(14)　在院者が善行をし、成績を向上し、又は一定の技能を習得した場合は、賞を与えることができる。賞は、証明書、記章等の賞票又は殊遇とする（旧少年院法第7条第1項、第2項）。殊遇の種類は、特別外出、特別帰省又は外泊とする（旧同規則第59条）。

(15)　紀律に違反した在院者に対しては、懲戒を行うことができる。懲戒は、①厳重な訓戒を加えること、②成績に対して通常与える点数より減じた点数を与えること又は③20日を超えない期間、衛生的な単独室で謹慎させることとする（旧少年院法第8条）。懲戒は、情状により、その執行の猶予、停止

⒃　少年院の長は、在院者の所持する金銭、衣類その他の物を領置したときは、安全に保管しなければならない（旧少年院法第9条）。金銭を領置した場合、保管上適当であると認めるときは、本人の名で預金し、その通帳を保管することができる（旧同規則第64条）。領置した金品は、仮退院又は退院その他領置する必要がなくなったときは、本人に還付しなければならない。在院中においても、必要があると認めるときは、交付することができる（旧同規則第65条第1項）。

⒄　在院者が20歳に達したときは、退院させなければならない。但し、送致後1年を経過しない場合は、送致の時から1年間に限り、収容を継続することができる（旧少年院法第11条第1項）。

⒅　少年院の長は、在院者が20歳に達した場合又は20歳に達した者を送致後1年間の収容を継続した場合において、心身に著しい故障があり、又は犯罪的傾向がまだ矯正されていないため少年院から退院させるのが不適当であると認めるときは、送致した裁判所に対して、収容を継続すべき旨の決定の申請をしなければならない。裁判所は、その状況にあると認めるときは、期間を定めて、収容を継続すべき旨の決定をしなければならない。その期間は、23歳を超えてはならない（旧少年院法第11条第2項、第4項）。裁判所は、少年院の長の申請に基づいて、23歳に達する在院者の精神に著しい故障があり、公共の福祉のため少年院から退院させるのが不適当であると認めるときは、26歳を超えない期間を定めて、医療少年院に収容を継続すべき旨の決定をしなければならない（旧少年院法第11条第5項）。

少年院の長は、在院者が裁判所の定めた期間に達したときは、退院させなければならない（旧少年院法第11条第8項）。

⒆　少年院の長は、在院者に対して矯正の目的を達したと認めるときは、地方更生保護委員会に対し、退院の申請を申し出なければならない。在院者が、処遇の最高段階に向上し、仮に退院を許すのが相当であると認めるときは、地方更生保護委員会に対し、仮退院の申請をしなければならない（旧少年院法第12条）。

⒇　少年院の長は、必要があると認めるときは、在院者の保護者に対し、監護に関する責任を自覚させ、矯正教育の実効を上げるため、指導、助言そ

の他の適当な措置を取ることができる（旧少年院法第12条の2）。

⑳　少年院の長は、矯正管区の長の承認を経て、学校、病院、事業所又は学識経験者に委嘱して、矯正教育の援助をさせることができる（旧少年院法第13条第3項）。

㉒　在院者が逃走したときは、少年院の職員は、連れ戻すことができる。少年院の職員による連戻しが困難である場合において、少年院の長から援助を求められた警察官も、同様とする（旧少年院法第14条第1項）。

逃走してから48時間を経過した後は、裁判官が発する連戻状によらなければ、連戻しに着手することができない（旧少年院法第14条第2項）。

㉓　在院者が、逃走、暴行又は自殺をするおそれがあり、これを防止するためやむを得ないときは、手錠を使用することができる。手錠は、少年院の長の許可を受けなければ、使用してはならない。但し、緊急を要する場合で、許可を受けるいとまがないときは、この限りでない（旧少年院法第14条第1項、第2項）。

㉔　少年院から退院し、又は仮退院する者が、帰住旅費又は相当の衣類を持たないときは、旅費又は衣類を給与することができる（旧少年院法第17条の3）。

3　少年院の分類処遇制度について

(1)　少年院の運営に当たっての基本方針として、次のようなことが掲げられていた。

①　少年院送致の処分が、少年院における矯正教育だけで完結するものではなく、仮退院後の保護観察と一貫性を保つことによって、保護処分として効果を上げることができることを認識して、施設内処遇と施設外処遇との有機的一体化を図るように運営すること。

②　少年院に収容される少年は、非行の態様、生活歴、性格、問題性が多岐にわたるので、少年の個別的必要度に応じた効果的な処遇を行うように努め、処遇の個別化と収容期間の弾力化を図ること。

③　各少年院は、処遇の効果を上げることができるよう、施設の特色化を推進すること。

④　矯正教育の実効を上げるため、保護者の理解と協力を得る必要があるので、保護者に対し、矯正教育の実施状況の情報を提供して、計画的に指導、助言その他の措置を取るように努めること。
⑤　少年の処遇に関係する諸機関及び地域社会との連携に配慮し、少年院の運営及び処遇に関する意見を聴き、改善の実を上げるように努めること。

(2)　少年院は、その種別により、処遇課程、処遇課程の細分及び処遇区分が定められ、対象者と指導領域の細目及び教育内容、処遇課程ごとの教育目標などが示されていた[49]。
①　教科については、在院者の特性に基づいて、その興味と必要に即して自発的に学習するように指導しなければならない（旧少年院処遇規則第15条）。
②　職業の補導については、勤労を重んずる態度を培うと共に、個性に応じて職業を選択する能力を助成するように努めなければならない（旧同規則第16条）。
初等少年院の職業の補導は、職業の基礎的な知識と技能を与え、これを応用する能力を養うことを旨として行う（旧同規則第17条）。
中等少年院及び特別少年院の職業の補導は、独立自活に必要な程度の知識と技能及びこれを応用する能力を授けることを旨として行う（旧同規則第18条）。
医療少年院の職業の補導は、在院者の年齢に応じ、医療の促進に役立たせることを旨として、必要な知識及び技能を与え、これを応用する能力を授けるように行う（旧同規則第19条）。
矯正教育についた者に対しては、その成績を考査して、法務大臣が定めるところにより、賞与金を給与することができる（旧同規則第19条の3）。賞与金は、最高額439円、最低額320円とする月別計算高として計算される。

(3)　少年院における処遇は、短期処遇と長期処遇がある。
短期処遇は、一般短期処遇と特修短期処遇に区分して実施されていた。
①　一般短期処遇

---

(49)　法務省矯正局・前掲論文・168頁。

非行の傾向がある程度進んでいるが、少年の持つ問題性が単純又は比較的軽く、早期に改善する可能性が大きいため、短期間の継続的、集中的な指導と訓練により、その改善更生と社会復帰が期待できる、原則として14歳以上の者で、

 1　非行が常習化していないこと。
 2　児童自立支援施設、少年院の収容歴（特修短期処遇施設の収容歴を除く。）がないこと。
 3　反社会的集団に加入していないこと。
 4　著しい性格の偏り及び心身の障害がないこと。
 5　その他短期処遇になじまない要因がないこと。
などの条件に適うものが対象とされている。

　収容期間は、6か月以内とし、教育の標準的な予定期間は、4か月ないし5か月とし、個別的処遇計画を作成した上で、計画的・集中的な矯正教育を行われていた。

　②　特修短期処遇

　特修短期処遇の対象者は、非行の傾向はある程度進んでいるが、その傾向は、一般短期処遇の対象者より進んでおらず、かつ、少年の持つ問題性が単純又は比較的軽く、早期に改善する可能性が大きいため、短期間の継続的、集中的な指導と訓練により、その改善更生と社会復帰を期待することができる原則として14歳以上の者で、

 1　非行が常習化していないこと。
 2　児童自立支援施設、少年院の収容歴がないこと。
 3　反社会的集団への加入歴がなく、かつ、深い関わりを持っていないこと。
 4　著しい性格の偏り及び心身の障害がないこと。
 5　開放処遇に適していること。
 6　保護環境に大きな問題がないこと。
 7　その他特修短期処遇になじまない要因がないこと。
の条件に適う者とされていた。

　収容期間は、4か月以内とされ、教育の標準的な予定期間は、2か月ないし3か月程度とし、入院後、速やかに心情を安定させて開放処遇を行うこと

に努め、明るい環境の下で規律ある生活を通じて健全な規範意識を体得させ、自主性、自律性を伸長させることにより、円滑な社会復帰を可能にする処遇を行うこととされていた。

　義務教育未修了者については義務教育を、その他の強化教育を必要とする者については、個々の必要性に応じた教科教育を行い、院外委嘱強化教育を行うに当たっては、少年院から通わせる方法に限らず、保護者又は適当な監督者の下から通わせる方法も活用することとされていた。

　職業上の知識、技能等の習得を必要とする者には、職業指導を行い、院外委嘱職業補導を行う場合は、少年院から通わせる方法に限らず、保護者又は適当な監督者の下から通わせる方法も活用することとされていた。

(4) **長期処遇**

　長期処遇の対象者は、少年院に送致された少年のうち、短期処遇になじまない者である。収容期間は、原則として2年以内である。

　その処遇方針としては、次のようなものが掲げられていた。
1　個々の少年について、非行の原因となっている問題性及び伸長すべき長所などを明確にし、心身の発達状況、資質の特徴、将来の生活設計等を総合的に検討して、個別的処遇計画を立て、少年自身が自主的に自己の改善向上に努めるようにさせるため、最も効果的な方法を重点として処遇を行うこと。
2　明るい環境と規律ある生活の下で、健全な規範意識と生活習慣を体得させるための処遇を行うこと。
3　少年に明確な生活設計を持たせ、その社会復帰を円滑に行わせるため、出院後の生活の中で予想される問題に対処する能力及び必要とされる知識、技能等を身に付けさせるための処遇を積極的に行うこと。

　その処遇内容としては、次のようなものがあった。
1　規則正しい日課を定め、情操教育、教養講座、レクリエーションなど豊かな人間性を育てるための処遇を積極的に盛り込むこと。
2　個々の少年の問題性について自主的に考えさせ、相談助言を活発に行うことによって、内省を深めさせ、自己改善を図ることができるようにすること。

3 同じ問題性を持つ少年を集団に編成して集団討議を実施し、少年の資質、問題性等に即した有効な処遇技法や治療方法を活用するほか、個人差や進度の違いに配慮した処遇を行うことによって、個々の少年の持つ問題性の解決を図ること。
4 進路に関する適切な情報を提供して、出院後の生活設計を立てさせ、職場、学校、家庭への適応力を高めさせるため、各種の処遇技法を用いて出院後の生活で予想される問題への対処方法の指導を行うこと。
5 職業訓練及び職業補導では、勤労精神の涵養を図り、少年の能力、適性、社会の需要等を勘案した種目と指導内容を用意して、出院後の職業生活に役立つ資格を取得させること。
6 基礎体力の向上を図り、集中力、忍耐力、持久力を涵養させ、集団競技等により、協調性を体得させ、ルールを遵守する精神を養わせる訓練を行うこと。
7 余暇時間の充実を図ること。

(5) 処遇課程

一般短期処遇及び長期処遇については、処遇課程が設けられていた（長期処遇においては、より細分化した処遇課程を設ける。）。少年院の在院者には、処遇課程にかかわらず、生活指導、職業補導、教科教育、保健・体育及び特別活動の5つの領域の指導が行われるが、処遇課程は、在院者を、犯罪的傾向、学力の程度、将来の進路希望、心身の状況等に応じて分類し、在院者の特性に応じた最も効果的な処遇を行うために、矯正教育を行う領域に軽重を設定する（医療措置課程では、医療が優先的に実施される。）と共に矯正教育実施上の留意事項を定めたものである[50]。

(6) 矯正教育

少年院における処遇の中核となるのは矯正教育であり、在院者には、生活指導、職業補導、教科教育、保健・体育及び特別活動の5つの領域にわたり、指導が行われると共に、心身の障害が原因で社会生活に適応できない者には、

---

(50) 法務省法務総合研究所編・前掲書・118頁。

医療を行う。また、少年院における処遇期間は、新入時教育、中間期教育及び出院準備教育の3期に区分されているが、少年院の長は、個々の在院者ごとに、それぞれの期に応じた矯正教育の目標並びにその基本的な内容及び方法を定める個別的処遇計画を作成し、矯正教育は、これに基づき実施されていた。

なお、少年院では、在院者の向上意欲を喚起し、自発的な努力により改善進歩の効果を上げさせるために、在院者の処遇段階を設けていた（1級、2級及び3級に分けられ、1級及び2級は更に上・下に分けられている。）。少年院の在院者は、まず、2級下に編入され、その後、改善進歩に応じて各段階に移行し、これに応じて、生活上の制約が緩和されていた。

第2項　少年院法改正前の少年院の問題点

1　旧少年院法の解釈

旧少年院法は、わずか17条と附則のみによって構成されていた。そこで、実際に運営を行う際には、旧少年院処遇規則に基づいていた。条文が少ないせいか、旧少年院法は施行以来、ほとんど解釈がなされないまま、改正された。歴史を遡って旧少年院法の解釈を行った文献収集を試みたが、すべての条文について解釈がなされた文献は皆無である[51]。そこで、本項では、ほとんど議論がなされていない条文にも焦点を当て解釈を試みた後、少年院法について検討する。

(1)　少年院の処遇に関する問題
①　「相当長期」又は「比較的長期」の処遇勧告が付された少年の処遇の問題[52]。

②　短期処遇の問題として、再非行防止のための処遇をする必要がある[53]。

---

(51)　1965年より24回にわたり『刑政』の誌面において、森良吉及び白沢昌士によって「少年院法講話」が連載されている。この講話が、唯一、少年院法について詳細な解釈を試みた文献であると思われる。

③　社会性が低い。
④　進路を決定して出院させるための進路指導の問題。
⑤　家族関係が非行の重大要因であり、交友関係が希薄化しており、自分への満足度が低い点が問題である[54]。
⑥　集団指導と個別指導の在り方の問題[55]。
⑦　矯正教育効果の検証[56]。

(2) 旧少年院法の解釈上問題とされている点

旧少年院法の解釈上、争いがあり、よく取りざたされていた内容は、第2条の種類、第10条の移送、第11条の退院・収容継続に関する問題である。

第2条の種類に関して問題となる点は、主に、①16歳未満の少年を中等少年院に送致できるか、②16歳未満の少年を特別少年院に送致できるか、③20歳以上の本人を中等少年院に収容することができるかである。

①に関して、裁判例は、16歳という基準から著しく逸脱しない限り許されるとしている。大阪高裁昭和44年5月26日[57]の決定によれば、旧少年院法第2条第2項と同法条第3項は、「対象少年の特質の相異あるいは少年院の特色を考慮して、年齢による画一的処理の結果発生する不当性を是正しようとしているのであるから、年齢が十五歳である少年を中等少年院に送致した原決定のした処分をもつて直ちに前記法条二項三項に違反し、決定に影響を及ぼすべき法令の違反があるということはできない。（編中略）本件少年における前記のような非行の早発性・反覆性・不良交友グループ内の地位の高い点、知能程度は普通域にあるものの自己本位的である点から見て、同人の年齢が十五歳であつても、同人における前記のような情緒的未熟さを矯

---

(52) 神保敬信＝栗原敦＝松井重樹＝谷敏明「「相当長期」「比較的長期」の処遇勧告が付された少年の処遇」『日本矯正教育学会 第39回大会発表論文集』第39号（2003年）121-123頁。
(53) 飯干慶士＝除田雅章＝香月雄一郎＝具志堅秀彰「佐世保学園における短期処遇改編の取組について」『矯正教育研究』第53巻（2008年）59-65頁。
(54) 吉田研一郎「非行少年の生活意識と価値観」『罪と罰』第36巻第1号（1998年）28-36頁。
(55) 奥田眞「集団指導（問題群別指導）と個別指導（非行態様別クリティカル・パス）の効果的な在り方について」『矯正教育研究』第51巻（2006年）44-48頁。
(56) 高橋敏則＝村上豊＝佐藤猛＝青木智哉「教育効果の検証について―再入少年に対する面接調査から―」『矯正教育研究』第53巻（2008年）25-28頁。
(57) 大阪高決昭44年5月26日　家裁月報第21巻第12号182頁。

正するならば犯罪的傾向も是正されるであろうと思われるのであるから、短期収容保護を内容とする中等少年院の存する以上、原決定が少年を中等少年院に送致する旨の決定をしたことは、前記少年院法二条二項、三項に違背するとはいえず、違法でないことはいうまでもなく、著しく不当であるとは認められない」と判示している。したがって、16歳未満の者であっても、非行の進度や悪質性、交友関係、知能程度、成熟度等によって、中等少年院送致を認めることができる[58]。

②についても①同様、少年の性格、非行歴、犯行の原因、態様、犯行後の態度から、16歳未満の者を特別少年院への送致を認めた例がある。大阪家裁昭和39年7月31日決定[59]によると、「上記のような少年の性格、非行歴、本件犯行の原因、態様、犯行後の態度を綜合してみると、本件犯行は単純な偶発的激情犯ではなく、少年の永年にわたつて形成された性格の偏倚に深く根差しているものと認められ、したがつて少年の犯罪の傾向も相当に進んでいるものと認めざるを得ない。なお少年は現在一五年一〇月ではあるが、その体躯、体力、世間擦れの程度等については優に一六、七歳の者に匹敵している。よつて此の際少年を特別少年院に収容し、その反省と自覚を促すと共に、厳格な教育訓練によつて少年の性格の矯正と生活態度の一新をはかる必要があるものと認め、少年法第二四条第一項第三号、少年審判規則第三七条第一項、少年院法第二条、少年法第二四条の二（没取につき）を適用して主文のとおり決定する」と判示しており、16歳未満の者に対して特別少年院送致を認めている[60]。

③に関しては、積極説と消極説に分かれるが、裁判例を含め、通説は積極説を支持している。最高裁家庭局昭和58年度家庭裁判所事件の概況によれば、「少年院法は、年齢、心身の著しい故障の有無及び犯罪的傾向の進度によつて少年院を区別しているが、その区別の指標が必ずしも明確とはいえないところに問題がある。しかし、まず、少年院法二条の解釈として、犯罪的傾向の進んでいない二〇歳以上の者は、すべて「犯罪的傾向の進んだ」者であると擬制的に解釈することは、各人の個別性を重んじる少年関係法規の解

---

(58) 最高裁判所事務総局『改訂少年執務資料集(三)』最高裁判所事務総局（1998年）2頁。
(59) 大阪家決昭39年7月31日　家裁月報第17巻第2号88頁。
(60) 最高裁判所事務総局・前掲書・4-5頁。

釈としては合理性を欠くといわざるを得ない。同条の文言上は若干の疑問の余地もあるが、特別少年院の中等少年院に対する特徴は、犯罪的傾向の進度にあると見て、同条三項にいう「おおむね」は「二十歳未満」にもかかると解釈し、犯罪的傾向の進んでいない者は、二〇歳を超えても中等少年院に収容することができると考えるべきであろう」と解している。よって、中等少年院と特別少年院は、犯罪的傾向が進んでいるか否かによって収容者を区別しているので、20歳を超えても犯罪的傾向が進んでいなければ、中等少年院に収容することができるというのが一般的である[61]。

次に、旧少年院法第10条は、少年院長は、在院者を異種類（種別）の少年院に移送できるかという問題である。本条については、積極説、積極説を採ることについて解釈論として疑問を示唆するもの、消極説の3つに分けられる。積極説は、主に法務省矯正局の見解であり、「少年院の処遇は、対象者の特性や教育上の必要から適切な分類収容の上に立つて行われるが、入院後の状況の変化によつては、入院当初の処遇施設を変更し、処遇課程を変更することも必要な措置である。移送は、在院者の状況と処遇計画・処遇方法を再検討した結果、自庁の処遇よりも他の少年院のそれによることの方が効果が大きいと判断した結果なされるものが主なものである。移送することは、少年院長の権限であり、自由裁量であるが、在院者にとつては、特定施設に収容されることによつて居所が定まることに伴う利害関係（例えば外部交通関係）が生じ、また処遇内容がある程度特定されることになり、移送はそれを変更することになるため、移送の可否は慎重に判断しなければならず、そのための手続も厳格にすることが必要とされている」との考えを根拠にしている[62]。

しかし、この積極説に対して疑問を示唆する見解として、平野龍一、団藤重光、森田宗一がいる。平野によれば、「少年を右のうちのどの少年院に収容するかは、裁判所の送致決定で指定される（少規三七条一項）。その後に、他の少年院（同種の場合も、異種の場合も）に移送する必要があるときは、少年院の長が矯正管区長の許可を得て行なう（少院一〇条）。裁判所にはただそ

---

(61) 最高裁判所事務総局・前掲書・6-7頁。
(62) 最高裁判所事務総局・前掲書・17-18頁。

の旨を通知するだけである。この間に一貫しないものがあるように思われる」と疑問を投げかけている[63]。また、団藤・森田によれば、「家庭裁判所において少年院送致の決定をするには、送致すべき少年院の種類を指定するものとされている（規三七Ⅰ）つまり決定機関である家庭裁判所が種類指定権を持つている。この種類の指定権と少年院間の移送（少院一〇）との間には、理論上の疑義がある」と述べている[64]。

　他方、消極説については、専ら家庭裁判所の見解による。昭和37年11月全国少年係裁判官合同家庭局見解は、「少年院法一〇条の移送は、同種の少年院間においてのみ認められるものであると信じておりまして、この点遺憾ながら法務省側と意見を異にしております。勿論家庭裁判所としては、審判において少年を施設に収容するさい、それによって少年の更生を切に期待するわけでありますから、収容すべき少年院の現状というものを常に念頭に於いて判断することは当然でありまして、これが思いもそめぬ種類の異なった少年院にいつの間にか移送されているということでは、審判の趣旨にもそわず、少年や保護者に与える影響からいっても大きな問題であろうと思いますので、これを取消、変更という形で円滑に実現するようにするのがよいと思っております」として、法務省の見解に対し、審判結果を覆す場合、取消し若しくは変更によってなされるべきであると主張する[65]。

　移送は、審判決定後、処遇の段階で実施されるため、移送の権限は少年院長にあると主張する法務省の見解も理解できるが、やはり、法解釈上は、家庭裁判所による審判結果を覆すため、疑問が残る。しかし、実務上の便宜を図るならば、家庭裁判所の主張のように取消し若しくは変更は、現実的ではない。したがって、法律を一部改正し、審判後、処遇の段階において移送が必要であると判断された場合、移送前に決定機関である家庭裁判所に対して、事後ではなく速やかに報告するか、了承を得た上で、移送するのが適切ではないだろうか。

　最後に、旧少年院法第11条の退院・収容継続については、期間の計算に関する基準時や、本条第1項但書の「送致のとき」の基準時等論点は多岐に

---

(63)　最高裁判所事務総局・前掲書・24頁。
(64)　最高裁判所事務総局・前掲書・25頁。
(65)　最高裁判所事務総局・前掲書・27頁。

及ぶが、重大な箇所に関する論点が解釈上問題となっていないため、その論点に着目し、以下で検討を行う。

(3) 一般の解釈上問題とされていない点
① 旧少年院法第4条「矯正教育」

　矯正教育とは、「少年院は、家庭裁判所から少年保護として送致されるものを収容し、これに矯正教育を授ける施設とする」という旧少年院法第1条に基づいて、少年院で行われる教育を指すものである。すなわち、矯正教育とは、保護処分の執行として少年院において行われる教育活動であり、在院者に社会不適応性を付与するために行う意図的、計画的な行動であるとされている[66]。

　矯正教育の目的は、犯罪的傾向を矯正し、心身の故障を治療するなど社会不適応の原因を除去し、長所を助成して、在院者が社会生活に適応することができる能力を付与することである。要するに、まず始めに非行性という社会不適応の原因を除去し、社会的に承認される規範に従う態度を育成すること、すなわち、性格に潜む再非行の可能性、つまり再非行の要因となる性格のひずみの矯正、心身の障害の回復、適応の障害となるものを是正し、与えられた環境と規範に従った順応をして再非行に陥ることがないようにすることを目的としている[67]。

　その目的を遂行するために規定されているのが、旧少年院法第4条における手段である。第4条は、「少年院の矯正教育は、在院者を社会生活に適応させるため、その自覚に訴え紀律ある生活の下に、左に掲げる教科並びに職業の補導、適当な訓練及び医療を授けるものとする」と規定しており、条文を厳密に解釈すれば、教科教育、職業訓練、適当な訓練、医療の4領域が矯正教育として掲げられている。しかしながら、詳細は後述するが、現在、矯正教育といえば、生活指導、教科教育、職業補導、保健体育（若しくは体育・レクリエーション）及び特別活動の5領域であると考えるのが一般的で

---

[66] 平尾靖＝土持三郎編者『矯正教育学入門』大成出版社（1981年）3頁。
　　法務省矯正研修所編・前掲書・133頁。
　　副島和穂『矯正教育概論』有斐閣（1981年）2-3頁。
[67] 法務省矯正局・前掲書・134頁。

ある[68]。

　まず、教科教育については、第4条第1項から第3項において、具体的な規定が設けられている。初等少年院においては、小学校及び中学校で必要とする教科を授け、中等少年院及び特別少年院においては、初等少年院で必要とする教科、さらに必要があれば、高等学校、大学又は高等専門学校に準ずる教科までも授けることとし、医療少年院においては、特別支援学校で必要とする教科を授けるとしている。これは、矯正教育の対象者が学齢生徒を含んでおり、憲法が定める「教育を受ける権利」を保障すると共に、高等学校あるいは大学への進学又は復学を希望する者に機会を与える等、教科の持つ人間形成上の一般的な意義に着目しているからである。さらに、指導に当たっては、在院者の特性に基づき、その興味と必要に即して自発的に学習するよう教材の選択及び指導方法に留意すべきこととされている（旧少年院処遇規則第15条）。また、これらの教育を行う際には、文部科学大臣の勧告に従わなければならず、基本的には、学校教育法に定める教育課程によるべきであり、学校教育と緊密な連携が確保されなければならない。この点に関しては、矯正教育と学校教育を全く同義に扱うか否かという争点がある。

　矯正教育の内容としての教科は、学校教育法が定める各学校の教科又はそれに準ずる教科であるため、各学校のレベルで設定される人間形成上の目標を共有しており、対象者は、学齢にある者及び高等学校以上の学校教育を必要とする者であるが、学齢を過ぎても義務教育未修了者や学力不備の者に対して教科指導を行うことは、義務教育の趣旨から見て当然のことと解される[69]。

　次に、職業の補導に関しては、第4条第1項において矯正教育の一領域であることを示し、第2項において、矯正教育に関係のない労働に就かせてはならないと定めるに止まり、運営上の方針は、少年院処遇規則に委ねている。職業補導の目標は、旧少年院処遇規則第16条にあるように、勤労を重んずる態度を培うと共に、個性に応じて職業を選択する能力を助成することとされている。これは、教育基本法が「勤労と責任を重んずる国民の育成」を教

---

(68) 田宮＝廣瀬・前掲書・502頁。
(69) 土持・前掲書・61頁。

育の目的として掲げ、学校教育法が職業教育の目標と掲げるものと同様の趣旨である。また、旧少年院処遇規則第17条から第19条にかけては、少年院ごとに職業補導の目標を定めており、初等少年においては、「職業についての基礎的知識と技能を与え、これを応用する能力を養うこと」と目標を設定し、中等少年院及び特別少年院においては、「独立自活に必要な程度の知識と技能及びこれを応用する能力を授けること」とし、医療少年院においては、「在院者の年齢に応じ、前2条（初等少年院及び中等少年院・特別少年院の規定）の規定を準用する」ほか、「医療の促進に役立たせること」としている。すなわち、初等少年院は、主として学齢生徒を対象としているため、学校教育法に基づく中学校教科の一環として職業補導を行うが、中等少年院及び特別少年院では、独立自活に必要な程度の知識と技能を習得させるほか、これを応用させる能力の習得を目標としている。そして、上述した通り、少年院処遇規則第16条が共通目標として、勤労を重んずる態度、個性に応じて職業を選択する能力の涵養ないし育成を掲げているので、職業訓練法に定める公共職業訓練の課程及び電気工事士、自動車整備士、美容師、理容師等の関係法令に基づく技能養成の訓練ないし講習の履修がある。他方、職業安定法が「職業に就かんとする者に対しその者に適当な職業の選択を容易にさせ、同時に職業に対する適応性を大ならしめるために必要な実習、指示、助言、その他の指導を行う」ことを職業指導の概念として規定し、その趣旨が、学校教育法及び旧少年院処遇規則にも示されていることを考えれば、職業指導が重要な内容を占めるとも考えられるという。また、勤労を重んずる態度の育成そのものに重点を置いた実習も考えられる。最後に、医療少年院に関しては、年齢に応じて初等少年院又は中等少年院・特別少年院の内容を行うほか、医療の促進に役立つことを狙いとすることから、治療的効果の期待できる作業療法的実習等が中心になるとのことである[70]。

矯正教育の内容としての職業の補導は、対象者の観点から見れば、義務教育の未修了者と修了者に区分する教科と共通しており、少年の人格発達に対応し、一般的な教育上の必要性に対処するものであるが、矯正教育の対象としての犯罪・非行に関わる反社会的な態度、行動や社会復帰を妨げる環境面

---

(70) 土持・前掲書・61-63頁。

の問題に照らして考えると、勤労意欲の欠如、職場適応能力の未発達、職業技能の不備等対象者の特殊な条件に一層深く関与しなければならず、深く関与すればするほど、職業の補導は、単なる知識や技能の付与に止まらず、対象者の資質面及び環境面の問題に着目し、反社会的態度ないし行動傾向に直接的に対応する機能を発揮することになるとされている。

　この考え方は、もっともであるが、少年院の処遇は短期間であり、期日が来れば出院させなければならない。職業の補導を実施し、資格を取得した者ほど再入院率が低いという統計があるので、知識や技能の付与に止まらず、対象者の資質面及び環境面の問題に着目することは重要であるが、再入院率を見る限り、職業の補導を実施することによって、自然と反社会的態度ないし行動傾向に直接的に対応する機能は身に付いていくのではないかと考える。初等少年院では、主体が学齢生徒であるため、学校教育法に基づく中学校教科の一環として職業補導を行っているようだが、義務教育の未修了者でも、出院後、進学する者にとっては、中等及び特別少年院のように独立自活のための知識及び技能の付与は必要ないと思われるが、就職希望の者にとっては、義務教育終了年齢以降、すなわち、15歳になった者には、自立するためにも、中等及び特別少年院のように必要な知識と技能取得への配慮が必要ではないかと考える。そのためには、設備の拡充が必要であるが、予算及び人的負担を考え、近隣の少年院が連携し、職業補導を行うことが望ましいと思われる。次いで、中等少年院及び特別少年院に関しては、就職希望者が大半であり、再非行を犯さないようにするためにも、就職させることは重要である。そのためには、就職の需要が多い職種を検討する必要がある。施設を参観する限り、随分と古い技能を付与している感があり、予算上の都合から、新しい技能を取り入れることは困難であることが予想されるが、職業補導の際には、少年院の区別なく、職業センターのような施設を作るのは難しいであろうから、それぞれの少年院が得意分野を持ち、技能習得の際には施設を行き来できるようにしてもよいのではないだろうか。また、現在は、男子少年は理容師、女子少年は美容師の資格というように男女別に職種が分けられているが、男女の垣根を越えて、少年達が希望する職種に関して訓練が受けられるとより一層、職業補導にも身が入り、資格取得によって自信が付き、さらには、出院後、その資格を活かして就職し、再犯防止に繋がると思われる。したが

って、少年が少ない今、様々な少年施設で、将来を見越した職種を検討する必要があるのではないだろうか。そして、需要のある職種が発見できれば、少年刑務所や成人の刑務所でも応用が利くように思われる。

　では、最後に、適当な訓練についてであるが、これは、法律に明確な規定がないため、その概念が曖昧であり、最も解釈が分かれるところである。旧少年院処遇規則では、適当な訓練の内容として、第22条に「日常の生活においては、少年院の職員は、つとめて在院者と行動を共にし、自ら範を示すことにより、秩序を尊び自他を敬愛し、併せて物を大切にする習慣を養成するように訓練を施さなければならない」との規定を置き、第23条において「余暇を善用する習慣を養い、進んで情操を豊かにするため、運動、競技、音楽、演劇その他のレクリエーションは、励行しなければならない」と同様の趣旨を規定しているが、矯正教育の内容として予定されている訓練の具体的内容がこれで十分といえるかという問題がある。

　少年院法制定当時の国会における政府委員の提案理由では、矯正教育は、「智的教育、職業補導、訓練即ち徳育と体育、医療」を授けるものであると説明されている。すなわち、訓練とは、徳育と体育を意味していたのである。徳育とは、普通知育、体育と並べて用いられ、心情や行為に関する教育をいうが、本来、道徳教育と同じである。この分野で、環境への反応としての行動様式を習慣付ける教育が「訓育」といわれるのに対し、同様に行動形式を習慣付ける機能を持ちながら体育実技のように、技能・技術の練習による習熟を中心とする教育が「訓練」といわれている。旧少年院法では、矯正院から継承されていた「訓育」の概念に体育を含めて「訓練」の概念を用いたと解されている。したがって、法が予定した「訓練」とは、教育的には、訓育と体育であると考えられている。しかしながら、今日では、「適当な訓練」を生活指導の概念と解するのが一般的であるが、それは、法制定当初の知育、体育に並んで不可欠と考えられた徳育が、教育学では「訓育」の理論に支えられて継承されていたにもかかわらず、第二次世界大戦後の教育思想の変遷と教育実践の理論の中で、「生活指導」の概念へ統合されたために、訓練の中に含まれる「生活指導」的要素が強調され、重視されたとある。そこで、教育学的観点からは、矯正教育の内容を示す概念として「訓育」は不適切であり、「生活指導」と「体育」に区分すべきと主張されている。

生活指導が論ぜられる場合、その概念を機能的に捉えるべきか領域的に捉えるべきかが問題にされる。生活指導が機能的であるとされるのは、他の教育内容の指導と深い関わりを持ち、それらを補足し、深化し、統合して一般的な生活態度の形式に寄与する面があるからで、二者択一的にこの機能的側面のみを強調するのは正しくない。組織的、系統的な計画をもって指導領域として行われると共に、矯正教育の対象の特殊性に対応し、また、一般的な生活態度の形成に対応する生活指導が明確に区分されることが必要である。

　「矯正教育の内容の１つに医療が規定されている。知識の教育としての教科、技術の教育としての職業補導、態度の教育としての訓育や体育などの教育上の実践領域とは明らかに異なる医学上の概念を矯正教育に含める法の趣旨は何であろうか。身体的、精神的疾病に対する一般的な医療概念としての治療を教育概念から除外して考えるのが当然であるが、そうすると教育作用として残る医療とは何か、法や規則に明確な定めはない」とある。そして、「法の趣旨に沿って、心身共に健全な少年の育成という観点から見れば、保健衛生上の配慮、健康管理等の一般的な医療措置が考えられ、対象の特殊性に着目すれば、犯罪・非行の背景にある反社会的態度が心身の障害に起因する場合や資質面に著しい問題がある場合に、これらを治療的に解消する医療上の措置が考えられる。前者については、基本的な生活条件の整備に関わる事項は生活管理上の問題であるが、個人の保健衛生に関わる事項は教育的な医療といえなくもないし、後者については、犯罪・非行に対処する教育作用の領域に極めて隣接し、教育と医療の重複する部分と考えることができよう。治療的教育であるとか、生活指導における治療的技法といわれる領域がこれに相当すると考えられる。」とある[71]。

　以上の通り、矯正教育の内容には、医療的側面があり、それは、保健衛生上や健康管理のための医療措置と、犯罪や非行の要因となる心身の障害や資質を解消するための医療的措置がある。矯正教育の内容を見る限り、カウンセリングや心理治療と呼ばれるものは、主に後者の内容であり、前者だけであれば、矯正教育の中心的内容とは言えないが、後者の内容を含むために、現在では、矯正教育の中心は、生活指導であると主張されるのではないだろ

---

[71]　土持・前掲書・65頁。

うか。この点に関して、行刑における生活指導は、少年の生活指導と意味合いが異なるため、以下で行刑の生活指導の内容、とりわけ、廃案にはなったものの、「刑事施設法案」の際には、生活指導の定義が明確に現れているため、「刑事施設法案」を中心に論じたいと思う。

刑事施設法案は、受刑者処遇の目的として、「その者の資質及び環境に応じ、その自覚に訴え、改善更生の意欲の喚起及び社会生活に適応する能力の育成を図ること」と第48条第1項に処遇の個別化と自主尊重を掲げ、この目的を達成するための組織的、合目的的な処遇方策を「矯正処遇」と呼び、作業、教科指導、治療的処遇及び生活指導をその内容とし、受刑者に義務付け得るものと定めたものである。作業と教科指導に関しては、変更及び改善が行われているものの、基本的には監獄法と連続性があり、治療的処遇についても、監獄法において明確に制度化はされていないが、実務上実施されていたものを明確に法制化し、充実させようとするものであった。これに対して、生活指導は、行刑において、新しく法定されるものであり、具体的内容、方法、範囲等が、従来、実務上行われてきたところと必ずしも同一ではないため、十分検討する必要がある[72]。

刑事施設法案には、第82条の生活指導とは別に、第81条に「治療的処遇」の条項が設けられている。その内容は、第1項において「身体に障害を有する受刑者又は精神薄弱者である受刑者で、その心身の状況が改善更生に支障を及ぼすと認められるものに対しては、治療的処遇を行う」とあり、第2項には、「身体に障害を有する受刑者に対する治療的処遇は、その障害の程度に応じ、障害の除去、機能の回復等に必要な治療、施術、指導及び訓練とする。この場合において、治療又は施術については、当該受刑者の意思に反しない場合に限り、行うものとする」とあり、第3項では「精神薄弱者である受刑者に対する治療的処遇は、その自立能力の育成に必要な指導及び訓練とする」と規定されている。

要するに、治療的処遇は、身体に障害のある受刑者又は精神薄弱者の受刑者で、その心身の状況が改善更生に支障を及ぼすと認められるものに対し、

---

(72) 稲川正浩「刑事施設法案をめぐる実務上の諸問題―受刑者の処遇（その2）―」『刑政』第99巻第1号（1988年）88-89頁。

身体障害者福祉法や精神薄弱者福祉法（現在は、「知的障害者福祉法」）に規定するところに準じた治療、指導等を行おうとするものであり、傷病の治癒を目的とする医療行為ではなく、障害の除去等を図ることにより受刑者の社会適応能力を育成しようとする矯正教育にほかならないとされている。したがって、少年矯正における治療的処遇とは、同じ用語を使用していても意味内容が異なるというのである。

つまり、少年矯正における治療的処遇若しくは治療的教育的処遇とは、カウンセリング、心理療法、集団討議やその他の心理的技法を導入した処遇を意味するが、刑事施設法案では、生活指導に含めて考えられている。すなわち、第82条の生活指導では、「主として、その性格、生活歴等から、行動や態度に非社会的ないし反社会的傾向が強くみられる受刑者に対し、社会生活に適応し得る生活態度をかん養するため、特に集中的な指導及び訓練を行おうとするもの」と説明され、内容として多様なものが予想されるが、従来一般に考えられていたような広いしつけ教育としてではなく、カウンセリング、心理療法、集団討議、体育等を中心として矯正処遇としての専門的体系的な指導訓練が予定されており、このような用語の使い方の方が適切であり、法律用語として定義されているため、混乱がないというのである[73]。

後者については、犯罪・非行に対処する教育作用の領域に極めて隣接し、教育と医療の重複する部分と考えることができよう。治療的教育であるとか、生活指導における治療的技法といわれる領域がこれに相当すると考えられる。

② 旧少年院法第11条「公共の福祉のため」の解釈

旧少年院法第11条第2項は、「少年院の長は、前項の場合において、在院者の心身に著しい故障があり、又は犯罪的傾向がまだ矯正されていないため、少年院から退院させるに不適当であると認めるときは、本人を送致した裁判所に対して、その収容を継続すべき旨の決定の申請をしなければならない」と定めており、第4項は、「裁判所は、本人が第二項の状況にあると認めるときは、期間を定めて、収容を継続すべき旨の決定をしなければならない」と規定している。したがって、旧少年院法第11条第2項及び第4項は、少

---

[73] 林勝造「少年法・少年院法施行四〇年に際して考えること―「矯正教育」と「治療的教育」雑感―」『刑政』第100巻第4号（1989年）4頁。

年のための収容継続であると解釈できる。

　しかし、旧少年院法第11条第5号は、「裁判所は、少年院の長の申請に基づいて、二十三歳に達する在院者の精神に著しい故障があり公共の福祉のため少年院から退院させるに不適当であると認めるときは、二十六歳を超えない期間を定めて医療少年院に収容を継続すべき旨の決定をしなければならない」と規定しており、「公共の福祉のため」に収容継続をするという趣旨の条文になっている。すなわち、少年のために収容継続をするのではなく、「公共の福祉」＝社会防衛のために収容継続をすると解することができる。

　この点に関しては、第2章の少年矯正における「司法」と「福祉」にも関連してくる。少年審判における司法機能には、適正手続に基づく人権保障機能と社会防衛機能の対立はあるが、守屋によれば、前者の人権保障機能も少年法が刑事司法の一環を担うものとして社会防衛の機能を期待されている以上、社会防衛機能を否定することは困難であるとして、両機能共に社会防衛が内包しているとされる。しかし、「実体的な意味における司法機能は、あくまでも福祉機能との関係においては、第二次的、補充的な地位を占めるに過ぎない」として、司法機能は福祉機能の副次的な地位にあると主張していた[74]。よって、本条が社会防衛を唱えることは、司法機能の観点からは誤りではないが、旧少年院法は、処遇法であり、旧少年院法の第1条の趣旨からすれば、「公共の福祉のため」ではなく、「少年の改善更生・社会復帰のため」に収容継続がなされるべきである。言い換えれば、社会防衛の観点から少年の収容継続を考える場合、旧少年院法の第1条の趣旨に抵触するおそれがある。すなわち、旧少年院法第1条は「少年院は、家庭裁判所から保護処分として送致された者及び少年法第56条第3項の規定により少年院において刑の執行を受ける者を収容し、これに矯正教育を授ける施設とする」とあり、少年院はあくまで収容した少年に矯正教育を授ける施設とする場であるため、社会防衛の観点から、少年を隔離する場ではないと解することができる。また、少年法と照らし合わせると、目的規定である第1条「この法律は、少年の健全な育成を期し、非行のある少年に対して性格の矯正及び環境の調整に関する保護処分を行うと共に、少年の刑事事件について特別の措置を講

---

[74]　守屋・前掲書・183頁

ずることを目的とする」との規定より、少年法の理念はあくまで少年の健全育成にあり、性格の矯正及び環境調整を実施して社会復帰させることにあることから考えれば、旧少年院法第11条第5号は、少年法や少年院法の趣旨とは逆の立場に立っていることになり、規定を見直す必要がある。また、社会防衛という点からは、少年を隔離することで公共の安全を守るというよりは、今まで少年に悪影響を及ぼしていた環境から、少年を保護し、社会復帰させる上で、収容が重要であると考えれば、公共の福祉のためにというよりは、少年のために収容し、拘禁すると考えた方が、少年法の理念に即しているのではないだろうか。

さらに、第5号の問題として、少年院法改正により、おおむね12歳から少年院収容が可能となった場合において、実際はあり得ないが、解釈上は、「おおむね12歳」は11歳を含むという解釈が一般的であることから、最大11歳から26歳まで少年院収容が可能となる。実務上、想定外のことだと思われるが、解釈上、少年院に15年間収容可能となり、長期にわたる収容は、少年の社会復帰の可能性を奪いかねない。この点に関しても、再度、少年院法を見直す必要があると思われる。

第3項 新少年院法に関する所見

1 少年院法改正の経緯

旧少年院法は、昭和23年に制定されて以来、抜本的な見直しがなされないまま、60年以上が経過した。その間、旧少年院法はわずか20条しかない法律であるため、規則等で対応してきたのである。しかしながら、平成21年4月、広島少年院における不適正処遇事案が発生し、少年矯正運営の一層の適正化を推進すると共に、少年院における矯正教育及び少年鑑別所における資質鑑別をはじめとする施設機能の充実を図り、被収容少年の健全育成及び再非行の防止のため、「少年矯正を考える有識者会議」が設置された[75]。有識者会議は、全15回にも及び有識者会議の提言をもとに少年院法案及び少年鑑別所法案が作成されたのである。有識者会議の骨子は、次の通りである。

(1) 少年の人格の尊厳を守る適正な処遇の展開
　①施設内の適正化機能の強化
　　　ⅰ、在院者の権利・義務関係、職員の権限の明確化
　　　ⅱ、在院者の不服申立制度等の整備
　　　ⅲ、少年院における在院者間の事故等への対応
　　　ⅳ、少年院における複数職員指導体制の充実
　　　ⅴ、設備面の配慮
　②施設運用の透明性の確保
　　　ⅰ、第三者機関の設置
　　　ⅱ、地域社会との連携、広報の積極化
(2) 少年の再非行を防止し、健全な成長発達を支えるための有効な処遇の展開
　①個の多様性に即応できる処遇の充実
　　　ⅰ、基本的な処遇制度の改編による高密度の処遇の充実
　　　　ア、少年院における基本処遇制度の改編　処遇の個別化のため、処遇課程の改編、教育課程・個別的処遇計画・成績評価システムの見直し
　　　　イ、少年院における小規模処遇ユニットをベースとした高密度の教育
　　　　ウ、少年鑑別所の専門的な査定機能の積極的・継続的な活用
　　　　エ、再鑑別の多様化・活発化
　　　　オ、少年院在院者の保護関係調整指導等のための少年鑑別所への収容　仮退院前に保護調整、保護司との面談、関係機関と連携した仮退院後の保護観察の実施計画の立案に資する再鑑別の実施
　　　　カ、処遇プログラム等の企画・検証への参画等
　　　　キ、児童自立支援施設在所者、保護観察対象者等を対象とした鑑別の実施
　　　ⅱ、矯正教育及び鑑別・観護の内容・精度の向上

---

(75) 法務省HP「少年矯正を考える有識者会議」(http://www.moj.go.jp/shingi1/shingi06400003.html) 参照。

　　　　ア、少年院における矯正教育の内容の充実
　　　　イ、少年鑑別所における鑑別・観護機能の充実
　　　　ウ、鑑別のための各種ツールの整備
　　　　エ、行動観察・育成的処遇等を充分に行い得る体制の整備
　　　　オ、鑑別のための情報収集体制の確立
　　　　カ、鑑別結果の少年院への一層わかりやすい伝達
　　②協働態勢による重層的な関わりの推進
　　　　ア、家庭裁判所との連携
　　　　イ、保護観察所等との行動連携
　　　　ウ、保護者との連携強化
　　　　エ、被害者の視点を取り入れた教育等の一層の充実
　　　　オ、各種社会復帰支援の強化
　　　　カ、民間協力者等との連携強化
　　　　キ、教科教育の充実
　　③処遇及びその効果の検証への積極的な仕組み
　　　　ア、外部専門家からの意見聴取
　　　　イ、施設機能等の検証体制の整備
(3) 高度・多彩な職務能力を備えた意欲ある人材の確保・育成
　①多彩な人材の採用・確保
　②意欲ある有能な第一線職員、高度な管理能力を有する幹部職員の育成
　　　ⅰ、研修の充実
　　　ⅱ、職員育成に係る諸条件の整備
　③研究等の推進
　④職員が意欲と誇りを持てる職務環境の整備
(4) 適正かつ有効な処遇を行うための物的基盤整備の促進
　①老朽施設・設備等の改善
　②個室の増設等
　③保護室等の整備
(5) 適正かつ有効な処遇を支えるための法的基盤整備の促進
　①少年院関係
　②少年院・少年鑑別所関係

③少年鑑別所関係

そして、少年院法案及び少年鑑別所法案は、平成24年3月2日に閣議決定され、同年3月6日、第180回国会に提出され、平成26年6月、法律第58号として公布され、翌平成27年6月から施行されている。

今回の少年院法では、旧少年院法では、少年鑑別所に関して第16条（少年鑑別所）、第16条の2（少年の資質の鑑別）及び第17条（少年鑑別所の管理）のわずか3条しか規定がなかったものが、少年鑑別所法（法律第59号）として独立した法律となった。以前から少年鑑別所法を旧少年院法から独立して設けるべきとの意見があったことを踏まえ、今回の改正に至ったようである。

2 少年院法の改正内容

少年院法は、平成27年6月から施行されているが、本箇所執筆時は、少年院法の施行直後であり、詳細な検討は困難である上、解釈も実際に法案作成者が意図しているものと異なるおそれもあるが、この点についてはご了承いただきたい。

少年院法は、第1に、少年院の管理運営に関する事項を定めるものであり、少年院の運営の透明性を確保するために、少年院視察委員会の設置、組織及び権限について定めたもの、第2に、在院者の処遇について定めるものであり、在院者の処遇の原則、矯正教育の基本となる事項、在院者に対する社会復帰支援、在院者の権利義務の範囲、その生活及び行動に制限を加える場合の要件及び手続、面会、信書の発受等の外部交通等について定めると共に、在院者が自己の受けた処遇全般について行う不服申立ての手続として、法務大臣に対する救済の申出、監査官及び少年院の長に対する苦情の申出の制度を整備することを趣旨としている[76]。すなわち、少年院の適正な管理運営を図ると共に、少年院に収容される在院者の人権を尊重しつつ、その特性に応じた適切な矯正教育その他の在院者の健全な育成に資する処遇を行うため、

---

(76) 法務省HP『少年院法案関係資料』(http://search.e-gov.go.jp/servlet/Public?CLASSNAME=PCMMSTDETAIL&id=300100017&Mode=2) 参照。

少年院の管理運営に関する事項を定めると共に、矯正教育の基本となる事項、在院者の権利義務の範囲、その生活及び行動を制限する場合の要件及び手続等を定めるほか、在院者による不服申立ての制度を整備する必要があることを法律案提出の理由とされていた。

法律の概要としては、第1章から第22章[77]までの147条から構成されており、16条の附則が付されている。以下では、主要な条文について、章ごとに考察する。

(1) 第1章　少年院の運営

まず、目的規定である第1条は、「この法律は、少年院の適正な管理運営を図るとともに、在院者の人権を尊重しつつ、その特性に応じた適切な矯正教育その他の在院者の健全な育成に資する処遇を行うことにより、在院者の改善更生及び円滑な社会復帰を図ることを目的とする」と定めている。旧法の目的規定である第1条においては、「少年院は、家庭裁判所から保護処分として送致された者及び少年法第56条第3項の規定により少年院において刑の執行を受ける者を収容し、これに矯正教育を授ける施設とする」と規定していた。これは、収容施設にあっては、「人権を尊重しつつ」という意識は常に持ち続ける必要があり、旧法第1条が、少年院を矯正教育を授ける施設と規定しているのに対して、新法では、少年院の目指すところが在院者の改善更生及び円滑な社会復帰を図ることにあることを明らかにしているとされている[78]。

「人権を尊重しつつ」というのは昨今散見されるような職員による事件を防ぐためには重要であり、子どもの権利条約のような国際基準に則るものであり評価できるが、問題は、規定の仕方及び文言にある。旧法は、条文の趣旨から施設処遇法を主としているように解釈できるが、新法は、「少年院の適正な管理運営を図るとともに」が冒頭に来ており、施設処遇法から施設管理法へ重点が移行したようにも読めるからである。その理由としては、「管理運営」という用語のほかにも、ほとんどの主体が「在院者」ではなく、

---

(77)　法務省 HP「少年院法案」(http://search.e-gov.go.jp/servlet/Public?CLASSNAME=PCMMSTDETAIL&id=300100017&Mode=2) 参照。

(78)　松村・前掲論文・14頁。

「少年院の長」で始まっているからである。

　次に、第2条に関しては、旧法では「在院者」を詳細に分類していないが、新法では、「在院者」を「保護処分在院者」と「受刑在院者」から成ると定めている。「保護処分在院者」とは、少年法で規定された保護処分の執行を受けるために少年院に収容される者をいい、「受刑在院者」とは、懲役若しくは禁錮の刑等の執行を受けるために少年院に収容される者をいうと定められている。後者は、いわゆる16歳未満で刑の執行が課せられた者、すなわち、14歳及び15歳の受刑者であるが、16歳に達するまでは義務教育及び労働基準法の関係から少年刑務所へは移送できないため、少年院で処遇を行う者を意味している。この規定に関しては、厳密にいえば、在院者の分類を2つに分けられはするが、実際に統計を見たところ、「受刑在院者」は法改正後、皆無であり、新たに規定するより、法律の空洞化を招いている「受刑在院者」の改正を視野に入れ、再検討する必要があるのではないだろうか。

(2) 第2章　少年院の運営

　第4条に規定されている少年院の種類に関しては、制度上、大きな変更点の1つである。旧法は、少年院を初等少年院、中等少年院、特別少年院及び医療少年院の4つに分けている。新法は、旧法の初等少年院と中等少年院の区別をなくし、これらを合わせて第1種とし、旧法の特別少年院を第2種、旧法の医療少年院を第3種とし、新たに、少年院において刑の執行を受ける者を収容する少年院の種類を第4種としている[79]。この変更は、おそらく、少年院収容者の減少に伴い、初等少年院と中等少年院の区画を分けて一緒にしている施設があることから、将来の統廃合を見据えての変更であり、年齢で分類するより、少年自身の発達段階で分けた方が良いという趣旨であると考える。しかし、新法では、第1種が「心身に著しい障害がないおおむね12歳以上23歳未満のもの」となっており、同じ施設ということは、区画を設けない可能性が高い。一般論として、「おおむね12歳」は11歳を含むというのが通説のため、11歳と22歳が一緒に処遇を受けることになる。旧法第2条は、第2項において、「おおむね12歳以上」に変更される以前、「心

---

(79)　松村・前掲論文・4頁。

身に著しい故障のない、14歳以上おおむね16歳未満の者」を初等少年院へ、第3項において、「心身に著しい故障のない、おおむね16歳以上20歳未満の者」を中等少年院へ、第4項において、「心身に著しい故障はないが、犯罪的傾向の進んだ、おおむね16歳以上23歳未満の者」を特別少年院へ収容すると規定しているが、第2項の年齢に関する下限には「おおむね」がなく、第3項では上限に「おおむね」が付され、第4項は下限に「おおむね」が付されている。これは、旧法の解釈における問題点で見たように、判例は、「対象少年の特質の相違あるいは少年院の特色を考慮して、年齢による画一的処理の結果発生する不当を是正しようとしているのであるから、年齢が十五歳である少年を中等少年院に送致した原判決の処分をもつて直ちに前記法条二項三項に違反し、決定に影響を及ぼすべき法令の違反があるということはできない」、「少年の性格、非行歴、犯行の原因、態様、犯行後の態度」によって、16歳未満の者であっても、非行の進度や悪質性、交友関係、知能程度、成熟度等によって、中等少年院送致を認めることができ、「16歳という基準から著しく逸脱しない限り許されるとしている」と判示していたことから、「おおむね」という用語には、年齢による画一的処理の結果発生する不当を是正する意味があり、少年院収容に柔軟性を持たせていると読むことができる。ただし、「16歳という基準から著しく逸脱しない限り許されるとしている」としていることから、いくら犯罪傾向が進んでいない少年達でも、やはり、初等少年院と中等少年院に収容されているすべての者を分離することなく収容することには、問題があるといわざるを得ない。また、少年院がなぜこのような区分を設けたかという立法趣旨に遡れば、第1章の沿革で見たように、悪風感染を避けるためであり、年齢の近い者同士の方が教育する際のグルーピングが適切であるからである。初等少年院と中等少年院は義務教育の者がいるため、教育には支障がないとの意見もあるかもしれないが、一般的に見て「11歳」と「22歳」を一緒に処遇するには、「少年の性格、非行歴、犯行の原因、態様、犯行後の態度」は類似しているかもしれないが、体格は全く異なり、精神年齢にも差があると思われる。したがって、やはり現行法の類型を維持し、例外として、年齢基準から著しく逸脱しない者を収容すべきである。

　また、第1種の年齢の上限に関して、旧法でも収容継続した場合は、中等

少年院に23歳まで収容が可能であるが、少年法における少年は、原則20歳未満とされているため、原則に従い「20歳未満」とすべきであり、規定するならば、例外として「23歳未満」と定めるべきである。

その他、中等少年院及び特別少年院における「おおむね」の解釈としては、施設間に柔軟性を持たせ、年齢による画一的処理の結果発生する不当を是正するという趣旨からは、納得がいくが、初等少年院における「おおむね12歳以上」には、違和感を覚える。その理由は、法律解釈上、「20歳未満」と規定されれば、「20歳と1日目」から法律の適用がなくなるのに対して、「おおむね12歳以上」の場合、「おおむね」があるから11歳までは適用対象にしてもよいというのは、法解釈上、疑義がある。少年審判による保護処分決定は司法処分であり、その内容は教育処分である性格を有してはいるが、法律である以上、疑問の余地があり、「おおむね」を削除し、「12歳以上」に変更すべきではないだろうか。

第8条では、施設運営の透明性の確保のため、成人矯正における刑事施設視察委員会のような第三者機関の設置をという要望から、少年院視察委員会が設置された。

(3) 第5章　矯正教育

第24条以下は、矯正教育の内容として、生活指導、職業指導、教科指導の順に列挙しているが、旧法は、教科指導、職業補導、生活指導の順であった。法律は、通常、重要なものが先に来るのが基本であるが、順序が変更されたことで、矯正教育の位置付けが変わったのか疑問である。順序が入れ替わることで、優先順位が変わったのであれば、生活指導の定義を詳細に説明すべきであり、治療的処遇を生活指導に含むことに対しても議論の余地があるのではないだろうか。「矯正教育」の定義自体に関わる変更点である。

さらに、第24項第3項第2号及び第3号は、成人矯正の特別改善指導を意識したような規定の仕方であり、「麻薬、覚醒剤その他の薬物に対する依存があること」、「その他法務省令で定める事情」と規定されているが、少年は成人と異なり、非行の対象性が異なるため、この記述の仕方でよいのか再度、見直す必要がある。

第34条は、単に言葉の問題であるが、新たに「個人別矯正教育計画」と

の名称が使用されている。成人の場合は、「処遇要領」に名称変更したが、統一した方がよいのか否かを考えた方がよいと思う。

　第36条は、いわゆる再鑑別の規定であるが、現在は、少年鑑別所の職員が少年院へ出向いて鑑別を行うケースが多い。しかし、新法では、原則7日間、最大14日間、少年を少年鑑別所に収容して再鑑別を実施する規定になっている。収容期間中、矯正教育が停止してしまうが、その間の教育、とりわけプログラムについてどうすべきか考える必要がある。

(4)　第8章　物品の貸与等及び自弁

　第61条は、自弁物品の規定である。刑事施設では、いわゆる保管私物制度を導入し、一定の物品のうち、刑事収容施設法の規定により被収容者が使用し、又は摂取することができるものは、領置手続を執らずに被収容者に引き渡し、これらの物品は、居室等内で自己管理させているが、新法では、保管私物制度は採用せず、従前通りのいわゆる全件領置主義を採用しているとのことである[80]。成人の場合、直接本人に渡すため、保管使用収益処分権は本人にあるが、少年の場合、国が保管後、必要なものだけを少年に渡し、その後は本人の自己管理となるが、最初に領置するため、どのように解釈すればよいのか。第7章以降の権利自由に関する規定の多くが、刑事収容施設法と同様の趣旨で規定されているが、この差異はいかなる理由からか不明である。

(5)　第12章　規律及び秩序の維持

　第83条から第90条までは、規律及び秩序の維持に関する規定となっており、刑事収容施設法と同様の規定となっている。しかし、少年院は成人の施設ほど大規模ではなく、職員数も少ないことから、「指定職員による」だけではなく、少年院の長が立ち会った方が、施設の透明化も図れると考える。

(6)　第15章　救済の申出等

　第120条「救済の申出」及び第129条「苦情の申出」は、不服申立制度と

---

[80]　松村・前掲論文・15頁。

して新たに法定化されたものである。「救済の申出」は、在院者が行う救済の申出と出院者が行う救済の申出に分類され、「苦情の申出」は、監査官に対する苦情の申出と少年院の長に対する苦情の申出に分けられる。救済の申出は、自己に対する少年院の長の措置その他自己が受けた処遇について行うことができ、申出先は法務大臣となる。苦情の申出との差異は、法務大臣が一定の場合に、少年院の長が行った違法又は不当な措置の全部又は一部を取り消し、又は変更すること及び一定の違法又は不当な行為を確認した場合に、法務大臣自ら同様の行為の再発防止のために必要な措置その他の措置を取ることにある。苦情の申出については、申出先が監査官と少年院の長であることを除き、刑事施設における苦情の申出とほぼ同様である[81]。ただし、第127条の「通知」を見ると、救済の申出の処理後、速やかに処理結果を通知すると規定しており、処分の取消し及び変更の法的効力を持つ「裁決」の規定がないため、行政不服審査法に規定する不服申立ての特別規定とは解されない。単なる「苦情の申出」であるとすれば、権利義務関係の明確化の方法としての権利救済制度の法的保障規定とはいえないのではあるまいか。

(7) 第18章　仮退院、退院及び収容継続

　第139条の収容継続においては、旧法の規定と異なる点が見受けられる。それは、上述した「公共の福祉のため」に収容継続するという規定が削除されている点である。この点に関する議論を見たことはないが、削除されているということは、法務省内で問題視されていたということではないだろうか。また、削除されたということは、規定はすべて本人のための処遇であると解すことができ、実質は、施設処遇法だと考えられる。

　以上、少年院法第7章以下は、刑事収容施設法と一言一句同様の規定が多く、同じ趣旨から策定されたと考えられるが、保護処分における法的性質は、刑罰とは異なり、要保護性を主体にしているため、少年に即した法文を提案すべきではなかったのだろうか。

---

(81)　松村・前掲論文・17頁

第4節　少年刑務所の概要及び問題点

第1項　少年刑務所の概要

　少年刑務所は、刑事収容施設法に基づいて運営されているが、少年法第56条にも少年刑務所に関する規定が存在する。第56条は、少年は被影響性が強く情操保護の必要があるという理由から、受刑段階の成人との分離を規定したものであり、少年の被疑者・被告人に対する取り扱い分離に関する規定（第49条第3項）と同じ精神に基づくものである。

　少年刑務所は、懲役又は禁錮の言渡しを受けた者のうち、裁判時20歳未満の者を少年受刑者と呼び、少年刑務所又は刑務所内の特に区画した場所で刑が執行されるが、その者が20歳に達した後でも26歳に達するまでは同一場所において執行を継続することができる。少年刑務所は、全国に6庁設置されている。

　少年刑務所は、少年院が矯正教育を授ける施設であるのに対し、懲役又は禁錮の刑を言い渡された者に対して、その刑を執行する施設であり、刑事収容施設法令の適用の下に受刑者の身柄の収容を厳格に確保しつつ、その改善更生と社会復帰を図るため、作業を中心として矯正処遇を行っている。そのため、少年刑務所では、少年院と比較して、逃走の防止や平穏な集団生活の確保等のための規律保持が重視され、施設の開放性も少ないものとなっている。

　少年受刑者の処遇に当たっては、懲役刑の内容をなす作業を科するほか、個々の受刑者の特性を考慮し、適正な処遇集団を編成して、溶接、自動車整備、電気工事、理容、ボイラー運転等に係る職業訓練、義務教育未修了者に対する教科教育及び低学力者に対する補習教育、自律心及び遵法精神を涵養し、社会生活に必要な知識及び生活態度を身に付けることを目的とする生活指導等を取り入れた処遇を行っている[82]。

　また、改善指導として、受刑者に対し、犯罪の責任を自覚させ、健康な心

身を培わせ、並びに社会生活に適応するのに必要な知識及び生活態度を習得させるのに必要な指導を実施している[83]。この改善指導は、一般改善指導と特別改善指導に分けられている。一般改善指導は、講話、体育、行事、面接、相談助言その他の方法により、上記の目的を達成させるものである。他方、特別改善指導は、薬物依存があったり、暴力団員である等の事情により、改善更生及び円滑な社会復帰に支障があると認められる受刑者に対し、その事情の改善に資するよう特に配慮して行う改善指導である。現在は、①薬物依存離脱指導、②暴力団離脱指導、③性犯罪再犯防止指導、④被害者の視点を取り入れた教育、⑤交通安全指導、⑥就労支援指導の6類型が実施されている[84]。

　その他、2000年の改正により、第56条第3項が設けられ、16歳未満の少年についても検察官送致が可能となり、懲役刑・禁錮刑が科されるようになった。しかし、その年齢や心身の発達の度合いを考慮し、刑の執行に当たっては、教育的側面を重視すべき場合が多く、特に、義務教育年齢の者については教科教育を重視しなければならないことから、年少少年に対する刑の執行の特例として、少年院における矯正教育を受けさせることを認めたものである。これらの少年については、未だ義務教育年齢であり、教科教育はともかく、職業訓練や社会人となるための生活訓練に重点を置いている少年刑務所の処遇よりも、同年代の少年の矯正教育の専門施設である少年院の処遇の方がふさわしいことから設けられたものである。少年受刑者は、16歳に達すると少年刑務所に移送されることを前提とするため、仮退院後、保護観察へ移行する従前の少年院における処遇プログラムとは異なるものが必要であり、少年院収容受刑者に対する有効かつ適切な矯正教育の開発や運営上の改善・工夫等が必要である[85]。

---

(82)　吉田秀司「少年院及び少年刑務所における処遇の現状と課題」『法律のひろば』第54巻第4号（2001年）39-40頁。
(83)　林和治「川越少年刑務所における矯正教育の現状と課題」『犯罪と非行』第155号（2008年）37頁。
(84)　法務省法務総合研究所編『平成29年版　犯罪白書』昭和情報プロセス株式会社（2017年）57頁。
(85)　田宮＝廣瀬・前掲書・513頁。

第2項　少年刑務所の問題点

　少年刑務所の問題点としては、特別改善指導をめぐる問題、処遇技法の充実、関係機関との連携等が列挙されていることが多い。特別改善指導に関しては、①職員・処遇体制、②専門スタッフと処遇スタッフとの関係、③プログラムの内容・方法に関する問題がある。①の職員・処遇体制に関しては、専門的なプログラム実施には、1人何役もこなす必要があり、また、専門的指導についてどのような指導体制が望ましいのか不明なため、職員・処遇体制の充実化が問題となっている。②は、専門スタッフは、随時、同一テーマに取り組むことから、他の職員に対する没交渉、孤立、不安を招きかねない。③については、標準プログラムの内容を高める必要があるということと、対象者の特性に応じて、指導職員や民間協力者の確保を含め、指導内容の充実を図ることが必要であるとのことである[86]。さらに、処遇技法に関しては、少年受刑者は、凶悪重大な犯罪を行い、刑事処分相当と判断されており、複雑で深刻な問題性を有していると考えられるため、処遇技法の充実をはじめとする教育内容・方法のより一層の多様化が求められるというものである。そして、関係機関との連携とは、少年受刑者の改善更生は、行刑施設のみで完結するものではなく、仮釈放後における保護観察との一貫性を保つ必要がある。そのため、円滑な社会復帰に向けた保護関係機関との綿密な連携に努め、施設内処遇と社会内処遇の有機的な一体化を図る必要があるとのことである[87]。

　以上は、一般的な問題であるが、上記以外に考えられる問題点を指摘したいと思う。まずは、16歳未満の少年受刑者の問題である。懲役刑を言い渡された16歳未満の少年は、16歳に達するまでの間、少年院において刑の執行を受けることができ、その場合は、矯正教育を授けることとするとされるが、法律施行以来、16歳未満の少年受刑者は存在しない。したがって、少年刑務所と少年院の役割を見直し、年齢区分をはじめ、再度検討する必要が

---

(86)　林・前掲注・49-51頁。
(87)　宮川義博「少年刑務所における処遇の実情―改正少年法化の取組を中心に―」『家庭裁判月報』第57巻第4号（2005年）45頁。

あると思われる。

　次に、特別改善指導に関してであるが、現在6類型が指定されているものの、少年受刑者に多い罪名は、財産犯、凶悪犯、粗暴犯、性犯、薬物事犯の順である。ならば、6類型に限らず、指導内容は法務省令によって定めるとあるため、6類型以外財産犯に対する指導等を実施しても良いのではないだろうか。

　最後の問題として、まだ現実には問題となってはいないが、成人年齢が18歳に引き下げられた場合、それまでは少年院送致であった者が、少年刑務所に収容される可能性がある。すなわち、少年刑務所は18歳以上の者を受け入れることになり、収容者数が増加することが見込まれる。その際、少年院では統廃合の問題が起こり、少年刑務所は増設する必要があるかもしれない。

第6章
少年矯正における近年の動向

第1節　少年院法及び少年鑑別所法の制定

第1項　少年院法の概要及び問題点

1　少年院法の概要

　平成26年6月4日、「少年院法」（平成26年法律第58号、以下、「新院法」と呼ぶ）、「少年鑑別所法」（平成26年法律第59号、以下、「鑑法」と呼ぶ）及び「少年院法及び少年鑑別所法の施行に伴う関係法律の整備等に関する法律」（平成26年法律第60号）が成立し、公布され、平成27年6月1日から施行された。昭和23年7月に旧少年院法が少年法と共に制定されて以来の全面改正である。
　旧院法の見直しが必要とされた背景として、①制定から長い年月が経過しており、抜本的な見直しがなされることなく今日に至っているため、現在では不十分な内容になっていること、特に、少年鑑別所に関する規定は、旧院法に数か条あるのみで、少年院に関する規定を準用していること、②少年院

及び少年鑑別所における施設の管理運営、被収容少年の処遇方法の多くが、省令、訓令、通達等に委ねられており、少年院の全体像を把握することが困難になっていること、③不適正処遇の防止、施設運営の透明性の確保等の観点から、不服申立制度の整備、第三者委員会の設置等、新たに法律に規定すべき事項があることの3点が挙げられている[(1)]。

少年院法の改正に関しては、昭和30年代頃から議論があったようだが、平成17年に約100年ぶりの改正となる「刑事施設及び受刑者の処遇等に関する法律」が成立したことにより、少年院法の全面改正をという声が上がる中、平成21年4月、広島少年院において職員による重大な不適正処遇事案が発覚し、「少年矯正を考える有識者会議」が立ち上げられ、全面改正に繋がったのである[(2)]。

今回の立法は、旧院法を全面改正し、少年鑑別所に関する規定は少年鑑別所法として、独立の法律として制定している。その趣旨は、旧院法には、少年鑑別所の規定が乏しく、少年院に関する規定を準用しており、本来、少年院在院者と少年鑑別所在所者は、法律上の地位が異なることに加え、少年院における収容・処遇以外の業務も重要な部分を占めるというように少年院との機能が異なる点にある。

新院法の概要としては、まず、第1条は、少年院の適正な管理運営を図るとともに、在院者の人権を尊重しつつ、その特性に応じた適切な矯正教育その他の在院者の健全な育成に資する処遇を行うことにより、在院者の改善更生及び円滑な社会復帰を図ることを目的とするとして基本理念を明らかにしている。少年院の適正な管理運営という前段の目的は、在院者の改善更生及び円滑な社会復帰という後段の目的を達成するための基盤であるとしている。

少年院の種類に関しては、旧院法は、初等少年院、中等少年院、特別少年院及び医療少年院の4つを定めていたが、初等少年院と中等少年院の収容区分の違いは、16歳という年齢のみであること、また、個々の少年の心身の発達の程度は様々であり、16歳で区分するのは合理性に乏しい、さらには、特別少年院の名称は、出院者にスティグマを負わせるという懸念から、初等

---

(1) 柿崎伸二「少年院法・少年鑑別所法の成立」『法律のひろば』第67巻第8号（2014年）4頁。
(2) 柿崎・前掲論文・5-6頁。

少年院と中等少年院を併せて第1種、特別少年院を第2種、医療少年院を第3種、刑の執行を受ける者を収容する少年院を第4種とした。

少年院の種類と同様、少年院の運営の内容として、施設の透明性の確保という観点から、少年院視察委員会を導入し、裁判官及び検察官による巡視について規定している。

在院者の処遇に関しては、人権尊重の原則、処遇の個別化の原則、科学主義の原則等に立脚し、「在院者の処遇は、その人権を尊重しつつ、明るく規則正しい環境の下で、その健全な心身の成長を図るとともに、その自覚に訴えて改善更生の意欲を喚起し、並びに自主、自律及び協同の精神を養うことに資するよう行うものとする」と第15条に定めている。少年院の処遇の中核を担う矯正教育については、在院者の犯罪的傾向を矯正し、並びに在院者に対し、健全な心身を培わせ、社会生活に適応するのに必要な知識及び能力を習得させることと規定している。その内容については、生活指導、職業指導、教科指導、体育指導及び特別活動指導として整理している。

その他、在院者の権利義務関係の明確化や救済の申出等が提起されている。在院者の権利義務関係の明確化については、①保健衛生及び医療、②物品の貸与等及び自弁、③金品の取り扱い、④書籍等の閲覧、⑤宗教上の行為、⑥規律及び秩序の維持、⑦外部交通、⑧賞罰等においてその範囲が明らかにされると共に、在院者の生活及び行動に制限を加える場合の要件及び手続の規定が整備され、職員の権限も明確化した。救済の申出に関しては、①法務大臣に対する「救済の申出」、②監査官及び少年院の長に対する「苦情の申出」が創設されている[3]。

---

(3) 内藤晋太郎＝橋口英明「少年院法・少年鑑別所法案の概要」『法律のひろば』第67巻第8号（2014年）12-17頁。
少年院法及び少年鑑別所法の詳細については、荘雅行「少年院法、少年鑑別所法、少年院法及び少年鑑別所法の施行に伴う関係法律の整備等に関する法律」『法令解説資料総覧』第396号（2015年）17-29頁、岩浪健「少年院法・少年鑑別所法の施行と少年矯正の現状」『ケース研究』第326号（2016年）4-41頁、岩浪健「新少年院法の施行と少年院における処遇の現状」『法学教室』第423号（2015年）15-19頁、木村敦「新しい少年院法・少年鑑別所法が施行されるに当たって」『刑政』第126巻第6号（2015年）28-37頁、内藤晋太郎＝橋口英明「新しい少年院法・少年鑑別所法について」『刑事法ジャーナル』第41号（2014年）125-131頁、藤本哲也「少年院法と少年鑑別所法の制定」『戸籍時報』第721号（2015年）84-87頁、岩井宜子「少年院法・少年鑑別所法の成立」『青少年問題』第658号（2015年）40-47頁を参照。

2 新院法の問題点

新院法の問題点に関しては、実務上の問題としては、自弁物品が取り上げられているケースが多いが、今後、問題になるであろう条文を抜粋し、少年院法の解釈を通して問題点を指摘したいと思う。本著の第5章第3節第3項の新少年院法に関する所見で問題とした条文を中心に章ごとに検討する。

(1) 第1章 総則

新院法第1条は、「この法律は、少年院の適正な管理運営を図るとともに、在院者の人権を尊重しつつ、その特性に応じた適切な矯正教育その他の在院者の健全な育成に資する処遇を行うことにより、在院者の改善更生及び円滑な社会復帰を図ることを目的とする」と規定している。この条文は、前段の目的である「少年院の適正な管理運営」が、後段の目的である「在院者の改善更生及び円滑な社会復帰」を達成するための前提となるとの解釈がなされている[4]。すなわち、少年院の適正な運営管理を行うこと、在院者の人権を尊重しつつ、その健全な育成に資する処遇を行うこと、少年院の処遇の目的が在院者の改善更生及び円滑な社会復帰を図ることにあること等を新たに目的としたのである。要するに、少年院における処遇を適切に実施、所定の目的を達成するためには、少年の管理運営が適切に行われなければならないという趣旨である[5]。

旧院法の目的規定においては、「少年院は、保護処分として送致された者及び少年院において刑の執行を受ける者を収容し、矯正教育を授ける施設とする」と規定され、これは、収容施設にあっては、「人権を尊重しつつ」という意識は常に持ち続ける必要があり、少年院を矯正教育を授ける施設と規定している。新院法は、この旧院法の目的規定を踏まえ、在院者の人権を尊

---

(4) 法務省矯正局編『新しい少年院法と少年鑑別所法』公益財団法人矯正協会(2015年)24-25頁。
法務省矯正研修所『研修教材 少年矯正法』公益財団法人矯正協会(2016年)13-14頁。
内藤=橋口・前掲論文・12頁。
(5) 法務省矯正局編・前掲書・26頁。

重しつつ、在院者の改善更生及び円滑な社会復帰を図ることにあると定めている。「人権を尊重しつつ」というのは、少年院法改正の契機ともなった職員による事件を防ぐためには重要であり、子どもの権利条約のような国際準則に則る点では評価できるが、問題は規定の仕方及び文言にあると考えられる。この目的規定は、「少年の適正な管理運営を図るとともに」が冒頭に来るため、旧院法の「施設処遇法」とは異なり、新院法は、形式上、「施設管理法」へ重点が移行したような誤解を招くおそれがある点が問題である。

　この点に関しては、刑事収容施設及び被収容者等の処遇に関する法律（以下、刑事収容施設法と呼ぶ）の目的規定である第1条を参考に論じる。刑事収容施設法では、「施設収容」が前提であることから、人権の尊重も適切な処遇もその枠内で配慮されるという趣旨であるため、法自体は施設処遇法であり、人権の配慮や処遇は一般社会と同じではないことを明記したと解される。すなわち、刑事収容施設法は、実質上は施設処遇法であり、被収容者の人権を尊重し、適切な処遇を実施するためには、条文の形式上、「刑事施設の長」で始まる条文により規制されるのはやむを得ないということである。新院法も刑事収容施設法と同様に考えれば、「少年院の長」で始まる条文が多用されているが、「施設管理法」に移行したのではなく、実質上は「施設処遇法」と読めることになるが、形式面での工夫が必要であったように思われる[6]。

　また、第1条の構造からもわかるように、刑事収容施設法と新院法の構造は、新院法第5章の矯正教育以外の箇所が類似している点も問題であると思われる。この点に関する法務省側の見解としては、法案段階の際に、「具体的条文については、一見すると、刑事収容施設法の構成と似ているという印象を持たれるかもしれませんが、それはいずれも身柄を強制的に収容する矯正施設という性質から来るものであって、施設を適正に運営し、被収容者の人権を尊重した処遇を行う上で規定すべき内容に基本的な違いはないので不合理ではないと考えている」との主張がなされている[7]。また、規律秩序の点においても、刑事収容施設法における規律秩序とは若干異なった形にされ

---

(6)　構造上の詳細については、法務省矯正局編『少年院・少年鑑別所関係法令集』公益財団法人矯正協会（2016年）と法務省矯正局編『刑事施設関係法令集（第4版）』公益財団法人矯正協会（2016年）を参照。

ていると述べ、その違いは、刑事収容施設法では規律秩序を維持するという言葉が重要だと説いているが、少年院法案では、第81条第1項で、少年院の規律秩序に関しては「改善更生及び円滑な社会復帰を図るのにふさわしい安全かつ平穏な共同生活」のために規律秩序を維持するとする点が刑事収容施設法とは異なるというように、構造自体は似ているが、重要な点に関しては、少年用にアレンジしているという趣旨のようである[8]。しかしながら、身柄を強制的に拘束するため、性質上類似しているという理由から、刑事処分を受けた受刑者と保護処分である少年院在院者を類似の法律によって規定するのは適切だろうか。

後藤弘子によれば、「少年院法の改正は監獄法の改正をモデルにして行うべきではない。なぜなら、少年院における教官と少年の関係と、刑務所における刑務官と受刑者の関係は、同じ権力関係でありながら異なっているからである」と主張し、「職員と少年の関係は少年の立ち直りという目標に向かって働いており、目標に向かって協同・協力する関係にあるとする。」という文章を引用した上で、この考え方こそ、少年法の理念に基づくものであるとの見解を示している[9]。確かに、職員と在所者、職員と在院者の関係は平等であるべきだが、少年院では職員と在院者が対等といえど、職員は矯正教育を授ける立場であり、在院者は矯正教育を受ける立場であり、刑罰を科す対象ではなく、あくまで保護処分の対象であり、教育を中核とする場所であると主張する見解もある。したがって、様々な見解があるため、目的規定を始め、やはり成人の法律とは異なる少年院法独自の構造にすべきであったのではないだろうか。

(2) 第2章 少年院の運営

第4条の少年院の種類に関しては、新院法の大きな変更点である。少年院の名称変更に関しては、特別少年院の出院者に対するスティグマ回避との説

---

(7) 名取雅子「少年院における新たな取組と少年院法の改正等」『家庭裁判月報』第65巻第4号（2013年）15頁。

(8) 内藤晋太郎＝池田一「特別講演―少年院法案等の概要―」『東北矯正研究』第48号（2012年）57頁。

(9) 後藤弘子「少年法の理念と少年院法改正」『刑政』第121巻第6号（2010年）19-20頁。

明がなされている[10]。新院法では、初等少年院と中等少年院の区別をなくし、これらを合わせて第1種とし、旧院法の特別少年院を第2種、旧院法の医療少年院を第3種とし、新たに、少年院において刑の執行を受ける者を収容する少年院の種類を第4種としている。この変更は、少年院収容者の減少に伴い、初等少年院と中等少年院の区画を分けて一緒にしている施設があることや、年齢で区分するより、少年自身の発達段階で分けた方がよいという趣旨である[11]。

　この第1種に関しては、旧院法では区画を分けた上で処遇を行っていたが、同じ施設ということは、区画を設けていないため、条文解釈上は、11歳から22歳までが一緒に処遇を受けることになる。そもそも、旧院法がなぜこのような区分を設けたかという立法趣旨に遡れば、悪風感染を避けるためであり、年齢の近い者同士の方が教育する際のグルーピングが適切であるということが理由である。一般的に見て「11歳」と「22歳」を分離することなく処遇するのは、「少年の性格、非行歴、犯行の原因、態様、犯行後の態度」は類似しているかもしれないが、体格は全く異なり、精神年齢にも差があるので問題であると思われる。また、現状の少年院の人数であれば、現行法の分類でも目が行き届き、問題がないと考えることも可能であるが、今後、在院者が増加した際のことを考えるならば、以前の類型を維持し、例外として、年齢基準から著しく逸脱しない者を収容すべきと変更した方がよいのではないだろうか。

　その他、第1種における「おおむね12歳以上」には、違和感を覚える。その理由は、法律解釈上、「20歳未満」と規定されれば、「20歳と1日目」から法律の適用がなくなるのに対して、「おおむね12歳以上」の場合、「おおむね」があるから11歳までは適用対象にしてもよいというのは、法解釈上、疑義がある。「おおむね」の解釈としては、施設間に柔軟性を持たせ、年齢による画一的処理の結果、発生する不当を是正するという趣旨であろうが、法律である以上、「おおむね」を削除し、「12歳以上」若しくは「11歳以上」に変更すべきではないだろうか。

---

(10)　内藤＝橋口・前掲論文・13頁、名取・前掲論文・7頁。
(11)　内藤＝橋口・前掲論文・13頁。

(3) 第5章　矯正教育

　第24条以下は、矯正教育の内容として、生活指導、職業指導、教科指導の順に列挙しているが、旧院法は、教科指導、職業補導、生活指導の順で規定されていた。法律は、通常、重要なものが先に来るのが基本であるが、順序が変更されたことで、矯正教育の位置付けが変わったのだろうか。「矯正教育」の定義自体に関わるため、何らかの説明が必要である。

　さらに、第24項第3項は、新たに設けられた特定生活指導の条文であるが[12]、刑事収容施設法第103条の成人矯正の特別改善指導を意識したような規定の仕方であり、「麻薬、覚醒剤その他の薬物に対する依存があること」、「その他法務省令で定める事情」と規定されているが、少年は成人と異なり、非行の対象性が異なるため、他の非行に対するプログラムの方が重要であり、この類型及び記述の仕方でよいのか再度、見直す必要がある。

(4) 第8章　物品の貸与等及び自弁

　第61条は、自弁物品の規定である。在院者は、法令により強制的に少年施設に収容されていることから、そこで使用又は摂取する物品については、平等に貸与又は支給すべきだが、ある程度の自弁物品の使用を認めることは改善更生の意欲を喚起するものであるとして認められたものである[13]。刑事施設では、いわゆる保管私物制度を導入し、一定の物品のうち、刑事収容施設法の規定により被収容者が使用し、又は摂取することができるものは、領置手続を執らずに被収容者に引き渡し、これらの物品は、居室等内で自己管理させているが、在院者同士の不正な授受が行われ、弊害をもたらすことが多く、院法では、保管私物制度は採用せず、従前通りのいわゆる全件領置主義を採用しているとのことである[14]。したがって、不正な授受はそれほど心配はないが、自弁物品の使用に関しては、経済的格差が広がらないような配慮が必要とされる。また、自弁物品を許可する基準が不明確であり、施

---

[12]　特定生活指導とは、在院者の個別の事情を6種目に分け、共通の教材を用いた中核プログラムと、内容や実施方法を施設の裁量に委ねる周辺プログラムとを組み合わせた複数のプログラムの総体として指導の効果を上げるように構成されたものである（岩浪・前掲論文・11頁）。
[13]　法務省矯正局編・前掲書・104頁。
[14]　岩井宜子・前掲論文・44頁。

設ごとに異なる。ある程度の年数が経過すれば、リスト等ができ、許可基準が明確になるであろうが、現段階では、施設間での基準を共有する必要があると考える。それまで第7章以降の権利自由に関する規定の多くが、刑事収容施設法と同様の趣旨で規定されているが、この差異はいかなる理由からか不明である。

(5) 第10章　書籍等の閲覧

新院法では、在院者が書籍に触れることは、健全な育成を図る上で有益との観点から、書籍に関する規定が第78条以下に設けられたが、書籍の審査が増大することになるので、現場の職員負担を軽減するための方策が必要である[15]。

(6) 第12章　規律及び秩序の維持

第83条から第90条までは、規律及び秩序の維持となっており、刑事収容施設法とほぼ同様の規定となっているが、少年院は成人の施設と異なり、小規模で職員数も少ないことから、「指定職員による」だけではなく、少年院の長も立ち会った方が、施設の透明化が図れると考えるが、実務上は難しいように思われる。

(7) 第15章　救済の申出等

第120条「救済の申出」及び第129条「苦情の申出」は、不服申立制度として新たに法定化されたものである。少年の場合、収容期間が短く、迅速な処理が求められる、心身共に未熟で理解力が乏しく、制度を理解できないおそれがある、判断力・表現力が不十分な者でも不服申立てが行えるように援助を受けられるようにする等の理由から、刑事施設の不服申立てとは異なり、①法務大臣による救済の申出、②監査官に対する苦情の申出、③少年施設の長に対する苦情の申出の3本立てになっている[16]。少年院法案の箇所で触れたように、救済の申出の処理後、速やかに処理結果を通知すると規定しており、処分の取消し及び変更の法的効力を持つ「裁決」の規定がないため、

---

[15] 新法施行後の現場の発言に関しては、『刑政』第127巻第2号（2016年）に記載がある。

行政不服審査法に規定する不服申立ての特別規定と解されない。単なる「苦情の申出」であるとすれば、権利義務関係の明確化の方法としての権利救済制度の法的保障規定とはいえないのではないだろうか。

(8) 第18章　仮退院、退院及び収容継続

第139条の収容継続においては、現行法の規定と異なる点が見受けられる。それは、旧院法の「公共の福祉のため」に収容継続するという規定が削除されている点である。削除されたということは、規定は社会防衛のためでなく、本人のための処遇であると解することができる。

以上、新たな少年院法の条文解釈を通して改善すべき点を提示してきたが、少年院法は、あらゆる点で刑事収容施設法と同様の規定が多いと感じる。施設の透明化や在院者及び職員の権利義務の明確化を謳っているが、条文を見る限り、少年の処遇を中心に考えてはいるものの、職員の問題回避のための管理運営であり、職員の権利を守るための改正に若干傾いているような感も否めない。少年における保護処分の法的性質は、刑罰とは異なり、要保護性を主体にしているため、少年に即した法律に修正すべきではないだろうか。この点からもやはり少年法の理念とは何かを再考した上で、少年法及び少年院法の制定意義を見直し、法律を修正した方がよいのではないだろうか。

第2項　少年鑑別所法の概要及び問題点

1　少年鑑別所法の概要

少年鑑別所の業務は、①鑑別対象者の鑑別を適切に行うこと、②在所者の人権を尊重しつつ、その者の状況に応じた適切な観護処遇を行うこと、③非行及び犯罪の防止に関する援助を適切に行うことの3つに集約される。新法

---

(16)　法務省矯正局編・前掲書・184頁。
　　矯正施設の被収容者に対する処分は、行政庁が国民に対して行う一般的な処分とは性質が異なるため、行政不服審査法による不服申立ての対象から除外されており、独自の不服申立を設ける必要性があった（法務省矯正局編・前掲書・180-181頁）。

は、第1条において、少年鑑別所の適正な管理運営を図るとともに、鑑別対象者の鑑別を適切に行うほか、在所者の人権を尊重しつつ、その者の状況に応じた適切な観護処遇を行い、並びに非行及び犯罪の防止に関する援助を適切に行うことを目的とすると規定している[17]。

　鑑別対象者の鑑別については、旧院法の場合、少年鑑別所送致の観護の措置が執られた少年を収容すると共に、家庭裁判所の行う少年に対する調査、審判及び保護処分並びに懲役刑又は禁錮刑の言渡しを受けた16歳未満の少年に対する資質鑑別、あるいは家庭裁判所等所定の機関以外の者からの鑑別依頼に関しては、一般少年鑑別として鑑別を実施していた。新法は、鑑別機能のより一層の充実強化を図るため、規定を整理し、旧院法では、一般少年鑑別に止まっていた児童福祉機関との連携強化という観点から、児童自立支援施設及び児童養護施設も鑑別を求める機関として明記した。具体的な対象者としては、少年鑑別所に収容される者を「在所者」と定義し（鑑法第2条）、在所者の収容の性質に鑑み、①被観護在所者：少年鑑別所送致の観護措置が執られて少年鑑別所に収容されている者（第2条第3号）、②未決在所者：刑事訴訟法の規定により少年鑑別所に勾留されている者（第2条第4号）、③在院中在所者：鑑別を受けるために少年鑑別所に収容されている少年院の在院者、少年鑑別所に仮収容されている少年院の在院者（第2条第5号）、④各種在所者：在所者であるが、①②③以外の者（第2条第6号）の4種に分類されている[18]。

　少年鑑別所の中心的な業務は鑑別であるが、新法は、在所者に対する処遇のうち、鑑別以外のすべてのものを観護処遇として位置付け、観護処遇の内容を明らかにしている。観護処遇を行うに当たっては、在所者のほとんどが心身の成長途中にある少年であるため、情操への影響を考慮する必要があるため、懇切にして誠意のある態度をもって接することにより在所者の情操の保護に配慮するとともに、その者の特性に応じた適切な働きかけを行うこと

---

(17) 小山定明＝古橋徹也「新少年院法・少年鑑別所法における今後の処遇」『法律のひろば』第67巻第8号（2014年）25頁。内藤＝橋口・前掲論文・17頁。
(18) 荘雅行＝荒巻由衣「少年矯正の充実強化に向けた法的基盤整備」『時の法令』第1972号（2015年）33頁。
　　内藤＝橋口・前掲論文・18頁。

によりその健全な育成に努めるものとすると明記されている（第20条）。また、健全な育成のための支援として、生活態度に関する助言及び指導（第28条）、学習等の機会の提供等（第29条）を規定している。また、地域社会における非行及び犯罪の防止が課題となる中で、少年鑑別所が有する専門的知識及び技術を広く活用する趣旨で、少年鑑別所の長は、地域社会における非行及び犯罪の防止に寄与するため、非行及び犯罪に関する各般の問題について、少年、保護者その他の者からの相談のうち、専門的知識及び技術を必要とするものに応じ、必要な情報の提供、助言その他の援助を行うとともに、非行及び犯罪の防止に関する機関又は団体の求めに応じ、技術的助言その他の必要な援助を行うものとし（第131条）、従来、一般少年鑑別と呼ばれていた業務を本来業務の1つとした。ほかにも、鑑法は、在所者の権利義務及び職員の権限の明確化をし、少年院法同様、不服申立制度の創設等が行われている。

2 新法の問題点

新法は、鑑別業務以外は、少年院法との共通点が多いため、少年院法と内容が大きく異なる条文のみ検討する。

(1) 第1章第2節 少年鑑別所の運営

第3条は、少年鑑別所の運営として、少年鑑別所の本来業務の中に、以前は副次的な業務として位置づけられていた一般少年鑑別の名称を変更し、「非行及び犯罪の防止に関する援助」として、本来業務に位置づけを行い、第131条において詳細な規定を置いている。この地域援助業務に関しては、一般人が利用しやすいように少年鑑別所とは別に「法務少年支援センター」という名称を用い、地域援助業務のための専用電話を用意し、ホームページを開設した結果、新法施行後、この地域援助業務のニーズは急増しているとのことである[19]。地域社会における非行や犯罪の防止ができる点はメリッ

---

(19) 西岡潔子「少年鑑別所法施行後の一年を振り返る―少年鑑別所における取組と今後の展望―」『刑政』第127巻第10号（2016年）22頁。

トであるが、あまりにニーズが増えすぎると、家庭裁判所の調査や審判のための鑑別に支障を来すおそれがある。それを回避するためにも、地域援助業務に関しては、OB等の再雇用等を視野に入れ、犯罪予防に力を入れた方がよいと考える。

(2) 第3章第6節 物品の貸与等及び自弁

第42条は、自弁物品の使用等に関する条文であるが、少年鑑別所の被観護在所者及び未決在所者は、少年院の在院中の者とは法的地位が異なり、保護処分の決定又は刑の確定前の者であることから、物品の使用は原則許可される[20]。この点に関しては、これまでの運用の違いや生活態度の差が所内に持ち込まれる懸念等が問題となっている[21]。

少年鑑別所法は、解釈上、少年院法と類似の規定が多いため、特に問題はないが、本来業務として地域援助業務を法律に規定したことにより、他の鑑別業務に支障を来さないか注視する必要がある。

第2節 少年法適用年齢の引き下げ

昨今、注目を浴びている少年法適用年齢の引き下げに関しては、昨年度より本格的な議論が法制審議会にて実施されている。そのため、本著での処遇上の問題等に関しては、推測の域を超えないものもあるが、まずは、年齢引き下げの議論が始まった経緯を概観した後、若年者に対する刑事法制の在り方に関する勉強会の内容を参考に法制審議会の議論が進んでいるため、その勉強会における適用年齢の引き下げに関する是非について言及する。次に、その是非をもとに法制審議会の主な論点について述べ、今後、適用年齢が18歳に引き下げられた場合に考えられる弊害及び対策に関して、少年法の理念を基に私見を述べたいと思う[22]。

---

(20) 法務省矯正局編・前掲書・104・107頁。
(21) 西岡・前掲論文・20頁。
中西敏明「固定観念からの脱却」『刑政』第127巻第2号（2016年）116頁。

第1項　少年法適用年齢引き下げの経緯

　少年法適用年齢引き下げの経緯としては、平成19年5月に日本国憲法の改正手続に関する法律（いわゆる国民投票法）の成立が契機となっている。この法律は、第3条において、「日本国民で<u>年齢満18年以上の者は、国民投票の投票権を有する。</u>」と定め、附則第3条において、「国は、この法律が施行されるまでの間に、年齢満18年以上満20年未満の者が国政選挙に参加することができること等となるよう、<u>選挙権を有する者の年齢を定める公職選挙法、民法（明治29年法律第89号）その他の法令の規定について検討を加え、必要な法制上の措置を講ずるものとする。</u>」と規定している。その後、平成21年10月の法制審議会における民法の成年年齢の引き下げに関する諮問第84号では、<u>民法が定める成年年齢を18歳に引き下げるのが適当である</u>との答申がなされた。平成26年6月には、日本国憲法の改正手続に関する法律の一部を改正する法律が成立し、選挙権年齢が「満20年以上」から「満18年以上」へ引き下げられた。その際、附則第3項は、「国は、この法律の施行後速やかに、年齢満18年以上満20年未満の者が国政選挙に参加することができること等となるよう、国民投票の投票権を有する者の年齢と選挙権を有する者の年齢との均衡等を勘案し、<u>公職選挙法（昭和25年法律第100号）、民法（明治29年法律第89号）その他の法令の規定について検討を加え、必要な法制上の措置を講ずるものとする。</u>」と規定された。そして、平成27年6月の公職選挙法等の一部を改正する法律の成立によって、衆議院議員及び参議院議員の選挙権を有する者の年齢を満20年以上から満18年以上に引き下げられた。その附則第11条では、「国は、国民投票（日本国憲法の改正手続に関する法律（平成19年法律第51号）第一条に規定する国民投票をいう。）の投票権を有する者の年齢及び選挙権を有する者の年齢が満18年以上とされたことを踏まえ、選挙の公正その他の観点における年齢満18年以上満20年未満の者と年齢満20年以上の者との均衡等を勘案しつつ、<u>民法（明治29年</u>

---

(22)　本著は、法制審議会の少年法・刑事法（少年年齢・犯罪者処遇関係）部会における第1回～5回会議の議事録を中心に論じている。議事録に関しては、法務省HP（http://www.moj.go.jp/shingi1/housei02_00296.html）を参照されたい。

法律第89号)、少年法その他の法令の規定について検討を加え、必要な法制上の措置を講ずるものとする。」との規定がなされた。以前の法律では、「民法その他の法令の規定について検討を加え」となっていたものが、今回の改正法では、「民法、少年法その他の法令の規定について検討を加え」というように「少年法」との文言が明記された。これを受け、平成27年11月から平成28年12月にかけて「若年者に対する刑事法制の在り方に関する勉強会」が実施され、平成29年2月9日より「法制審議会への諮問」が始まり、本格的に少年法適用年齢引き下げの議論が始まったのである[23]。

第2項　少年法適用年齢引き下げの議論状況

1　「若年者に対する刑事法制の在り方に関する勉強会」における年齢引き下げの是非

上述の「若年者に対する刑事法制の在り方に関する勉強会」における年齢引き下げの是非に関しては、国法上の統一、再非行率、脳科学の見地、諸外国との関係等の観点から論じられることが多いが、おおむね表-26のような観点から賛成派と反対派の見解が分かれているように思われる[24]。

2　法制審議会における年齢引き下げの是非

(1)　法制審議会における年齢引き下げの是非

法制審議会における年齢引き下げの是非に関しては、今現在、少年法適用年齢を引き下げるか否かの検討だけでなく、刑事司法全般における議論へと

---

(23)　法務省HP「法制審議会少年法・刑事法（少年年齢・犯罪者処遇関係）部会第1回会議配布資料2　諮問に至る経緯」(http://www.moj.go.jp/content/001220563.pdf)。
　　藤本哲也「少年年齢の引下げと青年層構想」『戸籍時報』第735号（2016年）61頁。
(24)　「若年者に対する刑事法制の在り方に関する勉強会」の取りまとめ報告書に関しては、法務省HP「法制審議会少年法・刑事法（少年年齢・犯罪者処遇関係）部会第1回会議配布資料4　諮問に至る経緯」(http://www.moj.go.jp/content/001220565.pdf) 及び『論究ジュリスト』第21号（2017年）172-180頁参照。

表-26 「若年者に対する刑事法制の在り方に関する勉強会」における年齢引き下げの是非

	現行法（20歳未満）を維持	18歳未満に引き下げるべき
他の法律との関係（国法上の統一性における観点）	・法律の適用年齢は、立法趣旨や目的に照らして各法律ごとに検討すべきであり、他の法律と連動する必要はない。	・各法律ごとに検討すべきであるとしても、各法律に共通点があれば整合性を図るべき。 ・一般的な法律においては、「大人」としての年齢が一致した方がわかりやすく、「大人」としての自覚を促す。 ・民法の成年年齢が18歳に引き下げられた場合、親権に服さず、取引保護に関する行為能力を認められた18歳以上の「成年者」に対して、保護主義（パターナリズム）に基づく保護処分は、過剰な介入である。
少年保護事件の手続面	・現行法では、手続きの過程において、家庭裁判所調査官や少年鑑別所による保護的措置が実施されているが、この働きかけがなくなる。	
処遇の観点	・現在有効に機能している保護処分を活用し、再社会化の促進・再犯防止を図ることが望ましい。 ・刑罰による威嚇力はないため、教育的・福祉的な援助を行うべき。 ・刑務所では、個別的処遇及び教育的処遇が困難であり、少年院の指導や働きかけには及ばない。 ・現行法上、少年院送致となる者が、年齢引き下げにより自由刑の全部執行猶予、罰金又は起訴猶予となる場合、少年院における教育と援助の機会を失う。 ・現行法下では保護観察となる者が、年齢引き下げにより保護観察の付されない執行猶予、罰金又は起訴猶予となる場合、立ち直りのための社会内処遇を受けることなく終結する。 ・虞犯による処分がなくなる。	・犯罪被害者等からは、年齢引き下げは犯罪抑止に繋がるとの意見がある。 ＊少年法適用年齢を18歳に引き下げた場合における刑事政策的懸念に対しては、若年者に対する刑事政策的措置により対応可能。 ex. 若年受刑者に対して、現在少年院で行われている教育的処遇を実施する、少年院受刑者の範囲を16歳未満の者から拡大する、自由刑の単一化による矯正処遇の充実化、保護観察付刑の一部執行猶予制度の活用、宣告猶予制度の導入、罰金の保護観察付執行猶予の活用等。
社会的・精神的な成熟度	・18歳・19歳の社会的・精神的成熟度が低下。	・18歳・19歳の社会的・精神的成熟度が以前よりも低くなっているとの指摘があるが、選挙等の年齢が引き下げられ、相応の判断の力があると認められたと評価できるため、「成人」として扱うことには、合理性がある。

脳科学の見地	・脳科学の見地より、18歳・19歳は未成熟で発展途上にある可塑性の高い存在であり、責任を負わせるべきではない。	・脳の発達の程度だけで、罪を犯したことについてどの程度非難し責任を負わせることができるかが決まるものではない。
悪質重大な少年事件への対応	・原則逆送制度の導入、少年に科し得る刑の見直し等により対応済み。	・責任ある行動がとれると国によって認定された18歳、19歳の者が重大事件を犯した場合、少年法が適用されて刑罰が減免されることは許されることではない。
諸外国との関係	・諸外国では18歳を成人とする国は多いが、現行少年法は世界的に評価されており、諸外国に合わせる必要はない。	・諸外国では18歳を成人とする国が多い。
年齢引き下げによる弊害	・18歳未満に引き下げた場合、行為責任原則や刑事手続的なデュー・プロセスの確保から生ずる限界がある。	・若年者に対する刑事政策的措置により対応可能。

資料源：法務省HP「「若年者に対する刑事法制の在り方に関する勉強会」取りまとめ報告書」（http://www.moj.go.jp/content/001220565.pdf）を基に筆者作成。

発展しており、検討すべき範囲が年齢引き下げの是非以外の広範囲に及び、結論には達していない。諮問の検討課題としては、①少年法における「少年」の上限年齢を18歳未満とすることの是非、②非行少年を含む犯罪者に対する処遇を一層充実させるための刑事の実体法及び手続法の整備の在り方並びに関連事項の検討が挙げられている。その理由は、適用年齢引き下げの検討の際、若年者に対してどのような措置を取り得るかを検討するかが重要であると考えられたが、同時に、このような刑事政策的措置は、若年者に限らず、すべての年齢の者の改善更生・再犯防止に資するものであるため、適用年齢引き下げの在り方と共に犯罪者に対する処遇の充実が重要であるとの趣旨によるものである。すなわち、少年法における「少年」の上限年齢についての検討は、現行法を維持するか、上限年齢を引き下げられるかという観点のみから行われるものではなく、刑事司法全般において、成長過程にある若年者をいかに取り扱い、改善更生・再犯防止を図るかという考えに基づいて行われたものである。現在、②を審議するために3つの分科会によって、各論点を審議中であり、多角的な視点から審議後に①の年齢引き下げに関する結論を出す予定であるが、現行法の処遇に問題がなく、少年法の理念に基

づくならば、本来の趣旨とは逆行しているのではないだろうか[25]。

(2) 法制審議会における論点

まずは、少年法における「少年」の年齢を 18 歳未満とすべきかという論点がある。現行少年法の下での年長少年に対する手続や処遇の有効性の観点からは、少年法の適用年齢を引き下げる必要がないため、それ以外の理由として、以下のような内容が検討されている。すなわち、①少年保護事件の手続過程並びに少年院及び保護観察における処遇が年長少年に対しても有効に機能している中で、「少年」の年齢を 18 歳未満とする必要性はあるか、②親権に服さない成年者に対して国家が後見的な観点から権利を制限する処分を行うことが正当化できるか（要保護性に基づく保護処分に付すことができるか）、

---

[25] 現行法の処遇に問題がないという点に関しては、法制審議会少年法・刑事法（少年年齢・犯罪者処遇関係）第 4 回会議にて、川出敏裕が「今回の議論は、現行少年法の下で 18 歳・19 歳の年長少年に対して行われている手続や保護処分が有効に機能していないので、少年法の適用年齢を下げることを検討しようとするものではないのだということについては、意見の一致があある。ですから、この第 1 点について言えば、現行法の下での年長少年に対する手続や処遇の有効性という観点からは、少年法の適用年齢を引き下げる必要はないということになりますので、それ以外の理由があるのかということを検討する必要がある」と意見を述べているが、②の論点を議論する理由としては、法律の適用年齢というのは、それぞれの立法趣旨や目的に照らして法律ごとに個別に決定されるべきものであるので、それを統一する必要はないという意見もあるが、各法律の制度の根拠に共通する部分があれば、その点について法制度全体としての整合性が図られるべきとの観点から検討があることを挙げている。
これに対して、山下幸夫は、「現在の年長少年を含むこの少年法の家庭裁判所による少年審判のシステムは、特に不都合がない、むしろ順調に、そして大変きめ細かく調査・処遇がされていて大変良好である、ということは異論がないということが、議論になった」にもかかわらず、「現行のシステムをなぜ変えるのかというところが、余りまだ十分議論されていないといいますか、順調に運用されている現在の制度を、わざわざ一旦 18 歳以上についてはそれを外して、少年法 1 条の健全育成の理念とか、そういうものを外して全く新しい制度として刑事法制を作ろうという議論に入るというのはやはり順番が逆ではないかと思います」とした上で、②の議論に入ることをすべての会議において唯一反対している。したがって、法制審議会は議論の前提となる少年法の理念については共通認識を持っておらず、1970 年代の青年層設置問題の論議が展開されている際に、荘子邦夫が「少年法の理念と国親思想」『刑法雑誌』第 18 巻第 1・2 号（1971 年）250-251 頁にて「少年法とは何ぞやという根本問題に立ち返ることが肝要」であり、「一国の法としての少年法はいかに在るべきか、家庭裁判所はいかに在るべきかという根本問題に思いをいたして、問題処理の方向を見定めなくてはならない。いたずらに細目の問題に没入して論議をかわすときには、ややもすれば、大局的な方向を見うしない、非生産的な論議に終始することになりかねない」と述べているが、まさしくこの状況に陥っているように思われる。

③選挙権を有し、民法上も成年である者が罪を犯したとき、刑事処分ではなく保護処分に付すこと、軽減された刑を科すこと、推知報道を禁止すること等は、犯罪被害者・国民の理解を得られるか、④「少年」の上限年齢を18歳未満に引き下げると、大人として処罰されるという自覚を促すことになり、犯罪の抑止、健全育成に繋がるのではないか、⑤現在行われている働きかけや処遇等の機会がなくなると、改善更生・再犯防止が図れないのではないかとの観点から年齢を引き下げるべきか、の検討がなされている。

2つ目の論点としては、非行少年を含む犯罪者に対する処遇を一層充実させるための刑事の実体法及び手続法の整備をどうすべきかというものがある。これに関しては、①起訴猶予等に伴う再犯防止措置の在り方、②少年鑑別所及び保護観察所の調査・調整機能の活用、③宣告猶予制度の導入、④罰金の保護観察付き執行猶予の活用、⑤刑の全部の執行猶予制度の在り方、⑥保護観察・社会復帰支援施策の充実、⑦社会内処遇における新たな措置の導入、⑧自由刑の在り方、⑨若年受刑者に対する処遇原則の明確化、若年受刑者を対象とする処遇内容の充実、少年院受刑の対象範囲及び若年受刑者に対する処遇調査の充実、⑩施設内処遇と社会内処遇との連携の在り方、⑪社会内処遇に必要な期間の確保、⑫若年者に対する新たな処分と多岐に渡る内容を議論した上で、1つ目の論点である年齢引き下げの結論を導き出すというスタンスである。

現在進行中の法制審議会の内容を概観してきたが、以下では、実際の非行少年の現状と処遇内容を確認した上で、少年法適用年齢の引き下げの検討及び対策について述べることとする。

3 非行少年の現状及び処遇内容

(1) 非行少年の現状

図-10を見ると、少年による刑法犯検挙人員・人口比は、年々、減少傾向にあり、少年による刑法犯検挙人員は、前年度よりも約8,500件減少している。少年による刑法犯検挙人員は、昭和50年代のピーク時に比べ、6分の1以下になっており、近年、急速に減少しているように思われる。少年の年齢別内訳によると、触法少年から年長少年まで、すべての少年において検

図-10　少年による刑法犯検挙人員・人口比の推移（年齢層別）

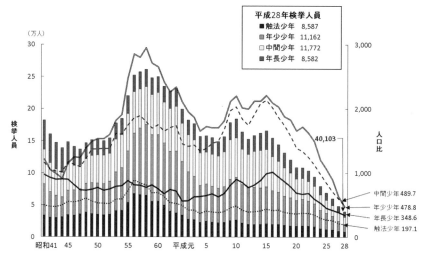

注1　警察庁の統計、警察庁交通局の資料及び総務省統計局の人口資料による。
2　犯行時の年齢による。ただし、検挙時に20歳以上であった者を除く。
3　「触法少年」は、補導人員である。
4　平成14年から26年は、危険運転致死傷を含む。
5　「人口比」は、各年齢層の少年10万人当たりの刑法犯検挙（補導）人員である。なお、触法少年の人口比算出に用いた人口は、10歳以上14歳未満の人口である。
資料源：法務省法務総合研究所編『平成29年版　犯罪白書』昭和情報プロセス株式会社（2017年）93頁。

挙人員が減少している。少年法適用年齢で問題となる年長少年では、前年度より約750件減少している。

　図-11は、一般保護事件の終局総人員のうち「少年院送致」の終局時を年齢区分別に見たものであり、年長少年が1,117人と全体の44.3％を占めている。したがって、少年法適用年齢を引き下げた場合には、約45％が少年院の対象とはならず、少年院の統廃合が進むと考えられる。

　また、一般保護事件の終局総人員のうち「保護観察」の終局時年齢区分別においては、保護観察の段階では、年長少年は、33.2％で約3分の1を占めており、少年院送致と比較すれば、10％ほど割合が少なくなっている[26]。

　図-12と図-13は、出所受刑者の再入率と少年院出院者の再入院・刑事施設入所率等を比較したものであり、成人の施設と少年の施設に入所した者

図-11　一般保護事件の終局総人員のうち「少年院送致」―終局時年齢区分別
(H11〜H27)

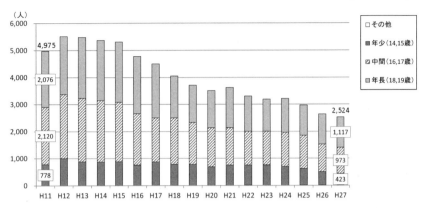

資料源：法務省HP「法制審議会少年法・刑事法部会第1回会議配布資料統計資料1 1-7」
（http://www.moj.go.jp/content/001220570.pdf）参照。

の処遇の効果が比較できる統計といえる。まず、2年以内に施設に戻ってきた者の割合を比較すると、少年院出院者は11.4％だが、出所受刑者は18.5％となっており、少年院出院者の再入院・刑事施設入所率の方が出所受刑者よりも7.1％も低い。次に、5年以内の割合を見ると、少年院出院者は21.7％だが、出所受刑者は38.8％であり、少年院出院者の方が17.1％も施設に戻る割合が低く、少年院における教育的処遇の効果といえるのではないだろうか。

表-27及び**表-28**は、少年法適用年齢を引き下げた場合における少年鑑別所と少年院の収容者の変化を見るためのものである。平成27年における少年鑑別所の新収容者数は、18歳が1,642人で全体の18.7％、19歳が1,693人で全体の19.3％を占めており、年齢引き下げを実施した場合、38％が対象外となる。平成27年における少年院の新収容者数は、18歳が630人で23.0％、19歳が575人で21.0％を占めており、年齢引き下げの場合、約44％が対象外となる。したがって、年齢引き下げにより、18歳・19歳が除外された場合、約4割が従来の教育的処遇を受けられなくなる可能性があり、その

---

(26) 法務省HP「法制審議会少年法・刑事法部会第1回会議配布資料統計資料1 1-7」（http://www.moj.go.jp/content/001220570.pdf）参照。

図-12　出所受刑者の再入院率等の推移

① 2年以内（出所年：平成17年～26年）　　② 5年以内（出所年：平成14年～23年）

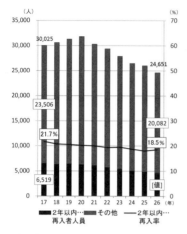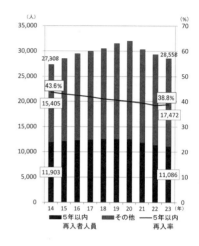

注1　法務省大臣官房司法法制部の資料による。
　2　前刑出所後の犯罪により再入所した者で、かつ、前刑出所事由が満期釈放又は仮釈放の者を計上している。
　3　「再入者人員」は、各年の出所受刑者のうち、出所年を1年目として、①では2年目（翌年）の、②では5年目の、それぞれ年末までに再入所した者の人員をいう。
　4　「再入率」は、各年の出所受刑者の人員に占める、出所年を1年目として、①では2年目（翌年）の、②では5年目の、それぞれ年末までに再入所した者の人員の比率をいう。
資料源：法務省HP「法制審議会少年法・刑事法部会第1回会議配布資料統計資料11-11」
（http://www.moj.go.jp/content/001220570.pdf）参照。

影響力がいかに甚大かが数値よりわかる。

(2) 少年院及び刑務所の処遇

　表-29に関しては、少年院、少年刑務所及び成人の刑務所の差異を表したものである。少年院と刑務所の大きな違いは、処遇の内容が矯正教育か矯正処遇かという点であり、少年院の場合は、教育に主眼が置かれており、刑務所と違って作業は課されない。但し、少年と成人の刑務所も処遇の点では、少々、内容が異なり、少年刑務所での特徴として、作業よりも職業訓練や改善指導の比重が大きく、成人の施設よりは、「少年」という特性に着目し、可塑性を考慮した処遇がなされている。また、処遇の主担当者が、少年院の

図-13　少年院出院者の再入院・刑事施設入所率等の推移

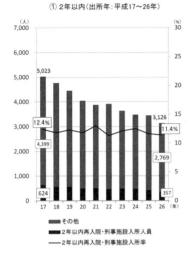

① 2年以内（出所年：平成17〜26年）

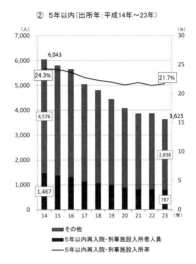

② 5年以内（出所年：平成14〜23年）

注1　矯正統計年報及び法務省大臣官房司法法制部の資料による。
　2　「再入院・刑事施設入所者人員」は、少年院出院年を1年目として、①では2年目（翌年）の、②では5年目の、それぞれ年末までに新たな少年院送致の決定により再入院した者又は受刑のため刑事施設に初めて入所した者の人員をいう。なお、同一の出院者について、出院後、複数回再入院した場合又は再入院した後に刑事施設への入所がある場合には、その最初の再入院を計上している。
　3　「再入院・刑事施設入所率」は、各年の少年院出院者の人員に占める、出院年を1年目として、①では2年目（翌年）の、②では5年目の、それぞれ年末までに新たな少年院送致の決定により再入院した者又は受刑のため刑事施設に初めて入所した者の人員の比率をいう。なお、同一の出院者について、出院後，複数回再入院した場合又は再入院した後に刑事施設への入所がある場合には、その最初の再入院を計上している。

資料源：法務省HP「法制審議会少年法・刑事法部会第1回会議配布資料統計資料1 1-12」
（http://www.moj.go.jp/content/001220570.pdf）参照。

　場合には、寮担当と個別担任がおり、刑務所よりも収容者との密接な人間関係が築ける上に、処遇の目も行き届くようになっており、再犯防止に役立っていると考えられる。それに加え、少年院法の改正により、少年院のみ退院者からの相談制度が設けられたため、出院後も少年院のスタッフが相談を受け付けることができ、再犯防止の一役を担うと思われる。

表 -27 少年鑑別所の新収容者の年齢別人員 (H27)

	12歳以下	13歳	14歳	15歳	16歳	17歳	18歳	19歳	20歳以上
総数	19	85	772	1,032	1,618	1,836	1,642	1,693	72
比率	0.2%	1.0%	8.8%	11.8%	18.5%	20.9%	18.7%	19.3%	0.8%
男子	17	72	695	952	1,474	1,695	1,540	1,575	66
比率	0.2%	0.9%	8.6%	11.8%	18.2%	21.0%	19.0%	19.5%	0.8%
女子	2	13	77	80	144	141	102	118	6
比率	0.3%	1.9%	11.3%	11.7%	21.1%	20.6%	14.9%	17.3%	0.9%

※ 矯正統計年報による。
※ 少年鑑別所退所時の年齢である。
資料源：法務省HP「法制審議会少年法・刑事法部会第2回会議配布資料統計資料2 2-9-1」9頁
（http://www.moj.go.jp/content/001234286.pdf）参照

表 -28 少年院の新収容者の年齢別人員 (H27)

	12歳以下	13歳	14歳	15歳	16歳	17歳	18歳	19歳	20歳以上
総数	0	10	128	312	489	599	630	575	0
比率	0.0%	0.4%	4.7%	11.4%	17.8%	21.8%	23.0%	21.0%	0.0%
男子	0	10	118	283	444	553	595	535	0
比率	0.0%	0.4%	4.6%	11.2%	17.5%	21.8%	23.4%	21.1%	0.0%
女子	0	0	10	29	45	46	35	40	0
比率	0.0%	0.0%	4.9%	14.1%	22.0%	22.4%	17.1%	19.5%	0.0%

※ 矯正統計年報による。
※ 少年院入院時の年齢である。
資料源：法務省HP「法制審議会少年法・刑事法部会第2回会議配布資料統計資料2 2-9-2」9頁
（http://www.moj.go.jp/content/001234286.pdf）参照

表 -29　少年院及び少年刑務所の差異

	少年院	刑務所	
		少年受刑者	成人受刑者
処分	保護処分	刑事処分	
処遇の内容	矯正教育 生活指導、職業指導、教科指導、体育指導、特別活動指導 生活指導が中心的位置付け	矯正処遇 作業・職業訓練、改善指導、教科指導	
		上記のうち、職業訓練、改善指導の比重が大きい	上記のうち、作業の比重が大きい
処遇計画	個人別矯正教育計画 （3級→2級→1級）	処遇要領	
		（導入期→展開期→総括期）	※処遇過程はない
1日の生活時間	原則として、余暇時間等を除いて起床から就寝まで矯正教育を実施	矯正処遇の時間は、原則として8時間以内。夜間休日は余暇時間	
集団の単位	寮中心	工場中心	
処遇の主担当者	寮担任、個別担任（終日）	工場担当、個別担任 （平日の昼間）	工場担当 （平日の昼間）
在社会	退院者からの相談制度あり （少年院法第146条）	出所者からの相談制度なし	

資料源：法務省HP「法制審議会少年法・刑事法部会第3回会議配布資料 刑事施設における業務の概要」16頁（http://www.moj.go.jp/content/001225807.pdf）参照。

第3項　少年法適用年齢引き下げの課題及び検討

1　少年法適用年齢引き下げに伴う弊害

　第2項では、非行少年の現状及び少年と成人の処遇内容の差異を論じることによって、今後、少年法適用年齢の引き下げが実施された場合、現在の少年院収容者の相当数がいなくなること及び少年院と刑務所の比較を通して少年院収容者が刑務所へ送致された場合の処遇の現状について考察してきた。以下では、少年法適用年齢が実際に引き下げられた場合、刑事司法制度の段

階別にどのような弊害が起こるのかについて説明する。

　まず、検察段階においては、①起訴猶予の際に教育的措置が取れなくなるという弊害が起きる。次に、裁判段階では、①調査機構がなくなるため、少年審判前の科学調査ができなくなる、②家庭裁判所調査官による保護的措置（教育的措置）がなくなる、③裁判が公開される、④罰金の際に教育的措置が取れなくなるということが起こり得る。さらに、矯正段階では、①教育的処遇がなくなる、②犯罪傾向が進んでいく段階での（虞犯を含めた）早期の手当てができなくなる、③保護者との関係が築きにくくなる、④少年院出院後の相談制度がなくなる、⑤少年院対象者の約4割がいなくなるため、少年院の統廃合が進む可能性がある等が考えられる。最後の保護段階においては、①少年院出院者と異なり、保護観察の十分な期間が取れない、②少年鑑別所からの資料がないため、早くから的確な個別処遇ができず、手厚い保護ができなくなる、③保護観察における良好措置の場合、1号観察の場合には解除ができ、保護観察を打ち切ることができるが、保護観察付執行猶予者に対する4号観察の場合には仮解除のみしかできない。不良措置の場合には、1号観察の場合は、施設送致申請が段階的にできるが、4号観察の場合には、取消ししかないため、柔軟な措置を講じることができない等の弊害が起こる可能性がある。他にも、山積している課題としては、適用年齢引き下げの理論的根拠、成人に対する教育的処遇を行う際の正当化根拠、実名報道の問題等がある。

2　少年法適用年齢引き下げにおける弊害回避の方策

　上記では、少年法適用年齢引き下げにおける弊害を述べてきたが、それに対する回避策としては、以下のようなものが提案されている。
　検察段階においては、①起訴猶予に対する入口支援や更生緊急保護の充実化による再犯防止措置を講じる。裁判段階においては、①宣告猶予制度の導入、②現行の少年審判手続における調査機能等の活用、③少年に対する調査の代わりに判決前調査を作成する、④罰金の保護観察付執行猶予の活用、⑤保護観察付刑の全部の執行猶予中の再犯に対する再度の刑の全部の執行猶予の言渡し等が弊害回避策として考えられている。矯正段階においては、①自

由刑の単一化により、作業を含めた各種の矯正処遇を義務付ける、②18歳以上の者に対する少年院送致に準ずる処分の導入、③若年成人用の施設を作る、④少年院受刑者の範囲を16歳より拡大する等がある。保護段階においては、①保護観察付刑の一部執行猶予制度の活用、②社会内処遇に必要な期間確保のための考試期間主義の採用、③更生保護施設入所中の支援及び退所後の必要な指導・支援の推進等が弊害回避策として議論されている。

　しかしながら、検察段階であれば、有罪認定を受けていない者にできる働きかけには限界がある。裁判段階では、②③④は実現可能性はあるが、⑤に関しては、再犯を犯しても再度執行猶予が付けば、心理的矯正による再犯防止機能が低下するとの批判もある。矯正段階では、①の内容は理想的だが、昨今の刑事施設の状況をみると、矯正処遇を重視し、作業の比重が下がることにより、仕事の依頼が来なくなり、作業の維持が困難となるため、検討が必要である。その他、②に関しては根拠が必要であり、④については、16歳未満の少年受刑者をなぜ少年刑務所へ入れないかの趣旨、すなわち、労働基準法違反及び教育の重要性を理解していないように思われる。③は、既存の少年院を利用すれば、実現可能性はあると考える。保護段階については、①は、実際に制度の運用がなされているため、実現可能性はあるが、現在の対象である薬物事犯者と初犯者以外で少年の対象をどこまで拡大するのかという選別の問題と成人の対象者との整合性の問題がある。②の考試期間主義の採用については、現在の残刑期間主義を変更するものになるため、責任主義との兼ね合いから大きな課題が残る。③については、退所後の必要な指導・支援の推進というのは、本人の同意の下で行うならば可能だが、それ以外の者には難しいと思われる。以上のように、弊害回避の方策には問題点が山積みであるが、実現可能性のあるものとして、私見を交えながら論じることとする。

　法制審議会の委員全員が現在の少年法の有効性を認めているにもかかわらず、年長少年を少年法制の対象から外し、成人と同じ処遇を課すには問題があるため、現在、年長少年に実施されている教育的処遇を実施するための方策を練るというのは論理が破綻しているのではないだろうか。そもそも現行法に問題があり、改善すべきであるならば、年齢引き下げの議論をすべきであるが、改善する必要がないのであれば、現行法をいかに維持すべきかの議

論を行うべきではないかと考える。

　現段階では、少年法適用年齢の引き下げには賛成の立場でも反対の立場でもないが、これまでの少年非行の再非行率の減少を見る限りでは、現在の保護処分は少年の再犯防止に有効だと認識しているため、現状維持のままでよいのではないかというのが私見である。

　しかし、仮に、政府主導で18歳に引き下げられた場合には、様々な弊害回避策の中でも、実務の現状を考慮すれば、実現可能性が高いのは、青年層構想と、若年者専用の施設の創設であると考える。その理由としては、青年層構想を使用した場合、逆に、青年層を少年院の収容年齢に合わせ、23歳若しくは26歳までとし、刑罰を選択される余地はあるが、今までは対象外であった青年層に対して教育的処遇が実施できるというメリットもあるからである。また、若年者専用施設に関しては、18歳・19歳が少年院から除外された場合、約45％人員が減少するため、少年院を統廃合し、使用しない施設を若年者専用施設にし、少年院の職員をそのまま施設に移動させれば、現行法同様の教育的指導を行えるメリットがあると推測できるからである。

　昨今の刑事政策は、刑法における理論等よりも「再犯防止」に主眼を当てて政策を構築しているため、様々な面で整合性が取れておらず、以前、議論されて廃案になった法制度の掘り起こしをしている感がぬぐえない。例えば、今回、話題に上がっている宣告猶予は刑法改正草案で議論されており、青年層構想も昭和の少年法改正構想で提案されたものである。さらには、少年院受刑者の年齢も、少年刑務所との関係の整合性が取れていなかったり、各機関、例えば、少年院と少年刑務所においては、未だ適用事例はないが、少年院受刑者が規定されたことにより、形式的には少年院の刑務所化ともいえ、両機関の役割分担が曖昧になり、その他、少年鑑別所も観護措置期間が延長されたことにより、本来は早く出所させた方がよいにもかかわらず、就労支援等までするというのは、少年院との役割分担が曖昧になっており、本来の機能を発揮できていないように思われる。したがって、今一度、少年法の理念に立ち戻り、少年法制全体をどうすべきかを議論した上で、本来、成人である若年者に一般の成人受刑者とは異なり、保護的教育を与える根拠は何かを責任主義の観点から明確にした上で、適用年齢の引き下げ等の少年法の政策を考えるべきではないだろうか。今後の法制審議会の動向を注視したいと

思う[27]。

第3節　少年法の理念と近年の動向

　先述のように、近年の少年法改正及び動向については、少年法の根底に関わる理念を議論することなく、ある事件が契機となって一部分の法改正を実施したり、国法上の統一という観点から少年法の年齢引き下げを行うか否かを検討されているため、少年司法全体の改革を行うというよりは、部分的な改正のため、少年法全体の整合性が取れていない点が問題である。したがって、再度、少年法の理念及び少年法の位置づけを確認し、今後の少年矯正をどのように再構築すべきかについて論じたいと思う。

　少年法は、第1条において、「少年の健全な育成を期し、非行のある少年に対して性格の矯正及び環境の調整に関する保護処分を行うとともに、少年の刑事事件について特別の措置を講ずることを目的とする」と定めている。すなわち、少年法の基本理念は、「健全育成」にあると解されるのが一般的である。「健全育成」の概念は、①少年が将来犯罪・非行を繰り返さないようにすること、②その少年が抱えている問題を解決して、平均的ないし人並みの状態に至らせること、③少年が持つ秘められた可能性を引き出し、個性豊かな人間として成長するよう配慮することから成り立っており、全てを包含すると、「少年が非行を克服し成長発達を遂げること」を意味するとされている[28]。また、このような意味から、少年法は、少年が行った過去の犯罪に対する応報として少年を処罰することを目的とするものではなく、将来再び犯罪ないし非行を行わないように、少年を改善教育することを目的としているともいえる。したがって、少年法は、少年個人に着目し、少年の改善教育により再犯防止に主眼を置くため、刑事裁判によって刑罰を科し、応報

---

(27) 少年法適用年齢の引き下げに関して、一般受刑者とは異なり、若年者に対してのみ異なる措置を採用する根拠を保護主義と刑罰の関係から論じたものとして、津田雅也「わが国における少年の刑事処分の位置付けに関する議論―少年年齢の引き下げの是非をめぐる議論を契機として―」『罪と罰』第54巻第1号（2016年）95-96頁、山口直也「少年法適用年齢引き下げに関する議論の在り方」『犯罪と刑罰』第26号（2017年）137-139頁がある。

(28) 澤登・前掲書・38頁。

と一般予防を主たる目的とする刑事司法手続とは異なり、少年保護手続と呼ばれている。少年法の手続が、成人の手続である刑事司法手続と異なる理由は、少年には可塑性があり、制裁である刑罰を科すよりも、少年には教育を行った方が健全に育つ可能性が高く、少年にとっても社会によっても利益が大きいためである[29]。

　このような少年保護手続は、少年が非行を克服し、成長発達するためには、保護処分等の強制的手段を用いることがあるが、このように国家が少年に対して強制的に介入する根拠は、3つある。まず、1つ目は、保護原理（パターナリズム）と呼ばれるものである。これは、少年法に基づく措置が、非行を行った少年自身の利益を図るために国家が介入するというものであり、パレンス・パトリエ（国親思想）を基礎とするものである。パレンス・パトリエとは、国が親に代わって少年を保護し、教育するというものである。わが国は、このパレンス・パトリエを採用しているため、児童福祉法と同様の意味で、子どもの福祉を図るための法律として位置付けられている。2つ目は、侵害原理と呼ばれるものである。これは、国家による介入の根拠を少年が非行によって他者の利益を侵害したあるいは侵害する点に求め、少年の改善教育と再非行防止を刑罰の目的としての特別予防と同様に捉えた上で、少年法の目的を少年による再犯の防止を通じた社会の安全確保にあるとするものである。この侵害原理によれば、少年法は刑事司法制度の一部として位置づけられる。3つ目は、少年の行動によって他者の利益が侵害されるわけでもなく、少年を放置することによって少年自身が害されるわけでもないが、その行動を許容することによって社会全体の道徳秩序が維持できないという理由で、少年の行動が禁止される道徳原理と呼ばれるものである。

　現行少年法は、少年に対する国家の介入に関して、いずれの正当化根拠を用いているのだろうか。これに関しては、現在、この保護原理だけでは説明がつかず、保護原理と侵害原理の双方に基づいて説明がなされるというのが多数説である[30]。両原理が併存するという根拠としては、現行少年法は、アメリカ少年裁判所の理念とされていたパレンス・パトリエの影響を受けて

---

(29)　川出＝金・前掲書・359頁。
(30)　猪瀬慎一郎＝森田明＝佐伯仁志共著『少年法の新たな展開』有斐閣（2002年）39頁、澤登・前掲書・28頁、川出＝金・前掲書・361頁。

いることは明らかであり、家庭裁判所が少年の要保護性に基づいて保護処分を課すという制度の枠組みは、保護原理になじむが、少年法の対象を犯罪少年、触法少年、虞犯少年に限定し、アメリカ少年裁判所のように要保護少年一般を対象とはしていない点で、純粋な意味での福祉法ではなく、犯罪と関連付けられた刑事政策立法の１つである以上、保護原理のみで説明することは無理であり、侵害原理がその根拠となっているとの見解がある[31]。保護処分を例に挙げれば、保護処分は、少年の利益を図るための処分という側面では保護原理であるが、少年が非行事実を行ったことに対する制裁という側面では侵害原理を持ち合わせているということになるため、両原理が根拠となっているといえるのである。

　上記では、少年法の理念は健全育成にあり、国が少年に対して介入する正当化根拠としては、保護原理と侵害原理が併存していることについては理解できたが、依然として、少年法の基本理念にある司法と福祉の調和に関しては、統一的な理解の欠如があるように思われる。したがって、少年法における司法と福祉の関係を問い直すために、児童福祉法と少年法の関係を論じたいと思う[32]。

　わが国の少年保護法制は、児童福祉法と少年法によって大別でき、前者は、児童の福祉の実現を目的とし、国及び地方公共団体の任務を明らかにした法律であり、後者は、少年の健全育成を目的に、非行少年に対して保護処分を課したり、少年の刑事事件及び少年の福祉を害する成人の刑事事件について特別の措置を講じた法律である。両者は明確に区別されているようだが、実際は相互に交差した内容が多く、複雑な関係にある。

---

(31)　川出＝金・前掲書・360-361頁。
　　　澤登・前掲書・28頁。
　　　この点に関しては、非行は、他人の利益を侵害する行為であり、非行の侵害性に着目すれば、正当化根拠は侵害原理となるが、この場合、保護処分の本質が、少年の危険性に対する保安的要素に求められることになり、保護処分と保安処分との区別がなくなるという問題点から、侵害原理だけでは説明できないとの主張もある。また、保護処分という強制手段を用いる正当化根拠を保護原理に求めた場合、犯罪少年に対して例外的に用いられる刑罰も保護原理によって正当化されるという矛盾が生じるため、どちらかの原理に絞って説明することは困難であり、侵害原理と保護原理は相互補充的な関係にあると主張する見解もある（澤登・前掲書・27-28頁）。
(32)　松尾浩也＝宮沢浩一＝沢登俊雄＝所一彦『少年法―その現状と課題―』大成出版社（1972年）253-254頁。

例えば、少年法の目的である「健全育成」は、平成28年改正前の児童福祉法第1条に規定されていた「すべて国民は、児童が心身ともに健やかに生まれ、且つ、育成されるよう努めなければならない。すべて児童は、ひとしくその生活を保障され、愛護されなければならない」という精神と同一の基盤に基づく。要するに、これらの条文においては、「児童が心身ともに健やかに生まれ、かつ、育成される」は、少年法における「少年の健全な育成を期する」ことと同じであり、少年法は、児童・少年の福祉に関する性格を持っており、福祉的、教育的性格が強調される。また、児童福祉法は、単に要保護児童の福祉対策に止まらず、全ての児童の健全育成を指向している点では、少年の健全育成を期する少年法の立場と本質的に変わらないといえる[33]。ゆえに、少年法は、児童福祉法の中に包摂されているともいえる。

では、両者の相違はどこにあるのであろうか。従来の児童福祉法と少年法は、刑事責任年齢である14歳を基準として、棲み分けを図っていたように思われるが、現在は、児童福祉法の対象は18歳未満の要保護児童であり、少年法は、20歳未満の非行少年を対象としているため、18歳未満においては競合し、重なり合っているため、厳密に相違があるとは言い難い。したがって、あえて少年法と児童福祉法との相違を挙げるならば、少年法は、少年の育成強化を図るためには、保護処分等において少年の自由を剥奪するような強制的措置を行使することができるため、相違は、強制力の行使を基準としているといえる[34]。繰り返しになるが、少年法と児童福祉法は、少年法が児童福祉法に包摂されているともいえるため、少年法における司法と福祉の関係が、概念が曖昧なまま、両機能を調和させるという結論に至り、深く追究できないまま、「司法福祉」という実務上の新たな概念が誕生したと考えられる。この点に関しては、第2章において、少年の社会復帰を念頭に置き、司法と福祉の比重を少年司法の段階別に検討するのも1つの解決策であると論じてきたが、司法と福祉に密接に関連する刑罰と保護の関係で述べるならば、年少者であれば、厳格な手続は、情緒面で悪影響を与えるおそれがあり、処罰よりも本人の社会復帰を重視すべきであるため、保護を重視し、

---

(33) 法曹会『司法研修所編 少年法概説』大日本法令印刷(1969年)16頁、宮原三男『少年法』弘文堂(1961年)471頁。
(34) 宮原・前掲書・473-474頁、松尾＝宮沢＝沢登＝所・前掲書・258頁。

年長者であれば、自己の行為に対する社会的責任を自覚する方が教育的効果を上げ得ると考えるならば、例外として、刑罰を重視してもよいと考える。したがって、近年の少年法改正による重罰化や年齢引き下げに関しては、少年にも行った行為に対する責任は責任として取らせるべきであるが、あくまで少年は成人と異なるため、少年法という異なる法律が存在しており、少年法の存在意義を残すためには、やはり少年法による処遇は原則保護という現状維持を貫き、責任を取らせ制裁を科すという刑罰による処遇を行う場合には、少年司法には、検察官送致による刑事処分の制度があるため、そのルートに乗せた後、少年刑務所において、保護処分に近い教育的処遇を実施するという方向性に変えていくべきではないかと考える。すなわち、少年法が成人の法律と異なるのは、少年の可塑性に着目し、健全育成という理念があるからであり、保護処分の内容等を重罰化することなく、例外規定として、少年への刑事処分適用の規定があるため、そちらで対処すべきであるというのが私見である。まとまりのない見解ではあるが、司法と福祉に密接に関連する刑罰と保護の関係については浅学なため、他日を期したいと思う[35]。

---

(35) この点に関しては、津田・前掲論文・90-96頁、山口・前掲論文・126-142頁、阿部純二「保護と刑罰――一つの概観――」『刑法雑誌』第18巻3・4号（1972年）218-229頁参照。

第 7 章
少年矯正への提言—少年矯正制度の再構築を目指して—

　本著は、本章で最後となるが、少年矯正制度の再構築のために、少年鑑別所、少年院及び少年刑務所のそれぞれへ提言を行う。
　まず、少年鑑別所に関しては、①逆送のための判定基準の作成、②観護措置延長によって変化が生じた鑑別や観護処遇の内容の見直し、③国選付添人制度への理解の助長、④従来の依頼鑑別と一般鑑別の在り方等[1]について私見を展開してみる。具体的には、①は、逆送に際して少年鑑別所が付する意見は、少年を少年院収容者とするか少年受刑者とするかに多大な影響を及ぼすため、全施設に共通の基準を設けるべきである。また、②については、少年鑑別所処遇規則において「ありのままの姿」を観察するように規定されているにもかかわらず、意図的行動観察が多用されている現状があり、施設ごとに基準が異なるため、審判への影響が施設によって異なるおそれがある。よって、意図的行動観察の統一基準が必要である。また、鑑別所での収容期間が延長されたため、就労支援等を実施しているが、本来は、処分決定後、少年院若しくは保護観察所がすべき支援であり、本来業務から外れているため、施設ごとの役割を明確化し、少年院と役割が重複しないよう心掛け、本来業務に集中し、充実化を図るべきではないかと考える。それにより、収容期間を短くすることは、少年に対して早期の社会復帰を促すことにも繋がる

---

　(1)　少年鑑別所法制定により、「一般鑑別」という名称は消滅し、「非行及び犯罪の防止に関する援助」という名目になっている（少年鑑別所法131条）。従来の一般鑑別に関しては、現在では少年鑑別所の本来業務と位置付けられている。

と思われる。③については、刑事裁判における国選弁護人と混同している弁護士がいるため、弁護士会に働きかけ、付添人の役割を理解してもらい、鑑別所での面会についても理解してもらう必要がある[2]。④に関しては、近年、依頼鑑別の充実を図っており、一般鑑別も積極的に実施し、地域の犯罪予防のためにも貢献している点は高く評価できるが、少年鑑別所法が制定され、一般鑑別が本来業務の1つと位置付けられたことにより、件数が増加することが予想されるため、業務に支障が出るおそれがある。そこで、地域への犯罪予防に関しては、鑑別所のOBをボランティアとして採用し、それが困難であれば、再雇用してはどうかと考える。

次に、少年院への提言としては、①長期処遇及び低年齢の少年に対応した処遇プログラムの作成、②再犯防止に効果がある職業訓練の充実化、③長期の人口予測に基づく少年院の統廃合実施による処遇の充実化、④少年刑務所との役割分担、⑤新たな少年院における改善点について提案したい。まず、①については、そもそも少年院には長期処遇に対するプログラムとして11か月以上のものが存在しなかった。しかし、近年、「相当長期」の勧告を受ける者が増えており、新たなプログラムを策定する必要がある。また、近時、14歳未満の少年が少年院に入院し始めたため、14歳未満の少年に随時対応できるように環境を整え、低年齢に合わせたプログラムの作成が急務である。②に関しては、少年院を参観する度に感じることだが、職業訓練の内容が古いように思われる。長期予想ではないが、今後どのような職種の需要があるかを研究し、職業訓練の充実化を図るべきではないだろうか。就職できた少年は、再非行率が低くなるとの調査結果が出ているため、職業訓練の充実化は、再非行防止にも繋がると考える。③については、非行少年の減少は、少年院の存続に関わるため、長期の人口予測に基づき、少年院を統廃合すべきではないかというものである[3]。統廃合によるデメリットは、保護者による

---

(2) 弁護士付添人の役割に関しては、近年、弁護士の中でも関心が高まっているようであり、弁護士付添人の役割が体系付けられてきたように思われる。その例として、佐藤英彦「少年審判手続きにおける弁護士付添人の役割論再考」『家庭の法と裁判』第3号（2015年）15-21頁、川村百合「少年審判の現状と付添人の役割—少年法「改正」の歴史を踏まえて—」『家庭の法と裁判』第3号（2015年）42-51頁がある。

(3) 少年院の統廃合に関しては、すでに始まっているが、過去10年における統計を見ると、今後、さらに非行少年の総数が減少するおそれがあるため、統廃合が進む可能性が高い。

面会等であるが、メリットとしては、専門職の職員を一か所に集めることによって、より充実した処遇が実施できる点である。④については、少年院受刑者の問題である。ある意味、少年受刑者を少年院で処遇するということは、少年院の刑事施設化である。少年院は保護処分に付された者を収容すべき場所であり、少年刑務所は、刑事裁判を経た者たちなので、役割分担を明確にしないと、少年院の刑事施設化、少年刑務所の少年院化へ繋がり、少年院の存在意義が失われるのではないだろうか。⑤は、第5章で詳細に論じているため、第5章の少年院法の箇所をご覧いただきたい。

　少年刑務所に関しては、①改善指導の充実化、②自立更生促進センター拡充による就労支援の充実化、③成人年齢引き下げによるシミュレーション等を提言する。①の改善指導は、とりわけ、特別改善指導のことである。特別改善指導は、現在6項目が定められているが、性犯罪者防止プログラムは、認知能力がない者には無意味であり、暴力団離脱指導も自発的な意思がなければ意味がない。被害者の視点を考えるプログラムも自己の問題が解決できない限り、他人のことを考える余裕はないと思う。したがって、もっと身近な財産犯等の教育を積極的に実施すべきであると考える。②については、少年院同様、出所後、就職ができれば再犯防止に繋がるため、働く場所や居場所を提供する環境が必要である。そこで、現在は4か所しかない自立更生促進センターをせめて管区がある8か所にまで増やすべきではないだろうか。③に関しては、民法の成人年齢引き下げが決定し、少年法においても法制審議会で議論が始まる等、少年法適用年齢引き下げが現実味を帯びてきている。少年法適用年齢が引き下げられた場合、少年院在院者の約4割弱が対象外となるが、少年刑務所の入所者は、年間30名程度で推移している。実際に、年齢が引き下げられた場合、さらに少年刑務所の人数は減少すると予想でき、少年刑務所自体の存続に関わってくる。逆に、年齢が引き下げられたとしても、少年院における矯正教育やその他の制度を残すために、青年層構想もあり、その場合には、現行少年法の対象年齢よりも上の者が対象となるわけだが、新たな施設を設けるのか、既存の少年院を統廃合し、青年層用に転用するのか何も決まっていない状況であるが、少年刑務所の施設を利用する可能性もないとはいえない。したがって、今のうちから少年刑務所は、年齢の引き下げにどのようにして対処するのかについて、事前にシミュレーションを

した方がよいのではないだろうか。

　以上、少年矯正全体を通しての提言は、少年を更生させ、社会復帰させたいという願いはいずれの施設においても共通しているため、自分の役割について再度認識し、その中で各機関が連携し、最大限力を発揮できるような環境を整え、更生保護や福祉との連携を図っていただきたいと思うからである。歴史上、感化院と少年院は、違う方向へ進み、少年矯正の二元化といわれるが、共通の理念を持っているからこそ協働し、新たな関係を構築していただきたいと思う。

　浅学なため、再構築への提言になっているか自信はないが、少年矯正制度に貢献し、新たな非行少年の誕生を未然に防止し、非行少年が再び再犯の道に足を踏み入れないよう尽力できれば幸いである。

おわりに

　本著は、2000年の少年法改正以降、裁定合議制、検察官関与、及び国選付添人制度等、少年審判の刑事裁判化が進行しているように思われる状況下において、改めて、少年法の理念を再考し、司法と福祉のバランスという視点を交えながら、両者の視点を目指すべく、少年矯正制度全体を再構築することを試みたものである。

　少年矯正制度全体を再構築する前提として、少年矯正制度の背景には、常に、「司法」と「福祉」の対立があるように思われる。そこで、本著では、全章を通じて「司法」と「福祉」の対立を意識しながら、まずは歴史上、厳罰と保護がどのように変遷してきたかを概観した後、「司法」と「福祉」のフィロソフィーについて論及し、諸外国との比較を通して、現在、「司法」≒「厳罰」へと傾きつつある我が国の制度上の問題点を明確にし、少年矯正制度を担っている各機関に対する提言を行い、少年の再犯防止及び犯罪予防に貢献する方策を講ずることを目指したものである。

　以上のような問題意識から出発し、少年矯正制度をどのように再構築すべきかという問いに対する結論を提示するに当たり、再度、全体を振り返ってみたいと思う。

　第1章では、少年矯正制度を形成した3つの流れ、すなわち、①少年刑務所の起源である懲治場、②少年院の起源である矯正院、③児童自立支援施設の起源である感化院創設について歴史的検討を行った。その結果、「司法」と「福祉」の間の揺れ動きによって施策の方針が変化していることを確認し、どのような問題が生じ、どのように整合性が取られてきたのかについて、その歴史的変遷を辿る中で見極め、現在生じている問題の共通項を発見し、その解決への糸口を模索した。

第2章は、本著全体を貫く主題ともいえる「司法」と「福祉」の関係について論究したものである。まず、少年法における「司法」と「福祉」の定義を示し、その定義に基づいて少年審判における司法機能と福祉機能及び両機能を調和した印象を与える「司法福祉」の定義について論じた。それらの定義を検証した結果、「司法」と「福祉」は二項対立の関係にはなく、少年審判の段階ごとに比重が変わるだけであり、審判段階では司法に重点があり、処遇段階では福祉に比重が置かれるとの見解が導き出された。また、両機能をうまく調和したように思える「司法福祉」という用語については、そもそも少年審判における司法機能と福祉機能を分けて考える理論とは、次元の異なるものであり、実務上の概念としては評価に値するが、理論を構築するというものではないことを指摘した。いずれにせよ、少年の社会復帰を念頭に置き、段階別に両機能の比重を検討するのも1つの解決策であるとした。ただし、いずれの段階においても最低限の法的安定性は守りつつ、実務との調和を図るべきである。

　第3章では、日本の少年矯正制度が、諸外国の影響を受けており、さらに深く制度的考察を行うためには、諸外国の少年法制を研究する必要があるという視点から、諸外国における少年矯正制度について説明した。諸外国における少年法制は、①英米型、②大陸型、③北欧型に分けられるというのが一般的である。しかしながら、日本の少年法制は、いずれの型とも異なるといわれている。そこで、日本の法律を基にして少年法制を作り上げた韓国及び台湾に、日本の少年法制との類似性を見出し、日本、韓国及び台湾の制度を一括りにし、アジア型という分野を新たに設けることを提唱した。これは、今までの少年法制にはない視点であり、新たな枠組みを提示した点に意義がある。また、本章の最後には、現在、厳罰化傾向にある日本への指針となるであろうアメリカ少年司法の現状について紹介し、厳罰化を体現する「移送法（Transfer Law）」の見直しを中心に保護への転換が図られているアメリカの施策は、今後の日本が歩むべき方向性を示すものであり、日本に関する将来の展望として、厳罰化へ進みつつある日本の現状を再考し、少年法の理論に基づいた改正を考えるべきであるとの結論を導いている。

　第4章は、近年の少年非行の動向を分析し、現在の非行少年の特徴を把握して、少年矯正の再構築を提唱する際の対策を立てる指針を示すものであっ

た。少年非行の現状としては、罪名についてみた場合、依然として、窃盗と遺失物等横領が全体の7割を占めており、明らかに罪質が変化しているとはいえない。また、性別については、数年前までは、女子の粗暴化傾向が見られたが、現在はその傾向も落ち着いており、男女ともに減少傾向にある。統計上、唯一注視する点といえば、近年の非行少年の急激な減少である。ほぼすべての罪名が減少しているが、とりわけ、少年による刑法犯の約7割を占める窃盗と遺失物等横領の急減に起因するものと考えられる。なぜ、窃盗と遺失物等横領が急減したかに関しては、定説はなく、警察関係者は、警察による総合的な犯罪抑止対策の効果と主張する一方、警察以外の研究者等の主張は、少子化の影響、警察の方針転換、初発型非行の減少、非行少年の質の変化、社会全体が非暴力的になった、若者における生活満足度の高まり、生活環境の変化に伴うスマホの普及等多岐に渡る。私見としては、①経済的な理由から犯罪の必要性がなくなった、②集団で行う犯罪や遊びの延長としての犯罪に関心がなくなった、③ネット空間に居場所を発見した、④ネットにより犯罪が巧妙化し、犯罪が潜在化した、⑤少年非行が不登校や引きこもり等に転化したとの仮説を提唱し、こうした現状に対応した法整備及び対策を講じる必要があると結論付けている。

　第5章は、本著の中心となる章であり、少年鑑別所、少年院及び少年刑務所の各制度の概要と問題点について考察している。第1節においては、2000年、2007年、2008年及び2014年に実施された少年法改正について検討している。まず、2000年の少年法改正では、①少年事件の処分等の在り方の見直し、②少年審判の事実認定手続の適正化、③被害者への配慮の充実という3本柱が検討された。次いで、2007年の少年法改正では、①触法少年に係る事件の調査、②児童福祉機関先議の原則の修正、③14歳未満の少年の少年院送致、④国選付添人制度の制定が検討され、2008年に実施された少年法改正では、①被害者等による少年審判の傍聴、②被害者等による審判の状況説明、③被害者等による記録の閲覧・謄写の範囲拡大、④被害者等の申出による意見聴取の対象者の拡大、⑤成人の刑事事件の管轄の移管について検討がなされ、2014年の少年法改正では、①国選付添人制度及び検察官関与制度の対象事件の範囲拡大、②少年の刑事事件に関する処分の規定の見直しの検討がなされた。この検討を踏まえて、少年法改正後の運用状況について家

庭裁判所の統計を基に分析を行い、刑事処分可能年齢の引下げ、裁定合議制、保護者に対する措置、少年審判の傍聴等について問題点を指摘している。次に、第2節においては、少年鑑別所の概要と問題点及び少年鑑別所法について論じている。少年鑑別所法制定以前は少年鑑別所には独立した法律が存在せず、少年鑑別所処遇規則を主体に運営されていたため、目的規定や役割も不明確であり、運営自体に問題が多かった。そのため、この第2節では、まず、少年鑑別所の概要として、少年法における少年鑑別所の規定、沿革、設置目的、役割について述べ、次いで、少年法改正が少年鑑別所に直接影響を与えた問題として、①逆送のための判定基準の問題、②観護措置延長による収容少年に対する資質鑑別や観護処遇の内容の変化、③パートナーシップ論を主体とする国選付添人制度による資質鑑別や行動観察への影響等について論じている。さらに、法律として独立すること自体に意義がある少年鑑別所法に関して、新法の解釈を試みた。第3節においては、少年院の概要を論述した後、全条文の解釈がなされた先行研究が皆無である旧少年院法の解釈を試みている。さらに第3節では、旧院法の解釈上問題とされている第2条の種類、第10条の移送、第11条の収容継続について検討し、また、これまで解釈がなされていない第4条における「矯正教育」の内容及び位置付け、第11条第5号における「公共の福祉のため」に関する解釈も行った。さらに、審議中であった少年院法についても解釈を試みた。第4節においては、少年刑務所の概要について論じた後、少年法改正によって生じた問題や特別改善指導における問題点、さらには、今後、議論の対象となるであろう成人年齢の引き下げについても若干ながら検討を行った。

　第6章においては、近年、注目を浴びているテーマとして、少年院法及び少年鑑別所法の制定・施行と、現在、法制審議会において議論がなされている少年法適用年齢の引き下げについて取り上げた。第1節においては、少年院法の概要及び第5章で論じた少年院法と少年鑑別所法が実際にはどのような内容になり、法律施行後、どのような問題点があるのかについて、法律の概要をはじめ、法解釈を通して、今後問題になるであろう点について言及している。第2節においては、少年法適用年齢の引き下げに関する経緯及び昨今の議論状況に関して、法制審議会の議事録を中心に整理し、少年法適用年齢が引き下げられた場合の弊害及び弊害回避のための提案を行った。

第7章においては、前章までに展開してきた現状分析や問題点を踏まえ、今後の少年矯正がどうあるべきかについて、少年鑑別所、少年院及び少年刑務所の各制度に対して提言が行われた。まず、少年鑑別所に対する提言としては、①逆送のための判定基準の作成、②観護措置延長によって変化が生じた資質鑑別や観護処遇の内容の見直し、③国選付添人制度への理解の助長、④従来の依頼鑑別と一般鑑別の在り方等について私見を展開した。次に、少年院への提言としては、長期処遇及び低年齢の少年に対応した処遇プログラムの作成、再犯防止に効果がある職業訓練の充実化、長期の人口予測に基づく少年院の統廃合実施による処遇の充実化、少年刑務所との役割分担、少年院法案への改善点について提案している。最後に、少年刑務所に関しては、改善指導の充実化、自立更生促進センター拡充による就労支援の充実化、成人年齢引き下げによるシミュレーション等を提言している。

　以上のような考察を通じて、本著は、近年の度重なる少年法の改正によって生じた法律の空洞化や厳罰化の流れに警鐘を鳴らし、再度、少年法の理念に基づいて法律を見直し、少年司法制度の段階に応じて各機関の役割を考え直すことで整合性の取れた少年矯正制度を再構築し、少年が更生するためには何が一番必要であるかを考え、少年矯正制度内の機関に止まらず、福祉との連携を通じて、少年の再犯防止及び犯罪予防に寄与することを目指したものである。

　本著における研究は、少年矯正全体を再構築するには、テーマとして広過ぎたため、まだまだ研究不足の感は否めないが、非行少年の立ち直り又は未だ犯罪を犯していない少年に対する犯罪予防として、本著が少しでも寄与できれば幸甚である。今後は、さらに深い所まで研究を行い、本著では触れることができなかった、更生保護及び福祉の分野との連携を模索しながら、研究を進めていきたいと思う。

参考文献

日本語文献

○朝倉京一＝佐藤司＝佐藤晴夫＝森下忠＝八木国之共著『日本の矯正と保護 少年編 第2巻』有斐閣（1981年）。
○阿部純二「保護と刑罰——一つの概観—」『刑法雑誌』第18巻3・4号（1972年）218-229頁。
○安藤美和子＝松田美智子＝立谷隆司「アメリカにおける少年非行の動向と少年司法制度」『法務総合研究所研究部報告—諸外国における少年非行の動向と少年法制に関する研究』第5号（1999年）1-52頁。
○飯干慶士＝除田雅章＝香月雄一郎＝具志堅秀彰「佐世保学園における短期処遇改編の取組について」『矯正教育研究』第53巻（2008年）59-65頁。
○壹岐啓一＝三角健＝岡崎昌樹「14歳未満の年少少年に対する鑑別及び観護処遇の充実を図るための具体的な方策」『九州矯正』第62巻第1号（2008年）252-262頁。
○池口尚夫『日本少年矯正保護史』新踏社（1973年）。
○稲川正浩「刑事施設法案をめぐる実務上の諸問題—受刑者の処遇（その2）—」『刑政』第99巻第1号（1988年）86-92頁。
○猪瀬慎一郎＝森田明＝佐伯仁志共著『少年法の新たな展開』有斐閣（2002年）。
○入江猛「少年法改正の経緯と改正の概要」『法律のひろば』第54巻第4号（2001年）4-11頁。
○岩井宜子「少年院法・少年鑑別所法の成立」『青少年問題』第658号（2015年）40-47頁。
○岩浪健「少年院法・少年鑑別所法の施行と少年矯正の現状」『ケース研究』第326号（2016年）4-41頁。
○岩浪健「新少年法の施行と少年院における処遇の現状」『法学教室』第423号（2015年）15-19頁。
○宇田川公輔「諸外国の少年法制・少年事件処理の状況（4）イギリスの少年司法の動向と少年司法手続の運用状況について」『家庭裁判月報』第61巻第10号（2009年）1-70頁。
○大嵜康弘「我が国における少年司法制度の現状少年適用年齢引き下げに関する課題」『レファレンス』第801号（2017年）1-28頁。
○大口康郎「矯正局における少年院法勉強会の活動について」『刑政』第120巻第12号（2009年）14-21頁。
○奥田眞「集団指導（問題群別指導）と個別指導（非行態様別クリティカル・パス）の効果的な在り方について」『矯正教育研究』第51巻（2006年）44-50頁。
○小野義秀「日本行刑史拾遺（13）—「少年刑務所」と「少年行刑」（前）—」『刑政』第114巻第12号（2003年）54-60頁。
○甲斐行夫＝入江猛＝飯島泰＝加藤俊治＝岡健太郎＝岡田伸太＝古田孝夫＝本田能久＝安永健次共著『少年法等の一部を改正する法律及び少年審判規則等の一部を改正する規則

の解説』法曹会（2002年）。
- 柿崎伸二「少年院法・少年鑑別所法の成立」『法律のひろば』第67巻第8号（2014年）4-10頁。
- 柏木千秋『新少年法概説』立花書房（1947年）。
- 兼頭吉市「少年保護における司法機関と福祉機関」『刑法雑誌』第19巻第3・4号（1973年）39-74頁。
- 神門一途＝福本浩之＝下梶香＝大岡隆之＝横田正明「鑑別・観護処遇の充実化について—観護措置期間が8週間まで延長された少年の処遇プログラムの作成について—」『四国矯正』第61集（2007年）80-86頁。
- 河合幹雄「少年非行激減の刑事政策以外の要因を探る」『青少年問題』第663号（2016年）26-33頁。
- 川出敏裕＝金光旭共著『刑事政策（第2版）』成文堂（2018年）。
- 川出敏裕「少年法改正のあゆみ」『法律のひろば』第67巻第9号（2014年）4-12頁。
- 川出敏裕「少年法の一部改正に至る議論と背景」『法律のひろば』第60巻第10号（2007年）4-12頁。
- 川出敏裕「ドイツにおける少年法制の動向」『ジュリスト』第1087号（1996年）86-95頁。
- 川邉讓「少年鑑別所における行動観察に関する研究」『刑政』第108巻第5号（1997年）52-61頁。
- 川淵健司「平成20年改正少年法の解説」『ケース研究』第299号（2009年）35-53頁。
- 川村百合「少年審判の現状と付添人の役割—少年法「改正」の歴史を踏まえて—」『家庭の法と裁判』第3号（2015年）42-51頁。
- 木村敦「新しい少年院法・少年鑑別所法が施行されるに当たって」『刑政』第126巻第6号28-37頁。
- 國吉真弥「少年鑑別所における収容鑑別及び観護処遇の実際」『家庭裁判月報』第62巻第10号（2010年）1-51頁。
- 熊谷順子「意図的行動観察の標準化について」『矯正研修所紀要』第20号（2006年）16-22頁。
- 桑原洋子「試論—司法福祉の概念と対象」『司法福祉学研究』第4号（2004年）1-3頁。
- 警察庁生活安全局少年課「平成29年における少年非行、児童虐待及び子供の性被害の状況」（警察庁HP：https://www.npa.go.jp/safetylife/syonen/hikou_gyakutai_sakusyu/H29-revise.pdf）。
- 警察庁生活安全局少年課「平成28年中における少年の補導及び保護の概況」（警察庁HP：https://www.npa.go.jp/safetylife/syonen/hodouhogo_gaikyou/H28.pdf）。
- 後藤弘子「少年法の理念と少年法法改正」『刑政』第121巻第6号（2010年）12-21頁。
- 小西康弘「少年非行を減少させている要因は何か」『警察公論』第71巻第11号（2016年）9-13頁。
- 小林英義『児童自立支援施設の教育保障—教護院からの系譜—』ミネルヴァ書房（2006年）。
- 小山定明＝古橋徹也「新少年院法・少年鑑別所法における今後の処遇」『法律のひろば』第67巻第8号（2014年）21-25頁。
- 最高裁判所事務総局『改訂少年執務資料集（三）』最高裁判所事務総局（1998年）。

○最高裁判所事務総局家庭局『平成 20 年改正少年法の運用の概況（平成 20 年 12 月 15 日から平成 23 年 12 月 31 日）』(http://www.courts.go.jp/vcms_lf/240326gaikyou.pdf)。
○最高裁判所事務総局家庭局『平成 12 年改正少年法の運用の概況（平成 13 年 4 月 1 日～平成 18 年 3 月 31 日）』(http://www.courts.go.jp/vcms_lf/20516006.pdf)。
○最高裁判所事務局刑事部『新少年法及び少年法庭：提案理由と確定條文』最高裁判所事務局刑事部（1948 年）。
○財団法人矯正協会『少年矯正の近代的展開』廣済堂（1984 年）。
○財団法人矯正協会『日本近世行刑史稿 下』鈴木製本株式会社（1978 年）。
○裁判所職員総合研修所監修『少年法実務講義案（三訂補訂版）』司法協会（2018 年）。
○佐々木光郎＝藤原正範共著『戦前 感化・教護実践史』春風社（2000 年）。
○佐藤英彦「少年審判手続きにおける弁護士付添人の役割論再考」『家庭の法と裁判』第 3 号（2015 年）15-21 頁。
○澤登俊雄『少年法入門（第 6 版）』有斐閣ブックス（2015 年）。
○重松一義『少年懲戒教育史』信山社（2000 年）。
○司法研修所編『改正少年法の運用に関する研究』法曹会（2008 年）。
○司法研修所編『少年審判の傍聴制度の運用に関する研究』法曹会（2012 年）。
○嶋倉徹「14 歳未満の少年鑑別所入所少年―鑑別・観護処遇上の問題点と対策について―」『刑政』第 116 巻第 8 号（2005 年）136-143 頁。
○若年者に対する刑事法制の在り方に関する勉強会「「若年者に対する刑事法制の在り方に関する勉強会」取りまとめ報告書」『論究ジュリスト』第 21 号（2017 年）172-180 頁。
○荘雅行「少年院法、少年鑑別所法、少年院法及び少年鑑別所法の施行に伴う関係法律の整備等に関する法律」『法令解説資料総覧』第 396 号（2015 年）17-29 頁。
○荘雅行＝荒巻由衣「少年矯正の充実強化に向けた法的基盤整備」『時の法令』第 1972 号（2015 年）4-45 頁。
○荘子邦夫「少年法の理念と国親思想」『刑法雑誌』第 18 巻第 1・2 号（1971 年）250-277 頁。
○白沢昌士「少年院法講話（11）矯正教育」『刑政』第 76 巻第 11 号（1965 年）82-85 頁。
○白沢昌士「少年院法講話（12）矯正教育」『刑政』第 76 巻第 12 号（1965 年）90-93 頁。
○白沢昌士「少年院法講話（13）矯正教育」『刑政』第 77 巻第 1 号（1966 年）84-87 頁。
○白沢昌士「少年院法講話（14）矯正教育」『刑政』第 77 巻第 2 号（1966 年）86-89 頁。
○白沢昌士「少年院法講話（15）矯正教育」『刑政』第 77 巻第 3 号（1966 年）70-73 頁。
○白沢昌士「少年院法講話（16）矯正教育」『刑政』第 77 巻第 4 号（1966 年）72-75 頁。
○白沢昌士「少年院法講話（17）矯正教育」『刑政』第 77 巻第 5 号（1966 年）88-91 頁。
○白沢昌士「少年院法講話（18）矯正教育」『刑政』第 77 巻第 6 号（1966 年）78-81 頁。
○白沢昌士「少年院法講話（19）矯正教育」『刑政』第 77 巻第 7 号（1966 年）90-93 頁。
○白沢昌士「少年院法講話（20）矯正教育」『刑政』第 77 巻第 9 号（1966 年）113-116 頁。
○白沢昌士「少年院法講話（21）矯正教育」『刑政』第 77 巻第 10 号（1966 年）86-89 頁。
○白沢昌士「少年院法講話（22）矯正教育」『刑政』第 77 巻第 12 号（1966 年）74-77 頁。
○白沢昌士「少年院法講話（23）矯正教育」『刑政』第 78 巻第 1 号（1967 年）90-93 頁。
○白沢昌士「少年院法講話（24）矯正教育」『刑政』第 78 巻第 3 号（1967 年）92-95 頁。
○神保敬信＝栗原敦＝松井重樹＝谷敏明「「相当長期」「比較的長期」の処遇勧告が付され

た少年の処遇」『日本矯正教育学会 第39回大会発表論文集』第39号（2003年）121-123頁。
○鈴木秀樹「少年院法の運用の現状と法改正に望むこと―少年鑑別所の現場から―」『刑政』第120巻第12号（2009年）31-40頁。
○成雨済「韓国における非行少年の処遇―施設内処遇と社会内処遇」『龍谷大学 矯正・保護研究センター 研究年報』第4号（2007年）34-43頁。
○瀬川晃「司法と福祉の今日的課題」『犯罪社会学研究』第22号（1997年）4-5頁。
○副島和穂『矯正教育概論』有斐閣（1981年）。
○高橋哲「犯罪は増えているのか減っているのか」『臨床心理学』第17巻第6号（2017年）753-757頁。
○高橋敏則＝村上豊＝佐藤猛＝青木智哉「教育効果の検証について―再入少年に対する面接調査から―」『矯正教育研究』第53巻（2008年）25-30頁。
○武内謙治『少年法講義』日本評論社（2015年）。
○武内謙治「新時代におけるドイツ少年司法の課題」『比較法研究』第76号（2014年）163-169頁。
○田畑賢太「「当番付添人制度」と少年鑑別所への影響」『矯正研修所紀要』第20号（2005年）57-69頁。
○田宮裕＝廣瀬健二共著『注釈少年法（第4版）』有斐閣（2017年）。
○団藤重光＝森田宗一共著『新版少年法（第2版）』有斐閣（1984年）。
○崔鍾植「韓国少年法改正の動向と課題」『季刊 社会安全』74号（2009年）14-20頁。
○崔鍾植「韓国における少年司法の歴史」『法政研究』第71巻第3号（2005年）535-542頁。
○崔鍾植「韓国の青少年問題の実情」『青少年問題』第668号（2017年）42-47頁。
○崔鍾植「韓・日少年司法における先議制の比較」『犯罪と非行』第115号（1999年）191-220頁。
○崔鍾植「保護処分に関する韓・日比較」『犯罪社会学研究』第23号（1998年）174-188頁。
○津田雅也「わが国における少年の刑事処分の位置付けに関する議論―少年年齢の引き下げの是非をめぐる議論を契機として―」『罪と罰』第54巻第1号（2016年）87-99頁。
○土井隆義「少年非行の減少と宿命論の広がり―若年層における問題行動の変質をめぐって―」『世界の児童と母性』第81巻（2017年）2-8頁。
○所一彦「少年審判における司法と福祉」『刑法雑誌』第39巻第3・4号（1973年）93-107頁。
○東京少年審判所編『東京少年審判所十年史』久山社（1998年）。
○内閣府HP『平成30年版 子供・若者白書』（http://www8.cao.go.jp/youth/whitepaper/h30honpen/pdf/b1_03_02_01.pdf）。
○内藤晋太郎＝池田一「特別講演―少年院法案等の概要―」『東北矯正研究』第48号（2012年）36-58頁。
○内藤晋太郎＝橋口英明「新しい少年院法・少年鑑別所法について」『刑事法ジャーナル』第41号（2014）125-131頁。
○内務省社会局『感化事業回顧三十年』久山社（1998年）。
○中西敏明「固定観念からの脱却」『刑政』第127巻第2号（2016年）116頁。
○中村真二「少年非行の現状と警察の取組」『犯罪と非行』第181号（2016年）203-221頁。

○名執雅子「少年院における新たな取組と少年院法の改正等」『家庭裁判月報』第65巻第4号（2013年）1-37頁。
○西岡潔子「少年鑑別所法施行後の一年を振り返る―少年鑑別所における取組と今後の展望―」『刑政』第127巻第10号（2016年）14-25頁。
○橋本三保子「ドイツの非行少年処遇」『罪と罰』第37巻第1号（1999年）42-50頁。
○服部朗『少年司法における司法福祉の展開』成文堂（2006年）。
○林和治「川越少年刑務所における矯正教育の現状と課題」『犯罪と非行』第155号（2008年）34-54頁。
○林勝造「少年法・少年院法施行四〇年に際して考えること―「矯正教育」と「治療的教育」雑感―」『刑政』第100巻第4号（1989年）32-40頁。
○平場安治『少年法（新版）』有斐閣（1987年）。
○平尾靖＝土持三郎共著『矯正教育学入門』大成出版社（1981年）259-261頁。
○廣瀬健二「海外少年司法制度（2）―台湾の刑事・少年法制について―」『立教法務研究』第8号（2015年）17-59頁。
○廣瀬健二「少年法改正の意義と展望―実務少年法入門―」『立教法務研究』第1号（2008年）165頁。
○廣瀬健二「台湾の刑事・少年法制について」『司法法制部季報』第136号（2014年）15-31頁。
○廣瀬健二「ヨーロッパ諸国の概観と北欧（1）」『家庭の法と裁判』第7号（2016年）95-99頁。
○廣瀬健二「ヨーロッパ諸国の概観と北欧（2）」『家庭の法と裁判』第8号（2017年）147-150頁。
○廣瀬健二「我が国少年法制の現状と展望―基本理念と法改正を中心として―」『ケース研究』2009年第3号（2009年）25-53頁。
○福岡矯正管区『矯正処遇読本』福岡矯正管区文化部（1982年）。
○藤本哲也『刑事政策概論（第7版）』青林書院（2015年）。
○藤本哲也「少年院法と少年鑑別所法の制定」『戸籍時報』第721号（2015年）84-87頁。
○藤本哲也『犯罪学の窓』中央大学出版部（2004年）。
○船所寛生＝二本柳朋子「韓国における少年保護事件の実情（上）―2007年改正少年法の運用状況を中心に―」『家庭裁判月報』第64巻第11号（2012年）1-47頁。
○法曹会『司法研修所編 少年法概説（3訂）』大日本法令（1969年）。
○法務省矯正局「矯正資料第7号 少年矯正教育の歴史的研究」法務省矯正局（1954年）1-35頁。
○法務省矯正局『矯正年譜』法務省矯正局（1975年）。
○法務省矯正局編『新しい少年院法と少年鑑別所法』公益財団法人矯正協会（2015年）。
○法務省矯正局編『刑事施設関係法令集（第4版）』公益財団法人矯正協会（2016年）。
○法務省矯正局編『少年院・少年鑑別所関係法令集』公益財団法人矯正協会（2016年）。
○法務省矯正研修所編『研修教材 少年院法』財団法人矯正協会（1978年）。
○法務省矯正研修所編『研修教材 少年院法（第三訂）』財団法人矯正協会（2010年）。
○法務省法務総合研究所編『平成29年版 犯罪白書』昭和情報プロセス株式会社（2017年）。
○法務省法務総合研究所編『平成2年版 犯罪白書　第3編／第6章／第6節／2』（http://

hakusyo1.moj.go.jp/jp/31/nfm/n_31_2_3_6_6_2.html）。
○法務省 HP「17-00-20 新収容者の矯正教育課程別 年齢」『2017 年 少年矯正統計』（https://www.e-stat.go.jp/stat-search/files?page=1&layout=datalist&toukei=00250006&tstat=000001012846&cycle=7&year=20170&month=0&tclass1=000001012848）。
○法務省 HP「16-00-20 新収容者の矯正教育課程別 年齢」『2016 年 少年矯正統計』（https://www.e-stat.go.jp/stat-search/files?page=1&layout=datalist&toukei=00250006&tstat=000001012846&cycle=7&year=20160&month=0&tclass1=000001012848）。
○法務省 HP「13-00-24 新収容者の矯正教育課程別 年齢」『2013 年 少年矯正統計』（https://www.e-stat.go.jp/stat-search/files?page=1&layout=datalist&toukei=00250006&tstat=000001012846&cycle=7&year=20130&month=0&tclass1=000001012848）。
○法務省 HP「10-00-24 新収容者の矯正教育課程別 年齢」『2010 年 少年矯正統計』（https://www.e-stat.go.jp/stat-search/files?page=1&layout=datalist&toukei=00250006&tstat=000001012846&cycle=7&year=20100&month=0&tclass1=000001012848）。
○法務省 HP「16-00-35 新受刑者の罪名別 属性及び犯罪傾向の進度」『2016 年矯正統計統計表』（https://www.e-stat.go.jp/stat-search/files?page=1&layout=datalist&toukei=00250005&tstat=000001012930&cycle=7&year=20160&month=0）。
○法務省 HP「10-00-35 新受刑者の罪名別 属性及び犯罪傾向の進度」『2010 年矯正統計統計表』（http://www.e-stat.go.jp/SG1/estat/List.do?lid=000001076421）。
○法務省 HP「06-00-35 新受刑者の罪名別 属性及び犯罪傾向の進度」『2006 年矯正統計統計表』（http://www.e-stat.go.jp/SG1/estat/List.do?lid=000001018010）。
○法務省 HP「少年矯正を考える有識者会議」（http://www.moj.go.jp/shingi1/shingi06400003.html）。
○法務省 HP『少年院法案関係資料』（http://search.e-gov.go.jp/servlet/Public?CLASSNAME=PCMMSTDETAIL&id=300100017&Mode=2）。
○法務省 HP「少年院法案」（http://search.e-gov.go.jp/servlet/Public?CLASSNAME=PCMMSTDETAIL&id=300100017&Mode=2）。
○法務省 HP「法制審議会少年法・刑事法（少年年齢・犯罪者処遇関係）議事録」（http://www.moj.go.jp/shingi1/housei02_00296.html）。
○法務省 HP「法制審議会少年法・刑事法（少年年齢・犯罪者処遇関係）部会第 6 回会議 配布資料 16 諸外国の制度概要」（http://www.moj.go.jp/content/001242704.pdf）。
○細川英仁「最近の少年審判の実情と今後の課題」『家庭の法と裁判』第 3 号（2015 年）6-14 頁。
○前里光作＝新垣義彦＝岡田康子「いわゆる「原則逆送」事例に関する一考察」『九州矯正』第 59 巻第 1 号（2005 年）154-161 頁。
○前田忠弘「スウェーデンの少年司法」『比較法研究』第 76 号（2014 年）177-185 頁。
○前野育三「「司法福祉」の課題と展望─少年非行問題を中心に─」『犯罪社会学研究』第 6 号（1981 年）2-14 頁。
○松尾浩也＝宮沢浩一＝沢登俊雄＝所一彦共著『少年法─その現状と課題─』大成出版社（1972 年）。
○松村憲一「少年院法の全面改正について─平成 24 年 3 月 2 日閣議決定法律案を中心に─」『刑政』第 123 巻第 9 号 12-22 頁。

○宮川義博「少年刑務所における処遇の実情―改正少年法化の取組を中心に―」『家庭裁判月報』第 57 巻第 4 号（2005 年）1-46 頁。
○宮原三男『少年法』弘文堂（1961 年）。
○森田明『大正少年法（上）』信山社出版（1993 年）。
○森田明『大正少年法（下）』信山社出版（1994 年）。
○森田明『少年法の新たな展開』有斐閣（2002 年）。
○森田明『少年法の歴史的展開―〈鬼面仏心〉の法構造―』信山社（2005 年）。
○森艮吉「少年院法講話（1）我が国における少年保護制度の沿革」『刑政』第 76 巻第 1 号（1965 年）82-85 頁。
○森艮吉「少年院法講話（2）我が国における少年保護制度の沿革（ロ）」『刑政』第 76 巻第 2 号（1965 年）76-79 頁。
○森艮吉「少年院法講話（3）我が国における少年保護制度の沿革（ハ）」『刑政』第 76 巻第 3 号（1965 年）84-87 頁。
○森艮吉「少年院法講話（4）少年院法の基礎理論」『刑政』第 76 巻第 4 号（1965 年）78-81 頁。
○森艮吉「少年院法講話（5）少年院法の基礎理論」『刑政』第 76 巻第 5 号（1965 年）98-101 頁。
○森艮吉「少年院法講話（6）総則」『刑政』第 76 巻第 6 号（1965 年）84-87 頁。
○森艮吉「少年院法講話（7）総則」『刑政』第 76 巻第 7 号（1965 年）78-81 頁。
○森艮吉「少年院法講話（8）処遇総則」『刑政』第 76 巻第 8 号（1965 年）76-79 頁。
○森艮吉「少年院法講話（9）入院」『刑政』第 76 巻第 9 号（1965 年）84-87 頁。
○森艮吉「少年院法講話（10）収容・紀律」『刑政』第 76 巻第 10 号（1965 年）78-81 頁。
○守屋克彦『少年の非行と教育』勁草書房（1977 年）。
○守屋克彦「少年審判における司法機能と福祉機能」『刑法雑誌』第 19 巻第 3・4 号（1973 年）75-92 頁。
○山口直也「少年法適用年齢引き下げに関する議論の在り方」『犯罪と刑罰』第 26 号（2017 年）125-142 頁。
○山口直也『新時代の比較少年法』成文堂（2017 年）。
○山口幸男「少年刑事政策と司法福祉（二）」『日本福祉大学研究紀要』第 15 号（1969 年）61-87 頁。
○山口幸男『少年非行と社会福祉』ミネルヴァ書房（1971 年）。
○吉田研一郎「非行少年の生活意識と価値観」『罪と罰』第 36 巻第 1 号（1998 年）28-36 頁。
○吉田秀司「少年院及び少年刑務所における処遇の現状と課題」『法律のひろば』第 54 巻第 4 号（2001 年）35-41 頁。
○李茂生「台湾における少年司法と矯正制度に関する試み」『矯正講座』第 29 巻（2009 年）91-109 頁。
○渡邉真也「フランスの少年司法制度に関する一考察（二）」『刑政』第 119 巻第 12 号（2008 年）66-75 頁。
○渡部信吾「米国ネブラスカ州の少年司法について（下）」『家庭裁判月報』第 62 巻第 6 号（2010 年）1-58 頁。

外国語文献

○Benjamin Adams, Sean Addie, "Delinquency Cases Waived to Criminal Court, 2005", *OJJDP FACT SHEET*, NCJ224539, 2009, pp1-4.
○Carmen E. Daugherty, "State Trends: Legislative Victories From 2011-2013". 2013, pp. 1-14. (http://www.campaignforyouthjustice.org/documents/ST2013.pdf).
○Charles Puzzanchera, "Juvenile Arrests 2012",*OJJDP JUVENILE JUSTICE BULLETIN*, NCJ228479, 2009, pp1-12 (https://www.ncjrs.gov/pdffiles1/ojjdp/228479.pdf).
○Charles Puzzanchera, "Juvenile Arrests 2012",*OJJDP JUVENILE JUSTICE BULLETIN*, NCJ248513, 2014, pp1-12 (https://www.ojjdp.gov/pubs/248513.pdf).
○「Campaign for Youth Justice」(http://www.campaignforyouthjustice.org/)。
○Donna M. Bishop and Barry C. Feld, "Trends in Juvenile Justice Policy and Practice", *The Oxford Handbook of Juvenile Crime and Juvenile Justice*, New York: Oxford University Press, 2012..
○G. Larry Mays and Rick Ruddell, *Do the Crime, Do the Time*. California: Praeger, 2012,.
○Giudi Weiss, *The Fourth Wave: Juvenile Justice Reforms for the Twenty-First Century*. 2013., p. 3, pp. 1-49. (http://www.publicinterestprojects.org/wp-content/uploads/2013/09/The-Fourth-Wave-Long.pdf).
○Jeff Slowikowski, "Trying Juveniles as adults: An Analysis of State Transfer Laws and Reporting", *Juvenile Offenders and Victims: National Report Series*, NCJ232434, 2011, pp. 1-28.
○Jodi. K. Olson, "Waiver of Juveniles to CriminalCourt: Judicial Discretion and Racial Disparity", *Justice Policy Journal*, vol. 2, No. 1, 2005, pp. 1-20.
○Ministry of Justice Sweden, "The Swedish judicial system", Davidsons tryckeri AB, Växjö, 2012, pp. 1-35.
○Ministère de la Justice, "The Juvenile Justice System in France", 2005, p. 5 (http://www.afmjf.fr/IMG/pdf/youth_justice_system_in_France.pdf).
○Ministère de la Justice, "French legal system", Ministère de la Justice", 2012, pp1-15 (http://www.justice.gouv.fr/art_pix/french_legal_system.pdf).
○National Conference of State Legislatures, "Juvenile Justice Guide Book for Legislators", 2011, pp. 1-114. (http://www.ncsl.org/documents/cj/jjguidebook-complete.pdf).
○Neelum Arya, "State Trends: Legislative Victories from 2005 to 2010 Removing Youth from the Adult Criminal Justice System", *Campaign for Youth Justice*, 2011, pp. 1-50.
○OJJDP "Upper age of original juvenile court jurisdiction, 2009" (http://www.ojjdp.gov/ojstatbb/structure_process/qa04101.asp?qaDate=2009&text).
○OJJDP, "State statutes define who is under juvenile court jurisdiction", *National Report Series Bulletin*, 2003. (https://www.ncjrs.gov/html/ojjdp/195420/page3.html).
○Patrick Griffin, Sean Addie, Benjamin Adams, and Kathy Firestine, "Trying Juveniles as adults: An Analysis of State Transfer Laws and Reporting", *Juvenile Offenders and Victims: National Report Series*, NCJ232434, 2011, pp. 1-28.
○Richard E. Redding, "Juvenile Transfer Laws: An Effective Deterrent to Delinquency?",

OJJDP JUVENILE JUSTICE BULLETIN, NCJ220595, 2010, pp. 1-12.
○Sarah Alice Brown, "Trends in Juvenile Justice State Legislation: 2001-2011", *National Conference of State Legislature*, 2012, pp. 1-16.（http://www.ncsl.org/documents/cj/trendsinjuvenilejustice.pdf#search='Trends+in+Juvenile+Justice+State+Legislation%3A20012011'）
○劉作揖『少年事件処理法』三民書局（2010年）。
○蔡德輝＝楊士隆『少年犯罪―理論與實務』五南（2005年）。

索 引

《あ行》

アジア型 … 74
移送法（Transfer Law） … 80
一般改善指導 … 215
一般鑑別 … 174
一般短期処遇 … 186
一般予防 … 50
意図的行動観察 … 174
医療少年院 … 181
インテイク … 61
ウィンシップ事件 … 95
英米型 … 58

《か行》

改善更生 … 208, 220
改善指導 … 215
外部交通 … 207
開放処遇 … 144, 187
科学調査 … 244
各種在所者 … 229
可塑性 … 248
学校教育法 … 196
家庭学校 … 28
家庭裁判所 … 51, 180
　──調査官 … 50
仮釈放 … 135
　──者 … 126
感化院 … 27
管轄権放棄 … 83
感化法 … 27
監獄則 … 7
監獄法 … 13
観護処遇 … 228
観護措置 … 32, 139, 173
鑑別結果通知書 … 173
起訴猶予 … 244
救済の申出 … 213
旧少年院処遇規則 … 190
旧少年院法 … 190
凶悪化 … 111
強圧政策（get tough policy） … 82

教育基本法 … 196
教育的処遇 … 244
教育的措置 … 244
教育を受ける権利 … 196
教科教育 … 189
教科指導 … 201
教護院 … 31
競合管轄 … 84
矯正院 … 25
　──法 … 24
矯正教育 … 189
矯正処遇 … 201
苦情の申出 … 213
国親思想（パレンス・パトリエ） … 38
虞犯少年 … 32
警告 … 146
刑事施設及び受刑者の処遇等に関する法律 ‥ 20
刑事施設視察委員会 … 211
刑事施設法案 … 201
刑事司法手続 … 248
刑事収容施設及び被収容者等の処遇に関する法律（刑事収容施設法） … 223
刑事処分 … 224
　──可能年齢 … 134
刑事責任年齢 … 52, 134
刑の一部執行猶予制度 … 245
刑法改正草案 … 246
刑務官 … 224
検挙人員 … 107
検察官関与 … 137
検察官裁量 … 84
検察官先議主義 … 75
検察官送致 … 33, 134
健全育成 … 247
原則逆送制度 … 135
ケント事件 … 95
厳罰化 … 80
厳罰主義 … 105
行為者主義 … 55
行為主義 … 55
公共の福祉 … 202
抗告受理申立て … 138

274　索　引

考試期間主義 ……………………… 245
更生緊急保護 ……………………… 244
衡平法（エクイティ）……………… 38
神戸児童連続殺人事件 …………… 134
国選付添人制度 …………………… 147
個人別矯正教育計画 ……………… 212
子どもの権利条約 ………………… 223
ゴールト事件 ………………………… 95

《さ行》

在院者 ……………………………… 209
在院中在所者 ……………………… 229
再鑑別 ……………………………… 212
在所者 ……………………………… 229
裁定合議制 …………………… 32, 137
裁判所先議主義 …………………… 75
作業 ………………………………… 201
残刑期間主義 ……………………… 245
死刑 ………………………………… 135
試験観察 …………………………… 33
資質鑑別 ……………………… 32, 173
事実認定 …………………………… 130
施設内処遇 ………………………… 216
児童自立支援施設 ………………… 144
　　　──・児童養護施設送致 …… 33
児童相談所 ………………………… 142
児童福祉機関先議の原則 ………… 142
児童福祉法 ……………… 47, 142, 249
自弁物品 …………………………… 212
司法 ………………………………… 39
　　　──機能 ……………………… 40
　　　──福祉 ……………………… 52
　　　──保障的機能 ……………… 48
社会内処遇 ………………………… 216
社会復帰 ……………………… 208, 220
社会防衛機能 ……………………… 46
若年者 ……………………………… 233
若年無業者 ………………………… 123
自由刑の単一化 …………………… 244
重罰化 ……………………………… 80
修復的司法 ………………………… 80
収容継続 …………………………… 203
受刑在院者 ………………………… 209
受刑者 ……………………………… 224
遵守事項 …………………………… 146
少子化 ……………………………… 108
情操の保護 ………………………… 229
少年院 ……………………………… 180

　　　──仮退院者 ………………… 125
　　　──在院者 …………………… 224
　　　──視察委員会 ………… 207, 211
　　　──送致 ………………… 33, 144
少年院法 …………………………… 219
少年院法及び少年鑑別所法の施行に伴う関係法
　律の整備等に関する法律 ……… 219
少年観護所 ………………………… 172
少年鑑別所 ………………………… 169
少年鑑別所処遇規則 ……………… 169
少年鑑別所法 ……………………… 219
少年教護院 …………………………… 31
少年教護法 …………………………… 31
少年矯正を考える有識者会議 …… 220
少年刑務所 ………………………… 214
少年裁判所 ………………………… 57
少年受刑者 ………………………… 214
少年審判 ……………………… 136, 180
　　　──所 ………………………… 25
　　　──の傍聴 …………………… 148
少年法改正に関する構想 …… 129, 246
少年法改正要綱 …………………… 129
少年法適用年齢の引き下げ ……… 231
少年法等の一部を改正する法律 … 131
少年法の理念 ……………………… 247
少年保護手続 ……………………… 248
処遇勧告 …………………………… 190
処遇の個別化 ……………………… 185
処遇要領 …………………………… 212
職業訓練 …………………………… 214
職業補導 …………………………… 189
触法少年 ……………………… 32, 142
所定の作業 ………………………… 165
初等少年院 ………………………… 181
初発型非行 ………………………… 120
自立更生促進センター …………… 255
侵害原理 …………………………… 248
人権保障機能 ……………………… 46
推知報道 …………………………… 237
スティグマ ………………………… 224
ステイタス・オフェンス ………… 60
生活指導 ……………………… 189, 201
青少年育成施策大綱 ……………… 131
成人の刑事事件 …………………… 151
制定法上の排除 …………………… 84
青年拘禁制 ………………………… 63
青年層 ………………………… 129, 246
責任主義 …………………………… 245

索引 275

全件送致主義 …………………… 75, 81
全件領置主義 ……………………… 212
宣告猶予制度 ……………………… 244

《た行》

第1種 ……………………………… 209
第2種 ……………………………… 209
第3種 ……………………………… 209
第4種 ……………………………… 209
退院者からの相談制度 …………… 241
ダイバージョン …………………… 61
大陸型 ……………………………… 65
地域援助業務 ……………………… 230
小さな大人 ………………………… 65
中間少年 …………………………… 113
中間答申 …………………………… 129
中等少年院 ………………………… 181
長期処遇 …………………………… 188
懲治場 ………………………………… 8
治療的処遇 ………………………… 201
付添人 ……………………………… 138
低年齢化 …………………………… 113
適正手続の保障 …………………… 48
道徳原理 …………………………… 248
特修短期処遇 ……………………… 187
特定生活指導 ……………………… 226
特別改善指導 ……………………… 215
特別活動指導 ……………………… 221
特別少年院 ………………………… 181
特別予防 …………………………… 50

《な行》

日本国憲法の改正手続に関する法律（国民投票法）………………………………… 232
年少少年 …………………………… 113
年長少年 …………………………… 113

《は行》

判決前調査 ………………………… 244
犯罪少年 …………………………… 32
犯罪被害者等基本計画 …………… 132
犯罪被害者等基本法 ……………… 132
被害者等 …………………………… 149
　　──に対する審判結果等の通知 … 141
　　──による記録の閲覧及び謄写 … 140
被害者等の申出による意見の聴取 … 140
被観護在所者 ……………………… 229
引きこもり ………………………… 123

非行事実 ……………………… 49, 137, 146
非行少年 …………………………… 32
夫婦小舎制 ………………………… 29
福祉 ………………………………… 39
　　──機能 ……………………… 44
不定期刑 …………………………… 153
不服申立制度 ……………………… 213
不良行為少年 ……………………… 123
不良措置 …………………………… 244
分類処遇制度 ……………………… 185
ペナル・ポピュリズム …………… 99
保安処分 …………………………… 43
放任少年 …………………………… 58
法務少年支援センター …………… 230
保管私物制度 ……………………… 212
北欧型 ……………………………… 70
保護観察 ……………………… 33, 34, 146
　　──官 ………………………… 146
　　──処分少年 ………………… 125
　　──付執行猶予 ……………… 244
保護原理（パターナリズム）…… 248
保護司 ……………………………… 146
保護者 ……………………………… 181
　　──に対する措置 …………… 136
保護処分 …………………………… 33
　　──在院者 …………………… 209
保護的措置 ………………………… 244
保護不適 …………………………… 157
保護不能 …………………………… 157
ボースタル制 ……………………… 63

《ま行》

満期釈放者 ………………………… 126
未決在所者 ………………………… 229
無期刑 ……………………………… 135
　　──の緩和刑 ………………… 153

《や行》

山形マット死事件 ………………… 130
幼年監 ……………………………… 12
要扶助少年 ………………………… 58
要保護性 …………………………… 146

《ら行》

良好措置 …………………………… 244

《A-Z》

Campaign for Youth Justice …………… 98

《著者紹介》

藤田　尚（ふじた　ひさ）
　　東京都に生まれる
　2013年　中央大学大学院法学研究科博士後期課程修了
　現　在　中央大学法学部兼任講師
　　　　　博士（法学）
　　　　　社会福祉士

〈主要論文〉
「社会的養護と犯罪予防」『比較法雑誌』第51巻第4号（2018年）。
「アメリカ少年司法制度における改革―過渡期にある日本の少年司法制度との比較」『罪と罰』第51巻第3号（2014年）。
「アメリカ少年司法制度の新動向―厳罰化からの転換―」『比較法雑誌』第46巻第3号（2012年）。
「ニュージーランドの刑事司法制度における知的障害の取り扱いについて」『厚生労働科学研究　触法・被疑者となった高齢・障害者への支援の研究（平成21-23年度）』（2012年）。

少年矯正制度の再構築
（しょうねんきょうせいせいど　さいこうちく）
2018年9月25日　第1版第1刷発行

著　者／藤田　尚
発行者／串崎　浩
発行所／株式会社　日本評論社
　　　　〒170-8474　東京都豊島区南大塚3-12-4
　　　　電話　03-3987-8621（販売）、3987-8631（編集）
　　　　振替　00100-3-16
　　　　https://www.nippyo.co.jp/
印刷／株式会社　平文社　　製本／株式会社　松岳社　　装幀／林　健造
©Hisa Fujita　2018　Printed in Japan.
ISBN 978-4-535-52365-4

JCOPY〔(社)出版者著作権管理機構　委託出版物〕
本書の無断複写は著作権法上での例外を除き禁じられています。複写される場合は、そのつど事前に、(社)出版者著作権管理機構（電話 03-3513-6969、FAX 03-3513-6979、e-mail: info@jcopy.or.jp）の許諾を得てください。また、本書を代行業者等の第三者に依頼してスキャニング等の行為によりデジタル化することは、個人の家庭内の利用であっても、一切認められておりません。